버킷리스트 14

이 책을 소중한

_____님에게 선물합니다.

_____ 드림

• 운명을 바꾸는 종이 위의 기적 •

버킷리스트14

기획 · **김태광**

김미정 백승태 박은선 정은선 이한숙 임인경
이해주 정광주 권태호 이수경 신영아

꿈을 종이에 적어
세상에 선포하라!

누구에게나 꿈꿀 수 있는 자유가 있다. 하지만 누구나 꿈을 이룰 수는 없다. 꿈을 이룰 수 있는 가장 확실한 방법은 종이에 꿈을 적는 것이다. 그 순간 꿈은 살아 숨 쉬기 시작한다. 꿈이 이미 이루어진 것처럼 생생하게 상상해 보자. 꿈이 가슴 속에서 꿈틀대는 것을 느낄 수 있을 것이다.

이 책을 쓴 11명의 저자들은 어디에서나 볼 수 있는 평범한 사람들이다. 하지만 가슴속에 품고 있는 꿈만큼은 그 누구보다도 크고 원대하다. 누군가는 허무맹랑한 꿈이라고 웃어넘길 수도 있다. 하지만 이들은 자신의 가능성을 믿고 용기를 내어 소중하게 간직해 온 5가지의 꿈을 적어 내려갔다.

꿈을 종이에 적으면 기적이 일어난다. 미처 생각지 못했던 아이디어들이 샘솟고 불가능하다고 여겼던 목표가 이루어지며 마음속에 희망이 가득 차오르기 시작한다. 밤을 지새우며 머릿속으로 하나둘 그려가는 꿈들은 밤하늘의 별들을 바라보는 것만큼이나 가슴을 설레게 한다. 당신의 꿈이 이루어지는 가슴 뛰는 순간을 상상하라.

이 책을 읽는 여러분도 꿈을 꾸는 자유를 누렸으면 좋겠다. 꿈의 크기에 상관없이 마음껏 상상하고 거침없이 종이에 적어 내려가길 바란다. 꿈이 구체적이고 자세할수록 현실에서 이루어질 확률이 높아진다는 것을 명심하자. 그리고 매일같이 꿈을 적은 종이를 들여다보며 꿈에 주문을 걸어보자. 누가 아는가? 소원을 이루어 주는 램프의 요정 지니가 나타나 여러분의 꿈을 마법처럼 이루어 줄지.

2018년 3월
임인경

CONTENTS

버킷리스트 14

대한민국에
치유 문화 전파하기

· 김 미 정 ·

김미정

**치유 영어 강사, 명상마사지 치유사, 치유 강연가, 대한민국 치유 멘토,
행복한 학원 경영 컨설턴트**

1980년 5월 광주 항쟁을 경험한 이후, 열다섯 살부터 서른세 살까지 인간과 세상에 대해 고뇌하며 방황하는
삶을 살았다. 그러던 중 호주에서의 유학 생활을 통해 자신의 소명은 대한민국을 치유하는 것임을 알게
되었고, 그 소명을 펼치고자 활발히 활동 중이다. 현재 '모든 답은 내 안에 있다'라는 주제로 개인저서를 집필
중이다.

• Email amazoness66@naver.com   • C·P 010.2393.2171

세상의 아픔과 상처가
꽃으로 피어나는 치유마을 만들기

나는 어렸을 적에도 그랬고, 지금도 주위의 안타까운 상황, 사건을 보면 마음이 아프다. '인지상정'이라는 말처럼 나는 인간이라면 모두 연민의 감정을 가지고 있다고 믿는다. 하지만 짧지 않은 인생을 살아오면서 세상 사람이 모두가 같은 마음일 수는 없겠다고 느끼는 일도 있었다.

지금도 말하기가 조심스러운 세월호 사건. 그 일이 터졌을 때 나는 한 영성단체에서 공부하고 있었다. 그곳에서 누군가는 "희생자들을 위해 기도를 해 주자."라며 안타까운 심정을 나타냈다. 하지만 다른 누군가는, 안타깝긴 하지만 그 자리에 있게 된 것은 자신의 선택이니 어쩔 수 없는 일이라고 비정하게 말하기도 했다.

지금도 우리의 삶은 계속되고 있다. 정해진 답이 없는 삶을 어떻게 채워 갈지는 자신의 선택에 달려 있다. 그러나 선택을 하기 전에 비극적인 상황에 처하게 되었던 자신의 현실을 어떻게든 이해하기 위한 시간은 필요하다. 아니면 이해까지는 못 하더라도 자신을 있는 그대로 또는 세상을 있는 그대로 지켜볼 시간이 필요하다. 그런데 그러한 시간적인 또는 공간적인 여유를 선택할 수 있도록 하는 사회적인 공감대를 우리는 얼마나 형성하고 있을까?

'용서하라, 사랑하라' 같은 말이 자신의 가슴에 진정성 있게 다가오기까지는 많은 시간이 필요하다. 아니, 끝끝내 가슴에 다가오지 않을 수도 있다. 이런 상황을 들여다볼 수 있는 좋은 예가 바로, 2011년 개봉한 이정향 감독의 〈오늘〉이라는 영화다. 이 영화에서 배우 송혜교가 '다혜'라는 이름의 주인공 역할을 맡았다.

다혜는 약혼자를 오토바이 뺑소니 사고로 잃게 된다. 다혜의 주변인들은 '너는 천주교인이니 용서를 해야지'라며 그녀에게 용서를 강요한다. 하지만 강요 때문이 아니라 다혜는 자신이 용서를 하면 모두가 행복해질 것이라고 믿었기 때문에 흔쾌히 가해자 소년을 용서한다.

하지만 우연히 전해들은 그 소년의 소식에 다혜는 큰 충격을 받는다. 다혜의 탄원으로 다시 학교로 되돌아간 소년은 친구를 죽여 살인범이 되어 있었다. 게다가 그 소년은 이미 자신의 어머니를 칼로 찔렀던 전적이 있었다. 또한 자신이 용서해 준 가해자 소년에게 아들을 잃은 아버지의 처참한 심정을 마주하게 되면서 다혜는 혼란스러움을 느낀다.

그제야 애인의 죽음 이후, 유가족들이 이해할 수 없을 만큼 쉽게 가해자를 용서했던 자신의 내면을 들여다보게 된다. 그러나 들여다볼수록 죄와 용서와 사랑이라는 단어는 다혜를 빠져나올 수 없는 미궁 속에서 헤매게 할 뿐이다.

깊은 고민 끝에 다혜는 자신의 용서가 평소 남들이 '다혜답다'고 하는 모습에 비추어 한 것이었음을 인정한다. 그러곤 이렇게 말하며 울부짖는다. "제겐 용서하지 않을 자유도 있었는데 아무도 가르쳐 주지 않았어요. 성급하게 한 용서는 가짜였어요. 수술이 필요한 상처에 붕대만 두른 거지요. 그런 저 자신을 용서할 수 없어요."라고.

다혜는 죽은 자신의 약혼자 역시 가해자 소년을 용서하기를 바랐을 거라고 생각했다. 그런데 자신의 용서 이후에도 변하지 않는 가해자의 모습을 그녀의 약혼자가 보았더라면, 자신이 약혼자를 대신해 했던 용서는 정말 올바른 것이었을까? 다혜는 망연자실해서 자신도 모르게 물속으로 차를 몰아 자살을 시도한다. 그리고 자살에 실패해 살아났을 때, 그녀는 "문을 열려고 했는데 차 안에 물이 가득 차서 도저히 열리지 않았어. 물이 머리끝까지 차올랐을 땐 도저히 나갈 수 없을 것 같아 포기했어. 그런데 그때야 문이 열리더라. 물이 차 안에 가득 차니까 그 힘으로 문이 열리는

거야. 나, 기다릴 거야. 내 맘이 내킬 때까지."라고 하면서 자신의
마음에서 우러나오는 진정한 용서가 가능할지 지켜보기로 한다.
시간이 지나며 차 안에 물이 가득 차 저절로 열리는 문처럼, 자신
의 마음도 시간이 지나면서 무언가로 가득 차 저절로 용서가 되
기를 기다리기로 한다.

다혜는 가해자를 쉽게 용서했던 자신을 되돌아보며 어릴 적 기
억을 떠올린다. 부모의 잦은 불화가 자신의 탓인 줄 알았던 어린
다혜. 다혜는 부모에 대한 미안한 감정이 남아 부모의 마음을 먼저
헤아리느라 정작 자신의 상처는 돌보지 못했다. 가해자 소년을 용
서해 달라는 가해자 부모의 간청을 뿌리칠 수 없었던 것도 이 때문
이었음을 깨닫게 된다. 결국 그녀는 칼로 자신의 손목을 긋는다.

인정하고 싶지는 않겠지만, 우린 가족이면서도 피해자와 가해
자로 엉켜 크건 작건 상대방에게 혹은 자신에게 상처를 주며 살
아가기도 한다.

영화에는 '지민'이라는 또다른 인물이 나온다. 지민의 주변 사
람들 중 누구도 판사인 지민의 아버지가 가정폭력을 일삼으리라고
는 생각하지 못한다. 아버지에게 끊임없이 폭력을 당하는 지민은
아버지 대신 자신을 죽이고 있다. 지민은 "상처받은 사람들이 괴
로운 이유는 용서해 주고 싶은 마음이 있어서래. 상대가 그 마음
을 조금이라도 끄집어내 주길 바라니까 괴로운 거래."라고 말하며

마지막 순간까지 아버지의 폭력을 이해하고 용서하려 애를 쓴다.

우리는 살아가면서 자신이 이해할 수 없는 비극적인 현실과 마주하는 경우가 있다. 그런 비극적인 현실을 마주하고 난 이후에는 모든 것이 일시 정지되는 것 같은, 마치 정전과도 같은 시간을 보내게 된다. 이 상황에서 사랑과 용서라는 단어는 너무나 이질적이고 낯설게 느껴지기도 한다. 그렇다면 그 후에 밀려오는 고통의 시간을 어떻게 극복해야 할까?

나는 열다섯 살 때 우리나라의 비극적인 한 단면을 접한 후, 서른셋까지 인간과 세상에 대한 의미를 잃어버린 채 표류하는 삶을 살았다. 그랬기 때문에 세월호 사건을 바라보면서 살아남은 자들의 삶의 무게를 떠올리면 마음이 더 저려 왔다. 인간이란 이름이 또는 삶이 치욕으로 다가올 수도 있는 이들 앞에 남겨진 아득하고 희뿌연 안개 같은 삶을 생각하니 나의 몸과 마음은 더 가라앉았다. 이 삶의 무게를 어떻게든 견디며 그들만의 비극적인 아픔이 세상의 더 큰 횃불로 승화되기를 기도했다.

오랜 세월 내가 눈을 감았던, 아니면 세상이 정전상태였던 그 지난한 시간 속에서 나는 절규하며 절망이란 어둠침침한 구석 속에 처박혀 있기도 했다. 어떠한 판단도 내리지 못한 채, 세상이란 바다에서 정처 없이 흘러 다니는 부평초가 되어 보기도 했다. 그리고 세상을 끊어내는 칼끝이 되기도 했다. 그러다 그 끝에 새로 나오는 생명의 싹을 보았다.

　살아남은 자로서 거칠 수밖에 없는 오랜 자기부정의 시간을 보낸 후, 가슴속에서 움트던 새싹이 자라 지금의 내가 되었다. 나는 나 자신을 믿는다. 그리고 내 안에서 피운 세상을 밝힐 불꽃은 어느 누구도 꺼뜨릴 수 없다고 믿는다.

　스스로에게 또 한 번의 삶을 허락한 나에겐 지구 한쪽에 치유 마을을 만드는 것, 혹은 작게라도 개인적인 치유의 경험을 일깨우는 무언가를 하는 것 외엔 삶을 이어 갈 의미가 없다. 나의 치유는 내가 태어난 곳을 떠나 시작될 수밖에 없는 운명이었다. 이제 다시 제자리로 돌아온 나의 마지막 소명은 과거의 나처럼 정전의 시간을 보내고 있을 사람들에게 스스로를 들여다볼 수 있는 치유의 시간과 공간을 마련해 주는 것이다.

　자신을 진정으로 사랑하다 보면 다혜의 말처럼 자신이 상처 내고 죽인 존재들이 얼마나 소중한 존재였는지, 아까운 존재였는지 알게 될 것이다. 자신을 들여다보고 스스로를 진정으로 안아 줄 수 있는 개인적, 사회적인 공감대가 형성될 때, 예수의 "사랑하라, 용서하라."라는 말은 가슴에서 저절로 넘쳐 세상이란 바다로 흘러가며 치유의 소금이 될 것이다.

경험을 담은 책을 출간해
사람들에게 깨달음 주기

이른 시각, 휴대전화가 울린다. 을선 언니였다. '이렇게 일찍부터 왜 전화를 했을까? 혹시 무슨 일이라도?' 조금은 불안한 마음으로 전화를 받았다. 그런데 전화기 너머로 들려오는 음악소리와 차분한 언니의 음성에 나는 비로소 마음이 편안해진다.

언니와의 인연은 어느덧 30년을 넘어간다. 대학에 다니던 어느 날, 친구 한 명이 잘 가는 카페가 있다며 나를 데리고 갔다. 1986년, 그 당시 나는 "세상과 인간 그리고 나에 대한 답을 찾지 못하면 학교로 돌아가지 않을 것이다."라고 시퍼런 자기 선서를 한 후 휴학한 상태였다. 그때 서른두 살의 을선 언니는 품위와 교양이 몸에 편하게 자리 잡은 카페 주인이었다. 그런 그녀가 새파랗다 못해 시퍼런 스물한 살의 나를 바라보면서 했던 말은 딱 세 마디, '단순, 무식, 과격'이었다. 그런데 무엇이 공통분모가 하나도 없는 것처럼 보이는 언니와 나 사이의 그 간격을 메웠을까? 오늘 아침에 이르기까지 30년이 넘도록 끈끈하게 인연을 이어가도록 하고 있는 것은 무엇 때문일까? 무엇이 나를 그토록 죽기를 각오하고 세상에 빳빳하게 덤벼들도록 만들었을까?

1980년 5월의 그날 밤, 집 위로 총알들이 번쩍번쩍 날아다녔다. 엄마께서는 "6·25를 겪어 보았지만 이 정도는 아니었다."라고 하시며 옷장 속 이불을 모조리 꺼내셨다. 그러곤 "총알이 솜이불은 뚫지 못한다고 하더라. 꼼짝 말고 이불 속에 있어." 하시면서 우리들을 이불로 내리눌렀다. 바깥에선 비명 같은 사이렌 소리와 함께 젊은 여자가 엉엉 울다시피 하며 "젊은 학생들과 시민들이 피가 없어 죽어 가고 있어요. 피를 구합니다. 제발 도와주세요." 라고 호소하고 있었다.

그다음 날, 나는 수혈을 해야겠다고 마음먹고 한 버스에 올라탔다. 금남로쯤 왔을 때 내가 탄 버스에 총탄이 퍼부어졌다. 뭔가를 어찌해 볼 사이도 없이 버스에서 튀어 내려 어느 집 담을 넘었다. 그런데 그 집은 너무나 평화스러워 보였다. 그 집에서는 그때의 상황을 폭도들의 사태로 보도하고 있는 TV 뉴스를 보고 있었다. 그리고 내 또래로 보이는 한 아이는 중간고사 시험공부를 하고 있었다. 그 집 사람들도 한 여자아이가 담을 넘어온 것에 놀라고 당황스러웠겠지만, 나도 순간 뒤통수를 무언가로 툭! 둔탁하게 얻어맞은 기분이었다. 그냥 정신이 멍하고 아스라해졌다. 그때 처다본 하늘을 난 지금도 잊지 못한다.

그 상황은 나의 모든 것을 정지시켰다. 담벼락 하나를 사이에 두고 그 집 안에서 흐르던 그 고요한 평화…. 5월이란 계절이 그 집 담벼락 안에만 온 듯, 따뜻한 햇살과 눈이 시리게 푸른 하늘. 정반대로 담 바깥에서 들려오는, 누군가를 잡기 위해 뛰는 군화 소리, 쫓기는 자의 숨 가쁜 헐떡임, 비명 소리, 총소리…. 어찌 한 하늘 아래 이리 다른 풍경이 있을 수 있는가?

그때부터 나에게는 숙명과도 같은 과제가 생겼다. 내 눈엔 영문도 모른 채 쫓고 쫓기는 토끼몰이 게임 같은 이 세상과 인간, 그리고 같은 상황에 존재할 수 있는 너무나 다른 세계가 내가 풀어야 할 숙제가 되었다. 그러했으니 중·고등학교를 다니면서도 학교생활, 과제, 시험 따위는 아이들 소꿉장난처럼 우습게 여겨졌다. 5월의 그 일이 끝나고 난 후 모든 것이 정상으로 되돌아간 것처럼 보였으나 나는 결코 정상적인 열다섯 살이 될 수 없었다.

오랜 세월이 지나 서른셋이란 나이에 참선을 하면서 맛보는 지복의 상태에서도 나는 묻고 있었다. "이런 지복의 상태에서 만약 5월 그 상황을 다시 만난다면 이런 평정을 계속 유지할 수 있겠는가?"라고. 난 자신할 수가 없었다.

우리는 살아가면서 시련이나 역경을 만나고 그것을 극복하며 보다 나은 내가 되어 간다. 그러나 열다섯 살 때 겪었던 역사의 한 현장, 그리고 그 후의 나의 방랑을 단순히 삶의 어떤 시련 또는 역경으로 간주할 수 있는지…. 나는 이 글을 쓰고 있는 지금도 대답을 못한다.

평온했던 그 집을 나와 전대병원에 수혈을 하러 갔다가 마주하게 된 것은 더 아비규환의 상황이었다. 나는 시체를 옮기면서 "내가 사는 대한민국에서 같은 나라 사람끼리 죽고 죽이는 이런 상황을 무엇이라 설명해야 되나?"라고 중얼거렸다. 하염없이 눈물만 흘러내렸다.

대학에 진학해서도, 이 물음에 대한 답을 찾아야만 세상에 한 걸음이라도 제대로 내디딜 수 있을 것 같았다. 답을 내지 못한 채 내딛는 나의 발걸음은 똑같이 되풀이되는 죄의 역사의 한 점 오류일 뿐이라는 생각이 들었다. "인간은 어떤 존재인가?"라는 질문을 홀로 묻고 파고 헤집다가 결국 나도 그런 부조리한 인간 족속의 한 표본일 뿐이라는 생각도 들었다. 자기 부정과 절망감이 극에 달했다. 부조리한 세상을 어쩔 수 없이 떠밀려 살아가는 꼭두각시들처럼 모든 인간들이 모순으로 가득 차 보였다. 누가 가해자이고 누가 피해자라 할 것도 없이 모두가 불쌍해 보였다. 20세기 말, 광기의 시대에 난 그렇게 회색분자가 되었다. 어디에도 속할 수 없어 그렇게 세상을 부유하다 을선 언니를 만났다.

을선 언니는 일상의 순간들을 때로는 은유로, 때로는 풍자로, 때로는 엄격하게 그러나 진실하게 대했다. 그런 언니의 일상을 3년 여 간 옆에서 지켜보며 내 절망의 질긴 부분이 조금씩 녹아내리는 듯했다. 언니는 특유의 중저음으로 부조리한 세상을 당당히 그러나 담담하게 대면했다. 언니의 그러한 모습은 나에게 '자신답다'는 것이 무엇인지 알려 주며 잔잔한 감동으로 다가왔다. 을선 언니는 그 당시 내가 고개 숙일 수 있는 유일한 사람이었다. 언니와의 인연은 그렇게 희망의 여린 부분과 절망의 질긴 부분이 톱니바퀴처럼 맞닿아 이어져 왔는지도 모른다.

《결국 당신은 이길 것이다》에서 나폴레온 힐은 자신의 의지와 용기를 앗아 갔던 힘의 본질이 정확히 무엇인지 알기 위해 악마와 결투를 한다. 악마는 "모든 역경에는 그에 상응하는 이로움의 씨앗이 있다. 그 씨앗에는 역경을 통해 사고방식을 바꾸지 않았다면 얻을 수 없었던 어떤 유형의 지식, 아이디어나 계획 그리고 기회가 들어 있다."라고 말한다. 내가 열다섯에 겪었던 그 사태를 역경이라 이름해 보자. 그 역경을 겪지 않았다면 바뀌지 않았을 나의 사고방식은 무엇이었을까? 지금의 나처럼 모든 사람을 가슴으로 대하는 연민을 갖게 되었을까? 그 역경에는 자연의 어떤 계획이 숨어 있었을까?

그 사태 이후, 난 세상을 보는 눈이 백팔십도로 달라졌다. 그리고 다르게 보이는 그 세상에서 내 식으로 답을 찾게 하기 위한 자연의 어떤 계획이 있었던 걸까? 나는 서른 살에 내 나라가 아닌 먼 이국땅 호주에서 자연요법을 공부하며 세상을 조금씩 이해하기 시작했다.

'훌륭한 의사는 아파 본 사람'이라는 말이 있다. 희망은 절망의 저 끝, 살아 있다면 내 안에서 결국 눈물로 켜지는 불빛인지도 모른다. 그렇다. 살아 있으면 결국 더 이상 물러설 수 없는, 이렇게라도 불빛이 켜지는 날이 온다. 결국 내가 그렇게 살아 있다. 내가 그런 증거가 되고 있다. 나는 내 경험을 책으로 출간해 많은 이들에게 '희망'에 대한 깨달음을 줄 것이다.

세상 또는 내 안의 어느 어두컴컴한 후미진 곳. 차마 시련이나 역경이란 단어조차로도 설명할 수 없는 그 어떤 일도, 살아 있으면 결국 당신은 이길 것이다. 그리고 절망의 질긴 부분과 희망의 여린 부분이 톱니처럼 당신 안에서 맞닿을 날이 올 것이다. 그대 살아 있으라!

치유와 명상을 접목한
영어 캠프 프로그램 운영하기

"선생님, 잘 지내고 계시죠? 요즘 어디에 계십니까?"

벌써 15년쯤 인연을 맺고 있는 환이 어머니께서 메시지를 보내셨다. 내가 아끼던 제자, 환이가 결혼한다는 소식이었다. 메시지를 확인하는 순간, 예쁜 모바일 청첩장이 날아왔다. 청첩장을 보자 짜릿한 기분이 들었다.

대구에서의 15년 세월이 주마등처럼 지나간다. 한국에서 나처럼 행복하게 영어 학원을 운영한 사람은 거의 없을 것이다. 그때 인연이 닿았던 아이들은 아직까지도 나와 소식을 주고받으며 서로의 성장을 응원하고 있다. 그중 가장 먼저 장가가는, 스스로 애제자라 칭하는 환이의 청첩장을 받고는 '아! 내가 아주 잘못 살지는 않았구나' 하며 작은 위안을 삼게 되었다.

환이가 보내온 청첩장을 보자, 환이와 함께 수업을 받았던 경하가 떠오른다. 경하는 나에게 몇 차례 호된 꾸중을 듣는 환이의 모습이 보기에 민망했나 보다.

어느 날, 경하는 나에게 대뜸 따지듯 물었다.

"선생님! 환이 오빠에게 너무 하는 것 아니에요?"

"경하야! 내가 하라는 대로 따라오기만 하면 영어가 쉽게 된다는 것을 너도 알잖아. 그런데 환이 오빠가 10분이면 할 수 있는 과제마저도 안 해 오면 내가 어떻게 그다음 진도를 나갈 수 있겠니?"

경하는 내 말이 맞으니 무어라고 할 수 없었는지 "그래도 선생님! 환이 오빠 얼굴 봐 가면서 좀 살살 해요." 하면서 입을 삐쭉이곤 했다.

나도 내 성격이 아이들과 잘 어울린다고는 생각하지 않았다. 그래서 번창하는 학원이 스스로에게도 수수께끼였다. 심지어 '나는 가르치는 직업이 나에게 맞지 않는다고 생각해 왔는데, 아니었나?' 하고 스스로 자문해 보기도 했다. 입소문으로 아이들은 학원에 왔다. 잘 따라오는 아이들은 지금껏 해 보지 않았던 영어 말하기 수업에 행복해했다. 시간이 지나며 자연스럽게 영어로 자신을 표현하게 되면서 자신감을 갖고 스스로를 대견해했다.

대구에서 '강남의 학원가'라고 불리는 곳에 살고 있는 학부모님들조차 30분 넘게 차를 태워 아이들을 데리고 오셨다. 심지어 창녕에서 한 시간 반 동안 차를 태워 오시는 학부모님도 계셨다. 그리고 수업이 끝나면 다시 아이들을 데리고 가시면서 "여기 학원은 꿀단지를 숨겨 놓았나 봐요. 아이들이 여기만 갔다 오면 표정이 살아나요."라고 하셨다. 그러면서 부모님들도 즐거워하셨다.

나는 대학을 보내기 위한, 이른바 '주입식' 입시영어는 절대 하지 않았다. 그건 나의 신조였다. 그런 획일적인 교육은 자칫 아이들의 밝은 미래를 짓밟을 수도 있다고 믿었으니까. 그런데도 대구 한쪽 귀퉁이에 있는, 규모가 별로 크지도 않은 영어 학원에 다니는 아이들은 자신이 원하는 대학에 쑥쑥 잘 들어갔다. 그러나 나에겐 아이들이 대학에 들어갔건 아니건, 영어를 하면서 마음껏 행복해했다는 것이 더 큰 의미가 있다.

지금 생각해 보면 나만의 교육철학이 확고했던 것 같다. 특히나 영어교육에 관한 철학은 더더욱 확고했다.

'말하기가 되지 않는 영어는 죽은 영어다. 문법 용어로 설명하는 식의 영어는 공갈빵이다. 과정을 즐기지 못하는 결과는 삶을 즐기지 못하게 하는 주범이다.'

그러했기에 한국의 일반적인 입시 풍토 방식에 흔들리지 않았다. "여기 방식을 따르지 않을 학생은 떠나라!" 하는 식이었다. 이런 태도가 가끔은 이런 태도가 아이들과 학부모님들의 눈에는 독

불장군처럼 보일 수도 있었을 것이다. 그러나 그렇게 하지 않았더라면 특수한 상황에 처한 환이를 이끌 수 없었을 것이다. 지금 환이는 외국계 회사에서 근무한다.

환이는 뉴질랜드에 2년간 유학을 갔다 온 후 처음 나를 만났다. 그 전부터 나의 영어 교육 방침에 대한 소문을 듣고 계셨던 환이 어머님은 환이가 유학을 마친 후 중학교 1학년을 시작할 즈음에 나를 찾아오셨다.

그 당시 나는 원룸에서 수업하고 있었다. 환이는 나의 수업 방식은 마음에 들지만 원룸에서 수업하는 것이 내키지 않다고 했다. 자존심이 높은 아들의 의견을 존중해 주기로 하신 환이 어머니는 어쩔 수 없이 환이를 다른 학원으로 보내셨다. 그런데 중학교 3학년이 되어도 환이의 영어 실력이 나아지지 않자 다시 한번 나를 찾아오셨다. 환이가 두 번째로 나를 찾아왔을 때는 그래도 나름 번듯한 학원의 형태를 갖추고 있어서였는지 수업을 받겠다고 했다. 그렇게 환이는 다른 영어 학원을 2년이나 다닌 후에 나랑 다시 인연이 닿게 되었던 것이다.

환이는 유학도 다녀왔기 때문에 나름 영어에 자신 있을 거라고 생각했었다. 그러나 막상 테스트를 해 보니 기초부터 다시 가르쳐야 할 실력이었다. 그래서 "너 여기 오면 처음부터 다시 시작해야 하는데 할 수 있겠어? 여기서는 기본을 튼튼하게 하지 않으면 절대 진도 못 빼!" 하고 엄포를 놓았다. 게다가 이제 곧 고등학교 진학을 준비해야 하는 아이였기에 나도 조급해지는 마음을 다스려야 했다.

호주에서의 유학을 마치고 내가 한국에 돌아온 이유는 영어를 가르치기 위한 것이 아니었다. 돌아오는 비행기 안에서 다짐한 단 하나의 목표는 한국에 치유 문화를 심겠다는 것이었다. 호주에서 자연요법을 공부하면서 어렴풋하게나마 나의 소명을 찾았기 때문이다. 호주로 떠나기 전 '세상과 인간과 나를 알기 위한 세월'은 어둠의 시간이었다. 심지어 호주에서 한국에 대한 꿈을 꿀 때도 그 배경은 회색빛이었다. 영원히 치유되지 않을 것만 같았던 어둠이었다. 그러나 호주에서 스스로 존재하는 내가 되어 가면서 서서히 존재의 환희로까지 이어졌다.

내가 떠날 당시만 해도 어두웠던 한국의 정서를 내가 공부하며 느꼈던 환희로 밝히고 싶었다. 지금이야 힐링(healing)이라는 말이 대세가 되어 있다. 하지만 내가 치유 사업을 하려고 돌아왔던 2001년에는 '치유(healing)'라는 말이 한국 사람들에게 생소할 때였다. 사업에 문외한이었기도 했고 치유라는 말이 낯선 한국 땅에서 나는 다시 바닥에 내동댕이쳐졌다. 아직은 역부족인 나를 실감했다. 그래서 '세상 어디라도 치유의 아름다움을 느끼는 곳으로 가 힘을 얻어 다시 오자' 하고 빚을 갚기 위한 영어 수업을 시작했다. 처음엔 2년만 하고 떠나려 했다.

호주 유학 전 서울 강남 소재 학원에서 6년 정도 영어 강사를 했던 이력이 있다. 내가 벌어서 대학을 다니기로 하고 집안에서 아무도 지지해 주지 않는 인문계 고등학교를 선택했다. 그랬기에 대학에 들어오자마자 생계 수단을 찾아야만 했다. 그 생계 수단은 주로 과외였다. 그러다가 나중에 영어 강사로 발탁되어 강남에 있는 학원에서 영어를 가르치게 되었다. 1980년대 말에서 1990년대 초 당시만 해도 영어 수업은 문장을 해석하는 데 집중되어 있었다.

그러나 호주에서 유학하면서 느낀 것은, 순간순간 마주치는 생활에서 읽고 해석하는 영어는 실질적으로 도움이 되지 않는다는 것이었다. 그래서 옛날식으로 영어를 가르치는 것은 더 이상 의미가 없다고 생각했다.

다시 영어를 가르치게 되면서 쓰기(writing)와 읽기(reading)는 나중으로 미루고 말하기(speaking)만으로 수업을 시작했다. 지금은 '말하기 영어'라는 광고가 자연스럽게 통용되고 있다. 그러나 내가 다시 영어를 가르치기 시작한 2001년에는 거의 모든 아이들이 내 방식을 낯설어했다. 특히 그 당시까지도 강제 주입식 한국 교육에 길들여져 있던 학생들은 너무나 자유분방한 나의 학원 분위기를 한동안 어색해했다.

나는 각자의 재능에 따라 이런 행복한 무언가를 경험시켜 주고 싶어 난 다른 큰 꿈을 꾸기 시작했다. 재능이 독특하거나 다양해서 한국의 일방적 교육에 희생양이 되고 있는 학생들은 언제나 존재했다. 그래서 학원을 접고 난 다시 세상에 뛰어들었다. 그러다 함평 오지 마을에 자리를 잡고 준비 중이다.

지금껏 가슴이 향하는 곳으로 떠나는 데 주저함이 없었다. 그리고 그때마다 기적적으로 원하는 일들이 만들어져 왔다. 지금의 제자들도 내가 그렇게 떠나다 만나게 된, 길 위에서 핀 꽃들이다. 저마다 독특한 아이들이 명상을 하며 내면의 균형을 되찾아 꿈이 살아나는 곳. 자신을 마음껏 표현하며 치유가 일어나는 곳. 그리하여 궁극적으로는 자신만의 삶의 의미를 구현해 내며 존재의 기쁨을 경험하는 곳. 그런 치유 숲을 만들어 계속 성장하고 있는 애제자들에게 나 또한 아름다운 성장의 증거가 되리라 다짐해 본다.

함평 치유마을에서
'몸과 마음과 영혼의 축제' 열기

스물아홉에 새끼 셋을 달고 청상과부가 된, 눈이 큰 우리 엄마. 그 새끼 셋을 데리고 세상을 어떻게 헤쳐 나왔는지는 차라리 말 안 하느니만 못하리라. 5년 동안 정 없이 살았던 남편은 살아 생전 노름에 빠져 있었다. 가고 나니 차라리 살림이 펴지더라 하실 정도였다. 그런 엄마의 착한 딸, 효녀가 되어 엄마의 삶을 조금이라도 보상해 주리라 마음먹었던 어린 시절도 있었다.

그러나 그러기엔 어느 날 집 담장을 넘어 보게 된 세상이 더 안쓰러웠다. 담장을 넘보는 그런 일이 없었더라면, 나는 아마도 집안 형편상 상고에 입학했을 것이다. 그러곤 은행원이 되기를 바라는 엄마의 소원대로 은행원이 되어 있었을지도 모른다. 또는 대학을 나와 학교 선생님이나 교수가 되었을지도 모른다. 그러나 그 모든 것이 허망했다. 그 허망한 가슴을 엄마에게 보일 수도, 설명할 수도 없었다. 그러다 대학 때 난 엄마에게 선언했다. "아무것도 되지 않겠다."라고.

초등학교 6학년 때 막 태어난 외사촌이 태독에 걸려 간병을 하기 위해 병원에 갔던 적이 있다. 그때 잠깐 본 간호사의 모습이 좋아 나에게 꿈이 뭐냐고 물으면 "간호사요."라고 대답했다. 그런데 열다섯에 담장 너머의 세상을 마주한 후, '대통령이 되어야만 그런 안타까운 세상을 바꿀 수 있겠다'라고 생각했다. 그래서 대통령이 되어 이 나라에 그때와 같은 아픔이 없게 하리라고 다짐했다.

하지만 막상 대학에서 정치학을 공부해 보니 나의 기질과는 전혀 맞지 않았다. 정치학의 기본이라 하는, 인간 존재에 대한 마키아벨리의 군주론적 시각에 난 동의할 수 없었다. 대표적으로 《군주론》에는 "인간들은(중략) 짓밟아야 한다. 왜냐하면 인간은 작은 피해에는 앙갚음하려 하나 심대한 피해에는 복수할 생각조차 가지지 못하는 존재이기 때문이다."와 같은 표현이 있다. 나는 이에 '국민을 대하는 지도자의 이런 태도가 과연 올바른가? 그렇다면 민중에 대한 그런 시각으로 권력을 잡아서 뭐 하게?'라는 자괴감이 들었다. 그런 정치를 할 바엔 안 하느니만 못하겠다 싶었다.

인간이라는 존재에 대해 그러한 시각을 갖는 것이 맞는지 그가 장담할 수 있었을까? 그는 어느 편지에 "저는 벼룩처럼 하찮은 자들과 함께 지내면서…"라고 적었다. 그래서 나는 정말 인간이 그런 벼룩 같은 존재밖에 되지 않는지 나를 통해 실험해 보기로 했다.

그 책을 본 이후 난 대통령이 아니라 '인간이란 정말 무엇인가?'를 알고자 했다. 그리고 책만이 아닌 세상이란 현실에 뛰어들기로 했다. '탁상공론'이라는 말이 있다. 현실을 고려해 보지 않고 그저 책상에 앉아서 쓸데없는 의견만 나눈다는 뜻이다. 이른바 지도자라고 하는 자들이 과연 인간이라는 존재를 제대로 알려고 나 해 보았을까? 인간이란 무엇인가, 라는 물음에는 관심 없이 오로지 권력만을 탐해 그 자리에 올랐으니 현실의 정치 역사는 계속 반복되는 것이 아닌가?

나는 이러한 인간성에 대해 고찰한 훌륭한 책으로 괴테의 《파우스트》를 꼽는다. 모든 영역의 학문적 성취로 신의 경지에 도달할 수 있다고 믿었지만 늙어 회의에 빠진 파우스트. 악마 메피스토펠레스는 그를 유혹할 수 있다고 호언장담하며 하느님과 내기를 한다. 하느님은 "인간이란 노력하는 동안엔 방황하게 마련이다."라고 말한다. 그리고 "착한 인간은 비록 어두운 충동 속에서도 무엇이 올바른 길인지 잘 알고 있다."라고 하며 하느님은 그를 악마의 재량에 맡긴다. 마침내 파우스트가 회의를 느끼며 자살하려는 순간 악마가 접근한다. 악마는 파우스트에게 쾌락적인 삶을 주는 대신 그의 영혼을 넘겨받기로 계약을 맺는다.

학문이 정신적 가치를 대변할 수도 있을 것이다. 하지만 자칫 편향되면 파우스트처럼 늙어 허망함을 느낄 수도 있겠다, 하는 생각이 든다. 그리고 파우스트는 신의 경지에 도달할 수 있다고 믿었기에 악마에게 영혼을 팔 수도 있었겠다, 하는 생각도 든다. 신은 모든 것에 깃들어 있기에…. 서양의 풍토상 기독교적인 선과 악의 이분법적인 논리이긴 하다. 하지만 괴테가 악마의 유혹이라는 설정을 하게 된 것은 우연히 아니라고 생각한다. 괴테가 인간이란 이름으로 자신의 생애 중 60년이 넘는 시간 동안 자신을 성찰하고 고뇌한 흔적이기 때문이다. 참고로 이 작품은 괴테가 24세에 집필을 시작해 59세에 1부를 출간했고 82세가 되어서야 2부를 완성했다. 독일적인 모든 것을 혐오했던 니체가 존경한 단 한 명의 독일인. 그가 괴테를 꼽은 것에 정말 공감이 된다.

난 파우스트처럼 늙어서 회의하느니 일찍이 세상을 떠돌면서 세상의 밑바닥을 굴러다녀 보기로 했다. 이 세상에 내가 계속 살아 있어야 한다면 더 늙기 전에 지혜를 배워야 한다는 갈급함이 있었다. 열다섯 살, 담장 너머의 세상을 본 이후 난 살아 있는 모든 것들을 죄의 업보로 여겼다. 그리하여 나마저도 파괴시켜 버리려고 했다. 숨을 쉴 수가 없었다. 뒤통수를 바늘로 2~3초 간격으로 찌르듯이 아파하는 나를 엄마는 한의원에 데리고 갔다. 특별히 나타나는 병명도 없었다. 그러나 머리는 무거운 추에 눌린 듯 하늘을 향해 고개를 쳐들 수도 없었다.

하지만 그렇게 굴러다녀도 세상에는 의미를 부여할 만한 것이 없었다. 그래서 대통령이 되려고 했던 꿈도 헌신짝처럼 던져 버렸다. 창녀가 될 뻔도 했다. 그러나 그것도 의미가 없었다. 이때의 나의 심경이 1993년 8월 8일, 그 당시의 연극인 김지숙 씨에게 보낸 편지에 나타나 있다. 그녀에게 편지를 쓰게 된 이유는, 그녀의 자서전인 《대통령도 창녀도 될 뻔한 여자》를 책방에서 우연히 발견하고 단숨에 읽은 후 동질감을 느꼈기 때문이다.

지금 생각해 보면 그때 세상을 향한 그런 무모한 도전이 있었기에 "아무것도 되지 않겠다."라고 선언할 수 있었다. 그리고 어디든 떠날 수 있었다. 그렇게 한국에서의 삶은 다 끝났다 생각하고 별 의미 없이 호주행 비행기에 몸을 실었다. 한국이건 호주건 그 어디라도 내게는 별 감흥도 없었다. 낯선 땅에 대한 두려움도 없이 그저 떠나는 배처럼, 그곳이 어디든 바람에 돛을 맡긴 채 그렇게 한국을 떠났다. 아무런 기대도 없었지만 새로운 땅, 새로운 사람들, 새로운 기후, 새로운 배움이 주는 모든 것을 만끽했다.

그러다 운명적으로 예정된 만남처럼 몸과 마음과 영혼의 조화로움을 경험하는 시간에 맞닥뜨렸다. 요가를 하면서 몸이 나에게 전하는 소리를 들었다. 자연요법 중 마사지를 공부하면서 나는 몸과 마음의 조화라는 것이 무엇인지 감지할 수 있었다. 그러다 어느 순간, 영혼의 빛과 소리를 온몸으로 체득했다. 나는 이제 진정으로 세상에 홀로 설 준비가 되었다고 생각했다. 그리고 더 축복스럽게도 마사지를 통해 '홀로'에서 '더불어'의 따사로운 조화로움이라는 무기로 세상을 마주할 수 있게 되었다. 그런 축복된 경험이 있었기에 한국에 돌아와 풍요로운 마음으로 일상을 꾸려 갈수 있었다.

나는 이제 그 조화의 축제를 함평 치유의 숲에서 한국인뿐만 아니라 전 세계 사람들과 함께 나누려 한다. 인종을 넘어, 종교를 넘어, 성별을 넘어, 나이를 넘어, 국경을 넘어 그리고 그 무엇이건 삶을 가로막는 모든 것을 넘어⋯. 자, 이 글을 읽는 여러분! 당신도 생명을 위한 몸과 마음과 영혼의 축제에 동참하길 바란다.

명상 마사지 치유사,
스테디셀러 작가 되기

　호주에 가게 된 계기가 있다. 산을 오르다 팔이 부러졌기 때문이다. 깁스를 하게 되어 세상에 대한 고민으로 힘든 시간을 보냈던 나에게 위로가 되어 주었던 산을 더 이상 다닐 수 없었다. 왜 산이 나에게 안식처가 되어 주었느냐면, 외사촌 여동생들과 사이가 어긋났기 때문이었다. 일이 그렇게 된 후 나는 서울생활을 정리해 버리기로 마음먹었다.

　내가 그 외사촌 여동생들을 서울로 올라오게 한 것은 불행해 보이는 그들을 구출이라도 해 주고 싶은 영웅심이 발동했기 때문이었을까? 그때나 지금이나 아무리 생각해 보아도 그건 아니다. 항상 나에 대한 엄마의 불만인 "네년은 세상사에 푼수처럼 오지

랖이 넓어서 쯧쯧…"이 말이 더 맞는 말일 것이다.

7년 동안 적을 두고 있던 대학을 그만두기 전에 나를 정리하기로 했다. 20대 초반에 세상의 모든 것에 도전장을 내밀고 찾고자 했던 진리는 20대 후반이 다 되어 가도 찾을 수 없었다. 그저 무감각한 일상에 익숙해지고 있었다. 그래서 평소 산을 타면 숨통이 트였기에 우리나라 산야를 한 달간 돌기로 했다. 그 여정 중에 장흥에 있는 외가댁엘 들렀다. 외가에 항상 마음 빚을 지고 있다는 생각을 떨칠 수가 없었기 때문이다.

스물아홉에 혼자가 된 엄마는 어떻게든 자식들을 먹여 살려야 했다. 이제 태어난 지 6개월 된 막냇동생과 두 살 터울인 나와 오빠를 외가에 맡겨 두고 엄마는 일을 나가야만 했다. 식당이건, 여관이건, 공장이건, 공사판 막노동이건, 그야말로 닥치는 대로 일했다. 그저 일이 있는 것만으로도 감사해했다. 외할머니는 평소 "딸은 시집가면 그 집 귀신이니 죽어서도 그 집 문턱을 넘어오면 안 된다." 하셨다. 그런데도 이미 남의 집 사람인 큰딸의 세 새끼들을 정말 토실토실 잘 건사해 주셨다.

그렇게 빚진 마음으로 잠깐 들른 외가댁은 참 안되어 보였다. 외할머니께서는 손자를 끔찍이 아끼셨던 반면 손녀들은 사람 취급도 안 했다. 그러니 할머니와 손녀들 사이의 불협화음이 끊이지 않은 것은 당연한 일이었다. 아이들은 나날이 피폐해져 갔다. 그래서 나는 아이들을 서울로 보내는 게 어떻겠느냐고 제안했다. 내가 도와주겠다고 하면서. 고등학생 때 참고서 값을 대 주었던 외삼촌에게 빚진 마음을 그렇게라도 갚고 싶었다.

서울로 올라온 외사촌 여동생들을 정말 친동생처럼 보살폈다. 처음에 동생들을 서울로 오게 하자 했을 때 엄마는 반대하셨다. 그 집 아이들이 드세니 어찌 감당할 거냐며. 그런데 나는 내가 해야 할 일이라는 생각이 들면 나중에 어떤 불이익이 있더라도 감수한다. 그것이 진리인지는 모르겠으나 '그 순간에 진실이다'라고 생각하는 것을 하는 것만이 내가 할 수 있는 가장 최선이니까.

동생들은 나를 잘 따랐다. 그런데 주변에서 일이 꼬이기 시작했다. 나도 그 수습에 정신이 없었다. 수습하는 과정이 동생들이 보기에 미흡했나 보다. 동생들은 내 나름대로 수습한 것을 꼬투리를 잡아 물고 늘어졌다. 내가 아무리 설명해도 막무가내였다. 결국 엄마는 "거 봐라, 내 이럴 줄 알았다." 하시면서 "원래 머리 검은 짐승은 거두지 않는 법이다."라고 나에게 악담을 퍼붓기 시작했다.

그 이후로 외사촌 동생들과의 인연을 깨끗하게 정리했다. 급기야 나는 서울을 떠나기로 마음먹었다. 그렇지만 지금도 그 당시 내가 그들을 위해 내었던 마음을 후회하지는 않는다. 동생들과의 어긋남은 그냥 운명의 큰 흐름이 나를 나답게 하는 방향으로 이끌기 위해 준비해 두었던 장치였을 것이다.

어쩌면 외사촌 동생들과 잘 지냈으면 그들이 나를 필요로 하는 만큼 나는 서울에 그리고 한국에 오래 있었을지도 모른다. 나는 서울생활을 정리하고 광주로 왔다. 그리고 고등학교 친구가 소개해 준 야생화 매장 비닐하우스로 거처를 옮기고 산을 다니기 시작했다.

인간사는 이제 던져 놓고 우리나라 산야초의 생리를 공부했다. 야생초 야생화의 뿌리를 더듬는 것만으로도 자연은 나의 아득한 20대를 어루만져 주기에 충분했다. 바람을 양분 삼아 절벽에 뿌리를 내리는 풍란의 삶에 눈물이 났다. 세상에서 어디든, 진정으로 발 디딜 곳 아니면 뿌리 내리지 않겠다고 각오라도 하는 듯했다. 나는 난초의 고집스러운 절개에 위로를 받았다.

산속에서 보낸 시간이 나에게 어떤 의미였는지 1997년부터 본격적으로 호주 자연치료학교에서 수기요법을 공부하면서 이해할 수 있었다. 그것은 바로 치유의 시간이었다. 나는 학교에서 모든 종류의 마사지를 배울 수 있었다. 마사지를 배우는 동안 나는 나의 존재를 찾아가고 있었다.

명상을 해 보면 알게 된다. 삶은 원래 균형이었고, 통합이었고, 기쁨이고 창조임을. 그러한 본래의 온전한 삶이 현실의 중력으로 일그러지지 않게 하기 위해서 우리는 무엇을 해야 할까? 바로 스스로를 돌보는 일이다. 진정 자신을 귀하게 여기며 자신을 사랑하는 사람들은 남도 귀히 여기며 사랑하게 된다. 결국 우리는 하나이니까. 사랑해야 한다고 누가 강요하지 않아도 그냥 저절로 사랑이 흘러나온다.

한국에 와서 치유 사업을 하고자 했으나 계획대로 되지 않았다. 하지만 나의 치유 에너지가 영어 학원에서 만난 제자들에게 자연스럽게 스며들었나 보다. 제자들은 세계 곳곳에서 있는 그대로의 자신을 사랑하며 살아가는 모습을 간간이 전한다. 다행이다. 살아가면서 어린 세대들에게 부끄러운 기성세대는 아니 된 듯하다. 이만하면 세상을 떠나도 여한이 없을 거라는 생각이 들었지만 그럼에도 아직 나에게는 시간이 더 남아 있다. 그런데 이 시간을 의미 있는 시간으로 만들기 위해서 어떻게 해야 할지 도무지 갈피를 잡을 수 없었다.

그런 가운데 〈한책협〉을 만나게 되었다. 이 또한 예정된 운명이었는지도 모른다. 20여 년간 200권이 넘는 책을 쓰며 자신의 길을 묵묵히 걸어온 김태광 작가가 그 협회를 이끈다. 그를 보며 정말 현실에서 처음으로 "펜은 칼보다 강하다."라는 명언을 새삼 격렬하게 느꼈다.

나는 내게 허락된 이 시간을 잘 이끌어 나가야 한다. 영어 학원을 운영하느라 잠시 뒤로 미루어 놓았던 치유 사업을 다시 시작하려 한다. 나는 이 세상을 떠날 때까지 명상 마사지 치유사로 일할 것이다. 또한 명상 마사지사로 일하며 보고 듣고 느낀 것들을 책으로 쓸 것이다. 그 책이 세상에서 길을 잃은 '또 다른 나'들이 길을 찾는 데 도움이 되었으면 하는 마음이다.

버킷리스트 14

'꿈의 수학'으로 500억 원대의 자산가 되기

· 백 승 태 ·

백승태 수학 학원 대표, 자기계발 작가, 동기부여가

고등학교 수학 교사를 거쳐 학습지 회사 대표로서 직장생활을 하다가 더 큰 비전을 찾기 위해 수학 학원을 개원했다. 그 후 25년간 학원을 운영하면서 학생들이 수학을 쉽고, 빠르고, 정확하게 배울 수 있도록 하기 위해 '꿈의 수학'을 개발했다. 또한 성공적인 자기주도 학습과 관련된 교육 콘텐츠와 시스템을 개발해 학생들이 혼자의 힘으로 공부해 실력을 향상시킬 수 있도록 힘쓰고 있다.

• Email no3edu@hanmail.net

쉽고, 빠르고, 정확하게
공부할 수 있는 '꿈의 수학' 개발하기

나는 스물다섯 살 되는 해에 교사 발령을 받았다. 당시에는 시골이었던 강화도에서 고등학교 수학과 지리를 가르치게 되었다. 왜 하필 강화도로 가게 되었을까? 학점이 끝에서 맴돌았기 때문이었다. 하지만 지금에 와서는 성적이 나빴던 덕에 수학을 어려워하는 제자들을 만날 수 있었기 때문에 행운이라고 생각한다.

대학을 다니면서 과외선생으로, 학원 수학강사로 4년 내내 수학을 가르쳤다. 그 경험을 바탕으로 학교에서 고등학교 1학년 모든 반의 수학을 가르치게 되었다. 그중 대학 진학반은 1개였다. 진학반 학생들은 공부할 의욕은 있으나 수학실력이 많이 부족했다. 이때부터 나의 고민이 시작되었다. '실력이 부족한 아이들이 수학을 쉽게 공부하게 하려면 무엇을 어떻게 해야 할까?'라는.

나는 이 과제를 해결할 만한 방법에 무엇이 있을지 고민했다.

'누구나 수학을 쉽게 공부할 수 있어야 하고, 가능하면 진도를 빠르게 뺄 수 있어야 하고, 공부한 내용을 정확하게 내 것으로 만들 수 있어야 한다.'

결국 수학은 문제를 잘 풀면 된다. 수많은 문제들이 하나같이 묻고 있는 것을 분석해 보면, 그 문제의 개념이나 원리를 얼마나 정확하게 알고 있는지 파악하려 한다는 것을 알 수 있다. 더 나아가 그 문제의 개념과 원리를 정확하게 알고 있다면 문제의 출제의도를 쉽게 파악할 수 있을 것이다. 따라서 문제도 쉽게 풀 수 있게 될 것이다. 그렇다면 우리 학생들에게 문제의 개념과 원리를 어떻게 공부시켜야 할까?

연구를 거듭한 끝에 개념과 원리가 문제 유형들에 숨어 있다는 것을 알게 되었다. 즉시 고등학교 1, 2학년의 교과서와 문제집에 있는 유형들에서 개념과 원리를 찾는 작업을 시작했다. 그렇게해서 고등학교 과정을 공부하는 데 필요한 개념과 원리들을 정리할 수 있었다. 그런데 해결해야 될 숙제가 생겼다.

이렇게 정리한 개념과 원리들을 어떻게 학생들의 것으로 만들어 줄 수 있겠냐는 것이었다. 개념과 원리라는 용어는 각 단원에서 사용하기에는 지극히 추상적이다. 그렇기 때문에 개념과 원리에 해당하는 하나하나의 요소들을 '개념원리요소'라는 용어로 통

일해 가르치기로 했다. 그리고 매 단원을 가르칠 때 개념과 원리를 설명하고 칠판 오른쪽에 정리된 개념원리요소들을 적어 주었다. 그런 후 필기를 시킨 다음 암기하게 했다.

그러자 개념과 원리를 몰라서 문제풀이를 힘들어하던 학생들도 점차 문제를 왜 이렇게 풀어야 하는지 알 수 있게 되었다고 했다. 그런 생각을 하는 학생들이 상위권에서 점차 늘어 가더니 드디어 중위권 학생들도 같은 생각을 갖게 되었다. 그걸 지켜보면서 큰 보람을 느꼈다.

그러다 교직생활 4년 차에 사직하게 되었다. 현재와 달리 당시에는 교직이 일반 회사보다 비전이 없었기 때문이었다. 같은 과에서도 나처럼 중간에 교사직을 그만두거나 처음부터 교직에 발을 들여 놓지 않은 친구들이 반 이상이었다. 그 후 나는 학교의 중간고사, 기말고사 시험 문제를 출제해 납품하는 특수한 출판을 하게 되었다. 그러면서 자연스럽게 초등학교 수학교육과정에 통달하게 되었다. 이것은 오늘날 '꿈의 수학' 초등과정을 완성할 수 있는 밑거름이 되었다.

39세부터는 초·중·고 대상의 수학 학원을 운영하게 되었다. 그리고 이곳에서 초·중·고 과정을 본격적으로 연구하고 개발했다. 그 결과 오늘날의 '꿈의 수학' 개념원리요소를 1차로 완성하게 되었다. 그런데 이번에는 '과연 개념원리요소만으로 수학을 쉽고 정확하게 공부할 수 있을까?'를 고민하게 되었다. 너무나 당연하게도 부족하다는 생각이 들었다. 수학공부는 개념학습과 유형학습을 병행해야 하는데 아직 유형학습 방법을 개발하지 못했던 것이다.

그렇다면 유형학습을 어떻게 시켜야 쉽고 정확한 공부가 가능할까? 당시에는 틀린 문제가 있으면 그 틀린 문제를 오답노트에 써서 시험 전에 다시 훑어보는 학습법이 일반화되어 있었다. 이해해서 풀기보다 푸는 방식 자체를 외우는 방식이었다. 학생들은 노트에 문제를 적고 풀이과정까지 모두 써야 하는 이 방식을 싫어했다. 나 또한 이것이 좋은 방법이 아니라고 생각했기 때문에 더욱더 효과적인 방법이 필요하다고 판단했다.

나는 학생들이 실력을 향상시키려면 문제 자체보다는 유형에 주목해야 한다고 생각했다. 그래서 각 단원에서 나올 수 있는 모든 유형을 정리하고, 그와 같은 유형을 6개씩 개발했다. 그리고 채점시간을 절약하는 동시에 유형학습에 가능한 한 적은 시간을 들이고 큰 효과를 낼 수 있는 온라인 시스템을 개발했다. 즉, 학생이 문제를 풀고 답을 입력하면 자동 채점되는 동시에 틀린 문제와 같은 유형의 문제가 3~5개씩 자동적으로 출력되어 풀게 하는 방식이다. 이것이 바로 '꿈의 수학'으로 공부한 학생들이 성적을 올릴 수밖에 없는 이유다.

'꿈의 수학'의 학습원리는 모든 학생들이 수학을 외워서 풀지 않고 이해해서 풀 수 있게 하는 것이다. 개념원리요소를 정확하게 암기한 상태에서 틀린 문제와 같은 유형의 문제를 반복해서 풀면,

상위권은 물론 중위권도 '문제가 이렇게 풀리는구나!' 하고 깨닫게 된다. 선행학습을 하는 학생들 대다수는 몇 개월 지나서 배운 내용을 물어보면 정확하게 대답하지 못한다. 그런데 '꿈의 수학'으로 공부한 학생들은 다르다. 그 모습을 보면 학생도 대견하지만 나 자신도 자랑스러운 것이 솔직한 마음이다.

물론 '꿈의 수학'으로 공부할 때 힘든 점도 있다. 지금까지 그저 문제만 반복해서 풀던 학생들은 개념원리요소를 몇 번씩 반복해서 외우는 과정을 어려워한다. 그러나 개념도 확실하게 잡지 못한 채 문제만 반복해서 푸는 것에 익숙해 있다가 이제 와 개념과 원리를 머릿속에 집어넣으려니 어려움을 겪고 시간을 좀 더 투자해야 하는 것은 당연한 일이다. 이러한 부분은 학생들이 즐겁게 감수해야 하는 부분이 아닌가 한다.

어떻게 전국의 학생들이 '꿈의 수학'으로 공부할 수 있게 할 것인가? 이것이 나의 숙제다. 반드시 방법을 찾아 전국의 학생들이 혜택을 누리도록 할 것이다.

'꿈의 수학'을 전국적으로 알리기

　　교직 생활을 할 때부터 시작한 '꿈의 수학'을 최근 48개월 동안 집중적으로 개발해 완성했다. 이에 나의 목표가 생겼다. 전국의 많은 학생들이 '꿈의 수학' 프로그램으로 공부하게 하는 것이다. 모든 수학문제는 그 문제의 개념원리를 얼마나 정확하게 알고 있는가를 묻는다. 따라서 개념과 원리를 정확하게 이해하고 있을 필요가 있다. 많은 스타강사들 역시 수학을 잘하려면 개념과 원리를 정확하게 이해해야 한다고 강조한다.

　　하지만 개념과 원리를 어떻게 이해해야 하는지, 그 방법은 제시하지 못하고 있다. 개념원리를 이해해 문제를 잘 풀기 위해서는 그에 맞는 학습과정이 필요하다. 그러려면 다음의 질문을 머릿속에 담아야 한다.

1. 단원에서 내가 알아야 할 개념과 원리는 어떤 것들이 있는가?
2. 개념원리요소를 이해하고 오래 기억할 수 있는가?
3. 각 단원의 연산유형을 신속하고 정확하게 풀 수 있는가?
4. 틀린 유형을 다음에 맞히려면 어떻게 해야 하는가?
5. 심화유형을 공부할 때 처음부터 이해해서 풀 수 있는가?
6. 고교 수학문제의 수식에 대한 신속·정확한 해석능력을 갖추기 위한 방법은 무엇인가?

'꿈의 수학'은 개념원리요소를 정확하게 암기한 상태에서 틀린 문제와 같은 유형의 문제를 반복해서 풀게 한다. 이런 학습이 반복되면 개념원리요소를 하나하나 정확하게 이해하고 문제 유형을 파악하게 되는 것이다. 이렇게 공부하려면 우선 단원에서 이해해야 할 개념과 원리에 해당하는 요소들을 찾아 정리해야 한다. 내가 초·중·고 수학교육과정에 나오는 개념과 원리에 해당하는 요소들을 연구해 정리한 이유다. 그리고 이것이 바로 많은 수학 선생님들이 인정하는 '꿈의 수학'의 개념학습과정이다.

'꿈의 수학' 개념학습과정은 일단 단원의 개념원리요소들을 정확하게 암기하도록 한다. 하나하나를 빠짐없이 정확하게 암기하도록 개념원리요소를 외우게 하고 테스트한다. 그리고 틀린 개념원리요소의 번호를 입력하면 그것만 자동 출력된다. 그것을 다시 암기시켜 테스트한다. 이러한 방식의 1, 2, 3차 개념원리요소 테스트를 통해 100퍼센트 정확하게 개념원리요소들을 암기하게 된다.

또한 '꿈의 수학'에는 단원에서 나오는 연산유형을 신속·정확하게 풀 수 있도록 하는 '연산익힘' 과정이 있다. 학생은 문제를 푼 후 틀린 문제를 다시 풀게 되는데, 중요한 것은 제한시간 내에 풀어야 한다는 것이다. 그래야 신속·정확한 연산능력이 형성되기 때문이다.

뿐만 아니라 지금까지의 교재들은 소단원 중심으로 구성되어 있었다. 소단원 내에서 개념학습을 하고 유형학습을 하는 식이다. 그러나 수행평가나 중간고사와 기말고사는 대단원 범위에서 출제된다. 소단원 중심으로 진도를 나가면 그 당시에는 잔 기억으로 문제를 풀 수 있다. 하지만 대단원을 마치고 나면 상위권 학생들도 헷갈려하는 경우가 자주 확인된다. 따라서 평소에 대단원 중심으로 공부해야 온전하게 개념과 유형이 정리되어 오래도록 기억할 수 있는 것이다.

고등학교 수학은 그 자체가 어렵다. 그래서 고등학교 과정에 이르면 '수포자(수학 포기자)'라는 말이 여기저기서 들려 온다. 하지만 고등학교 수학도 개념과 원리만 제대로 파악하고 있다면 어렵지 않게 공부할 수 있다. 그러나 한 가지 더 갖추어야 할 것이 있다. 바로 신속·정확한 문제해석력이다. 그래서 '꿈의 수학'에서는 다양한 유형을 익힐 수 있도록 트레이닝한다. 틀린 유형만 출력해서 문제를 맞힐 때까지 다시 풀게 하는 방식이다. 이것이 바로 문제해석력을 키워 주는 과정이다.

'꿈의 수학'으로 공부한 학생들에게 성과가 나타날 때 나는 한없이 보람을 느낀다. 선행학습을 한 학생에게 몇 달 후 내용을 물어보면 정확하게 답을 못하는 것이 다반사다. 하지만 '꿈의 수학'으로 공부한 학생들은 달랐다. 왜냐하면 무작정 문제를 외우는 게 아니라 단계별로 개념과 원리를 이해하고, 틀린 유형을 반복해서 푸니까! 이렇게 공부한 학생들의 학교 성적은 지속적으로 향상되고 있다.

위의 학습과정으로 공부한 고등학생들은 등급별로 다음과 같은 성과를 냈다. 고등학교 1학년은 중위권까지, 고등학교 2학년은 중·상위권까지 학습효과가 있었다. 특히, 고교과정을 선행학습하는 중학생들은 정확하고 빠르게 학습 내용을 알게 된다고들 말하고 있다.

나에게는 꿈이 있다. 내가 개발한 '꿈의 수학'이 전국의 학생들에게 인정받아, 학생들이 자기주도학습을 통해 수학 성적을 올리는 것이다. 그러기 위해서는 콘텐츠도 탄탄해야 하지만, 개발한 콘텐츠를 널리 알릴 수 있는 인프라를 구축하는 것 또한 중요하다.

2016년 말에 우리나라 입시교육에서 선두를 달리고 있는 메가

스터디에서 함께 투자하면 어떻겠느냐는 제의를 해 왔다. 나와는 추구하는 방향이 많이 달랐지만 좋은 기회인 것 같다는 생각이 들어 함께 회사를 설립했다. 그러다 새 정부가 출범하면서 새롭게 바뀐 교육정책 때문에 메가스터디 측은 투자에서 손을 떼게 되었다. 저작권에 대한 지분이 많았던 내가 계약에 따라 회사를 인수하게 되었다.

그러자 고민이 많아졌다. 어떻게 해야 '꿈의 수학'을 전국의 학생들에게 알릴 수 있을까? 고민 끝에 나는 책을 떠올렸다. 수학을 쉽고, 빠르고, 정확하게 내 것으로 만들 수 있는 학습법을 책으로 출간한다면 어떨까? 장소와 시간에 구애받지 않고 전국 어디에서나 '꿈의 수학'을 접할 수 있게 되지 않을까? 물론 저자인 나를 널리 알리게 되는 건 당연한 일이다. 책을 쓰기로 마음먹은 후 책 쓰기를 코칭해 주는 곳을 찾았다. 그렇게 〈한책협〉을 만나게 되었다. 〈한책협〉에서 책 쓰기 코칭을 받은 후 내 책을 출간하게 되면, 꿈을 이룰 수 있을 것이라고 믿어 의심치 않는다.

또한 2006년 전후로 전국적으로 자기주도학습 열풍이 불었다. 많은 곳에서 자기주도학습 훈련 캠프를 열어 학생들을 지도하고 있었다. 나에게도 대교에서 자기주도학습 연구센터에 참가해 달라는 제의가 왔다. 처음에는 3개월 동안 참가하기로 했지만 기간을 다 채우지 않고 중간에 그만두었다. 그 당시 내가 운영하던 학원이 규모가 컸기 때문에 해야 할 일이 많아서이기도 했지만 본질적인 이유는 따로 있었다.

'이대로라면 자기주도학습은 200퍼센트 실패한다!'라는 결론을 내렸기 때문이었다. 학생이 의지를 갖고 스스로 공부하려 해도 무엇을 어떻게 공부해야 할지 모르기 때문에 작심삼일이 되고 만다. 자기주도학습이 성공하려면 무엇을 어떻게 공부해야 할지 낱낱이 제시해 주는 것이 우선이 되어야 한다. 현재도 많은 곳에서 학생들에게 자기주도학습을 시키고 있다. 그러나 그 효과가 그리 크게 나타나고 있지 않은 것이 현실이다.

하지만 '꿈의 수학'은 다르다. 학생들에게 각 과정마다 무엇을 어떤 방식으로 공부해야 하는지를 낱낱이 제시하고 있다. 중소기업청에도 '꿈의 수학'의 품질을 인정받아 1억 4,000만 원의 연구개발비를 지원받게 되었다.

이제 책 쓰기를 통해 '꿈의 수학'을 전국적으로 알려 나갈 것이다. 또한 수학 자기주도학습 훈련센터를 설립해 모든 학생들이 자기주도적으로 수학을 쉽고, 빠르고, 정확하게 공부할 수 있는 데 힘쓸 것이다.

'꿈의 수학' 사업과 부동산 투자로
500억 원대 자산가 되기

'꿈의 수학'은 여러 선생님과 학생들로부터 커다란 호응을 받고 있다. 수학공부의 근본인 개념과 원리부터 이해하게 해 주는 학습법이기 때문이다. 그래서 효율적인 이 수학 학습법을 많은 학생과 학부모들에게 알리려 노력하고 있다. 전국적으로 알리기 위해 다음과 같은 일을 이미 시행하고 있거나 앞으로 시행할 계획이다.

먼저 학원과 공부방 등에서 사용하도록 지역마다 지사장을 모집해 보급하려 했다. 그런데 지사장들은 '꿈의 수학' 외에도 2~5개의 상품을 더 갖고 있었다. '꿈의 수학'을 중점적으로 팔려고 홍보하지 않는 것은 자연스러운 일이었다. 학부모나 학생들을 대상으로 설명회를 하면 반응이 그렇게나 좋은데도 말이다. 결국 학원과 공부방 등 사교육시장에 진출하는 것을 잠시 접기로 했다.

'꿈의 수학'을 전국에 알릴 수 있는 방법을 모색하던 중, 작가 양성기관인 〈한책협〉을 알게 되었다. 〈한책협〉은 7주간의 〈책 쓰기 과정〉을 통해 책 쓰기에 대해 전반적으로 코칭해 주는 곳이다. 20여 년간 약 200여 권의 책을 집필하고 초·중·고등학교의 교과서에 글이 실리기도 한 김태광 대표 코치 외에도 많은 코치들이 세심하게 지도해 준다고 해서 '바로 이거다!' 하는 생각이 들었다.

김태광 대표 코치는 "성공해서 책을 쓰는 것이 아니라 책을 써야 주변으로부터 인정받고 성공할 수 있다."라는 모토로 가르치고 있다. 나는 이 말이 가슴에 와 닿았다. 〈한책협〉에서 책을 쓰는 방법에 대해 배운 뒤 '꿈의 수학'에 대한 책을 써서 출간해서 전국의 모든 학생들이 '꿈의 수학'을 알게 할 것이다.

나는 앞으로 7년 동안 500억 원을 벌 것이다. 어떻게 벌 것인가? 나의 계획은 다음과 같다.

먼저 자기주도학습 훈련기관을 운영할 것이다. 한 반의 정원은 30명이며 네 개의 반에 해당하는 인원을 모집하려고 한다. 수강생 1인당 월 60만 원씩 수강료를 받을 것이다. 이런 방식으로 전국에서 10개의 훈련기관을 운영한다. 그러면 연간 50억 원의 수입이 창출된다. 이 돈을 다시 전원택지와 부동산에 투자한다. 그러면 1~3년 안에 수입이 2배가 될 것이다.

그리고 수도권 소재 초·중·고등학교에서 자기주도학습에 관한 강연을 통해 회원들을 모집한다. 초등과정 월 5만 원, 중학과정 월 7만 원, 고교과정 월 8만 원씩 받을 예정이다. 블로그와 카페 등 SNS를 통해 회원을 지속적으로 늘려 나갈 계획이다. 3년간 1만 명의 회원을 모집하는 게 목표다. 여기에서 기대할 수 있는 순수익을 추정하면 월 7억 원 정도다. 사업에 들어가는 비용과 세금을 공제하고 나면 연 수입은 약 50억 원이 될 것이다. 그리고 이것을 다시 부동산에 투자할 것이다. 그러면 이전과 같이 1~3년 안에 2배의 수익을 창출할 것으로 예상한다.

3년 후부터 매년 130~160퍼센트씩 수익이 늘어 갈 것이다. 7년이면 80억 원이 500억 원이 될 것이다. 이렇게 안 되어도 좋다. 연 당기순이익이 50억 원 정도인 회사를 만들고 이 회사를 매각하면 한 번에 500억 원이 된다. 세금을 공제하고 300억 원은 될 것이고, 이 자본으로 부동산에 투자하면 3년에 2배가 되어 세금을 공제하고 500억 원이 될 것이다. 나는 충분히 가능하다고 판단한다. 우리나라에서 유일하게 성공할 수 있는 수학 자기주도학습 사업이기 때문이다. 수학과목은 제일 비중이 있고 변별력이 큰 과목이다. 따라서 여러 과목 중 수요가 가장 많은 과목이다.

또한 수학시장을 사교육에서 공교육으로 옮기는 것에 대해서도 고민을 하고 있다. 지자체에서는 각 고등학교에 성적이 우수한 학생들에게 지원을 아끼지 않고 있다. 한 학교에 지자체의 지원을 받는 장학생들은 30~200명 정도 된다. 이들이 '꿈의 수학'으로 자기주도학습을 하게 할 계획이다. 수도권에서는 앞서 말한 자기주도학습 훈련기관을 통해 '꿈의 수학'을 보급하고, 지방에서는 각 학교의 우수학생들을 대상으로 자기주도학습용 '꿈의 수학'을 배포하는 것이 내 계획이다.

그러나 위의 사업들이 성공하려면 성공조건들을 충족해야 한다. 자기주도학습 사업을 홍보하기 위한 가장 빠른 방법은 책 출간이다. 수학을 쉽고, 빠르고, 정확하게 내 것으로 만들 수 있는 학습법을 주제로 책을 쓸 계획이다. 출간까지의 여정이 쉽지는 않겠지만 〈한책협〉이 있으니 문제 없을 것이다.

책이 출간되면 강연 요청이 들어올 것이다. 이전에도 학부모를 대상으로 여러 차례 설명회를 하면서 강연을 해 본 적이 있다. 하지만 강연은 설명회와 성격이 다르기 때문에 홍보보다는 객관적으로 학습법을 알려 주어야 한다. 항상 조심해야 할 부분이다. 이런 점만 유념한다면 고객들로부터 공감을 얻는 것은 어렵지 않다고 본다. 설명회 때마다 호응도가 높았기 때문이다. 그래도 강연 방법을 제대로 배우는 것은 필요하다고 생각한다.

훈련기관을 운영하는 프로그램과 자료들도 준비해야 한다. 자기주도학습을 코칭해 줄 실력이 우수한 선생님들을 채용해야 할 것이다. 이 부분도 많이 해 왔기 때문에 수월하게 해낼 것이다. 거리가 먼 지방의 경우에는 회원을 모집하거나 관리하는 것이 쉽지는 않을 테지만, 중간에서 대신 관리해 줄 수 있는 간부를 두면 될 일이다. 이 일을 맡을 중간간부로 떠오르는 인물도 있어 걱정은 없다. 하다 보면 노하우와 이력이 생기게 마련이다.

제일 걱정되는 것이 자본력이다. 이 부분도 어찌 되겠지! 블루오션 사업을 누가 눈여겨보지 않겠는가! 하지만 성공을 위해 기도해야겠다는 마음이 간절하다.

아내와 함께 여행 다니기

어려서 여행해 본 기억이 거의 없다. 아마도 여행을 가 본 사실이 없기 때문일 것이다. 가정형편이 어려웠으니 당연한 일이다. 초등학교에 다닐 때 가끔 어머니와 둘이 인천에서 기차를 타고 서울에 있는 외삼촌 댁에 간 기억이 있다. 동인천역에 기차가 들어오면 자리를 잡기 위해 기차가 정차하기도 전에 뛰어올랐다. 지금 생각하면 위험하기 짝이 없는 행동이다. 아마도 악착같이 살아야 한다는 의지가 있어 그랬나 보다. 아무튼 기차를 타고 가는 것은 마냥 즐거웠다. 기차 안에서 어머니와 복숭아를 사 먹었던 기억이 새삼 떠오른다.

어린 시절에는 가만히 있는 것보다 역동적으로 움직이는 것을 좋아했다. 어려서 한 여행은 아련한 추억이 되었지만 지금도 여행이란 단어를 떠올리면 가슴이 설렌다.

학창시절에 아주 가끔 갔던 여행도 떠오른다. 초등학교 시절에는 가난으로 인해 소풍도 거의 가 본 적이 없었다. 그러다 6학년 때 강화도 전등사로 수학여행을 갔다. 수학여행비를 낼 형편이 되지 못했지만 담임선생님께서 공짜로 데려가 주었다. 당시 내 성적이 전교생 900명 중에서 3~5등이었기 때문이었다. 그때는 중학교에도 입시가 있어서 일류, 이류를 따져 진학하던 때였다. 그런데 나는 과외 한 번을 받아 보지 못했는데도 공부를 잘하니 그에 대한 대접이었던 셈이다. 강화도 수학여행에서 우리는 물총 싸움을 하며 놀았다. 한 방에서 20명 정도씩 잤던 것으로 기억한다. 지금 생각하면 반찬이 시원찮았는데도 밥맛이 좋았다.

중·고등학교에 다닐 때는 소풍도, 수학여행도 가 보지 못했다. 안 간 게 아니라 못 갔다는 말이 더 어울릴 것이다. 가정형편이 허락지 않았기 때문이었다. 대학교에 진학해서야 겨우 여행다운 여행을 떠났다. 매년 한 번씩 답사를 갔던 것이었다. 말이 답사지, 사실상 그냥 여행이었다. 그러나 학창시절과는 비교할 수 없을 정도로 즐거웠다. 아마도 술을 먹을 수 있어서였던 것 같다. 그런데 답사보다도 더 즐거웠던 여행이 있었다. 같은 과에서 4명이 '사대천왕'이 되어 몰려다녔다. 공주 한일고를 일류로 만든 김종모 교장, 신한은행 지점장이었던 이헌춘 군, 서울시 교육정책실장까지 했던 안명수 군과 나다. 대학 3학년 때 우리는 경북 풍산으로 여행을 갔다. 당시에는 풍산이 아주 시골이었던 터라 목적지까지 한 시간 반을 걸어야만 했다. 달빛이 환하고 조용한 가운데 우리의 얘기가 이어졌다. 지금도 가장 그리운 청춘시절이다. 참으로 다시 돌아가고 싶다.

박경리 작가는 청춘에 대해 다음과 같이 말했다.

"잔잔한 눈으로 되돌아보니, 청춘은 참으로 짧고 아름다웠다. 그때는 왜 그것을 몰랐을까!"

나 또한 마찬가지다. 흘러간 청춘이 안타까울 정도로 그립다. 결혼 전에는 여행을 간 기억이 없다. 강화도로 교사 발령을 받은 덕에 항상 관사에서 살았다. 주말이면 자전거로 강화도 이곳저곳을 다녔다. 학생들과 막걸리도 마시고 심지어는 학생 집에서 숙박도 했다. 당시 스물일곱 살이나 되었는데도 철이 없었다. 그렇게나 다니는 것이 좋았다!

결혼해서는 아내와 아이들과 여행을 곧잘 갔다. 텐트에서 자거나 모텔에서 잤다. 자동차에 짐을 실을 때부터 기분이 좋았다. 식구 모두가 그랬다. 가 본 곳이 꽤나 된다. 포천, 철원, 강릉, 속초, 괴산, 부산, 춘천 등등. 학원장 모임에서도 매년 두 번씩 여행을 갔다. 경쟁자들이어서 그런지 순수한 여행이 아니었다. 특히 모임

회장의 독선이 자주 회원들을 기분 나쁘게 했다. 별로 유쾌하지 않았던 여행이었다. 모임에서는 종종 해외 여행도 가곤 했지만 나는 한 번도 참석하지 않았다. 여행은 모쪼록 즐거워야 하는 법인데 도무지 즐겁지 않으니 참석할 이유가 없었다.

50대가 되면서 아내와 여행을 자주 갔다. 주로 관광버스로 가는 국내여행이었다. 아침 7시에 영등포 ○○백화점 앞에서 출발했다. 당시에는 우리 부부가 젊은 편이었다. 아침밥을 제공해 주었는데 찰밥에 멸치볶음, 김치 등 심플한 메뉴였지만 참 맛있게 먹었던 기억이 난다. 여행을 하는 동안 아내와 가끔 다투기도 했다. 여행하는 내내 막걸리를 곁에 끼고 다녔기 때문이었다. 아내는 "밤에도 실컷 마실 텐데 낮에만이라도 삼가면 안되겠어요?"라고 했지만 나는 도저히 그럴 수 없었다.

한번은 아내의 친구 모임에 남편들도 함께 모인 적이 있다. 그렇게 한두 번 모이던 것이 어느새 부부모임으로 확대되었다. 그 중 나이가 가장 많은 내가 회장이 되었다. 난생처음 맡아 보는 회장이었다. 모임의 이름은 '마님파'였다. 아내들 듣기 좋게 하자는 의미에서 한 친구가 그렇게 정해 버렸다. 우리 마님파는 국내의 여러 명소로 여행을 다녔다. 그러다 한 부부가 "이제는 해외도 나가요!"라고 해 필리핀의 보라카이로 여행을 떠난 적이 있다. 비행기에서 내려 목적지에 가기 위해 '지프니'라는 탈 것으로 두세 시간이나 더 달려야 했지만 그때의 여행은 참 즐거운 기억으로 남아 있다. 해 질 녘에는 아름다운 경치를 보며 요트를 탔고 밤에는 남편들끼리 훌라를 추며 놀았다. 다음 여행지로 베트남과 캄보디아를 생각 중인데, 한 부부의 사정상 아직 추진하지 못하고 있다.

그동안에는 국내만 여행했지만 이제는 아내와 함께 해외를 여행할 계획이다. 우선은 남미부터 가려고 한다. 여러 나라를 짧게 들르는 것보다 한 나라를 집중적으로 둘러볼 계획이다. 우선 이탈리아, 영국, 프랑스, 독일, 스페인과 포르투갈, 유럽, 러시아를 여행하기로 마음먹었다. 그 다음은 미주지역이다. 우선은 미국 9일, 캐나다와 멕시코 8일로 잡았다. 호주와 뉴질랜드는 겨울에 가려 한다. 일주일이면 될 것이다. 10일간 남미를 다녀와서 다음 분기에는 동남아를 가는 게 좋겠다. 힘든 남미여행을 다녀온 이후니까 비교적 쉬운 곳을 가는 게 좋을 것 같아서다.

그리고 크루즈 여행도 꼭 떠나고 싶다. 크루즈 여행에 관해서는 아는 게 많이 없지만 인터넷에서 검색해 보거나 그로도 부족하면 먼저 다녀온 사람에게 조언을 구하면 될 일이다.

여행을 가려면 경제력이 뒷받침되어야 한다. 앞으로 더욱더 열심히 노력해서 경제적으로 풍요롭게 살 것이다. 나는 아내와 앞으로 1년에 두 번 내지 네 번은 여행하며 지낼 것이다. 반드시 그럴 것이다.

불우한 사람들 지속적으로 돕기

나는 어려서 가난하게 살았다. 부모님은 6·25가 발발하기 전인 1948년도에 이북에서 도망치듯이 인천으로 왔다. 그러다 6·25 때 부산으로 피난을 떠났고 쭉 그곳에서 살게 되었다. 나는 이때 태어났다. 위로는 두 명의 형과 두 명의 누나가 있었다. 아버지는 길거리에서 양담배를 파셨고 어머니는 석탄을 빼내 팔았다. 그리고 돈이 모이자 부산역 인근에서 하숙집을 하셨다.

내가 네 살 때 가족들은 외삼촌이 살고 있는 인천으로 이사했다. 이때 '나야'가 내 별명이었다. 어른들이 귀엽다고 만지면 "나야, 나야." 한다고 해서 붙여진 것이다. 아버지는 직업이 없었다. 폐병을 앓으시다 내가 아홉 살이 되었을 때 돌아가셨다. 그 후로 우리는 이모와 함께 식당을 하며 먹고살았다.

　이런 가운데 어머니께서 외삼촌에게 거의 모든 재산을 투자했다. 하지만 외삼촌의 일이 제대로 안 풀려서 가정이 어렵게 되었다. 초등학교 2학년 때는 먹을 게 없어 굶고 학교에 간 적이 여러 번 있었다. 당시 인천시 동구 금곡동에서 살았는데, 주인집에서 작은누나와 나에게 아침을 준 기억이 있다. 그래서 본적지가 금곡동이다.

　초등학생이었던 당시에는 학교에서 미국이 원조해 준 옥수숫가루를 나눠주곤 했다. 가끔 받아서 집에 갖다 드렸다. 어떤 때는 우윳가루도 주었다. 당시 기생충 약을 먹는데 한 친구의 코에서 회충이 기어 나왔다. 이도 많을 때였다. 머리를 참빗으로 빗으면 이가 몇 마리씩 떨어졌다. 모두가 못살던 때였지만, 그중에서도 우리 집은 유난히 가난했다.

　중학교에 입학해서도 등록금이 밀려 몇 차례 학교에서 쫓겨나기도 했다. 그러면 학교 앞에 있는 자유공원을 한 바퀴 돌다 집에 가곤 했다. 중학교에서도 과외를 받는 친구들을 누르고 반에서 1등을 하곤 했다. 종종 담임선생님 심부름으로 점심시간에 선생님 댁에 무엇인가를 갖다 주곤 했다. 선생님께서 버스 타고 가라며 돈을 주셔도 아끼느라 걸어가곤 했다. 학교에 다시 되돌아오면 수학시간이 이미 절반이나 지나간 후였다. 아마도 담임선생님께서 내 수학실력을 믿고 수학시간에 보내신 것 같다.

그리고 고등학교는 국립이라 장학제도가 잘 되어 있는 서울대학교 사범대학 부속고등학교로 진학했다. 당시에는 서울대학교 합격자 수로 학교 서열을 매겼다. 재학생 비율로 서울대 합격자 수를 따지자면 우리 학교가 경복고보다 우위였다.

나는 졸업하는 해에 서울사대에 불합격해서 재수를 했다. 친구들은 학원을 다니는 동안 나는 독서실에서 공부했다. 이 시절에 친하게 지냈던 박한철 군이 한두 달에 한 번씩 찾아와서 독서실비와 분유 한 통씩을 주고 갔다. 아직도 그 신세를 갚지 못하고 있다. 갚을 기회를 주지 않는다. 나보다 큰 인물이 되어서 그렇겠지만, 그래도 서운하다.

이윽고 다음 해에 서울사대에 합격했다. 입학시험이 끝나자 박한철 군은 또 다른 친구와 함께 종로 뒷골목으로 나를 데려갔다. 그간 고생했다고 막걸리를 사 주었다. 얼마나 먹었던지 별별 것들을 다 토해 냈다. 내 인생에서 가장 심하게 토를 했던 것 같다. 박한철 군은 나에게 장부로서의 호연지기를 가르치려 여러 번 술을 사 주었다. 그때도 나는 등록금을 마련하기 위해 아르바이트를 구해야 했다. 하도 안 구해져서 '에이, 졸업할 때까지 구해지겠지'라고 마음먹었다. 그랬더니 다음 날 바로 연락이 왔다.

사대 1학년인 나는 법대 2학년들에 섞여서 이화여대생들과 미팅도 했다. 나도 법대생인 줄 알고 친절히 대하는데 민망했다. 사실대로 말하기도 계면쩍었다. 다음에도 같이 가자고 하는 것을 거절했다. 나도 꿈이 검사였는데 참 스스로 민망했다.

2학년이 된 이후부터 사법고시를 준비했다. 도서관에 박혀 있다 저녁이면 아르바이트를 하러 갔다. 3개월 동안 이 생활을 하다 보니 자만심이 조금 생겼다. '이 정도로 열심히 살았으니 조금은 놀아도 되는 거 아니야?' 하는. 3년간 그렇게 공부하다 돌아보니 폼만 잡고 살았던 것을 알게 되었다.

교직을 그만두고 학습지 회사를 차렸다. 스물여덟 살 나이에 학교 새마을 어머니회를 대상으로 학습법을 강연했다. 지금 생각하면 강연이라도 들어 준 것이 고맙다. 강연이 끝나면 내가 받아 온 학습지를 회원제로 팔았다. 당시 6개월에 2만 6,000원이었는데 하루에 몇 개씩 팔았다. 잘 팔리자 본격적으로 학습지를 제작하는 회사를 차렸다.

한편 초등학교 은사님들께서 그 당시 모두 학교장으로 재직 중이셨는데, 나를 좋게 봐 주셨는지 학교의 중간.기말고사 평가지를 제작해서 납품하라고 하셨다. 정말 좋은 기회였지만 준비가 부족했던 탓에 첫 납품은 실패로 돌아갔다. 그 이후에 출제를 담당했던 교사들을 모두 그만두게 하고 나를 비롯한 4명의 직원이 직접 문제를 출제했다. 그랬더니 다행히 합격점을 받을 수 있었다.

그렇게 학습지 사업과 평가지 납품을 병행하다 보니 두 개의 회사를 거느리게 되었다.

하지만 학습지와 평가지 등 출판업에 종사해 성장하는 것은 한계가 있었다. 그래서 서른아홉 살 되던 해에 학원을 개원했다. 학원은 입시학원으로 성장했다. 인천시 부평구에서 약 1,800명 정도의 학생이 다니는 학원이 되었다. 그러나 아쉽게도 같은 지역에 경영도 잘하면서 큰 자본력으로 1등을 달리는 학원이 있었다. 나는 2등이었다. 하지만 나는 1등을 꿈꿨다. 그래서 변화를 모색했다. 강사중심의 강의체제에서 학생중심의 학습체제로 바꾸려 했다. 3년여의 준비과정과 설문조사, 설명회 반응 등으로 미뤄 성공할 수 있겠다는 확신에 차 있었다. 학원을 자기주도학습체제로 바꾸려 했던 것이다.

그러나 한 가지를 면밀하게 분석하지 못했다. 당시 나는 학생이 동영상 강의를 시청하며 직접 공부를 하는 시스템으로 바꾸고자 했던 것이었는데, 학생들이 동영상 강의에 집중하지 못한다는 사실을 간과했다. '강사 없는 학원'은 무리였던 듯싶었다. 학원을 정리한 후 얼마간 연구에 매진해 '꿈의 수학'을 개발하게 되었다.

'꿈의 수학'을 전국에 보급해서 3년 내에 연간 50억 원을 벌 것이다. 그리고 이 돈을 다시 부동산에 투자해 500억 원의 자산가가 될 것이다. 이 돈으로 불우한 사람들을 돕겠다. 먼저 우리 동기들이다. 형편이 어려운 동기들이 상당수 있다고 들었다. 이들에게 매월 80만 원씩만 도와주어도 생활이 나아지리라 믿는다. 길거리를 가다 보면 박스 수레를 힘들게 끌고 다니는 노인들이 계신다. 볼 때마다 차에서 내려 5만 원권 지폐 한 장씩을 건네주고 싶다. 500억 원 중 100억 원만 이런 이들을 위해 쓰련다. 지속적으로 도와주려면 매년 100억 원의 반 정도로 수익이 창출되는 사업도 해야 한다. 계속 고민할 문제다.

버킷리스트 14

하고 싶은 일을 하며 경제적으로 자유로운 삶 살기

· 박은선 ·

박은선   자기계발 작가, 동기부여가, 강연가, 행복 메신저

간호조무사로 개인병원에서 근무하던 중 새로운 꿈에 도전하고자 과감히 사표를 냈다. 그 과정에서 많은 시련을 겪었으나 다시 일어서기 위해 자존감에 대한 연구와 공부를 했다. 그때의 경험을 살려 많은 이들이 자존감을 높이고, 행복한 인생을 살아갈 수 있도록 돕는 메신저가 되고자 한다. 현재는 자존감에 관한 개인저서를 집필 중이다.

• Email healing_es@naver.com

나를 괴롭혔던 과거 용서하기

　어린 시절 분명 좋은 일도 있었을 텐데 항상 먼저 튀어나오는 기억은 아버지에 대한 원망이었다. 성인이 된 지금은 이해할 수도 있지만, 그래도 아직 전부 용서하지는 못한 것 같다. 사실 이보다 더한 상처를 안고 살아가는 사람들도 있을 수 있다. 하지만 당시 어렸던 내게는 그 무엇보다 아픈 상처들이었다.

　어린 시절 가족과의 추억은 딱히 기억에 없다. 사진으로 보아 가족끼리 여행을 간 적도 별로 없는 듯하다. 여행을 좋아하는 어머니가 어린 언니와 나에게 경험을 갖게 해 주고자 나가기 싫어하는 아버지를 억지로 설득해 겨우 몇 군데 다녔다는 사실을 나중에야 알았다.

아버지에게 나는 항상 언니의 비교 대상이었다. 나는 공부에는 별 재능이 없었다. 대신 그림 그리는 걸 좋아하고, 활동적인 것을 좋아했다. 비록 큰 상은 아니었지만 그림대회에서 상을 타 왔을 때도 아버지는 잘했다는 칭찬 한마디 없으셨다. 중학교 때 태권도 품을 땄을 때도 글짓기 상을 타 왔을 때도 마찬가지였다. 상장을 눈으로 쓱 훑어보고는 아무 말씀도 하지 않으셨다.

반면 두 살 위의 언니는 공부를 잘했다. 그래서 그때 당시 그 지역에서 공부를 잘한 학생들만 갈 수 있는 학교로 소문난, 한 인문계 고등학교로 진학했다. 아버지는 그런 언니의 말이라면 다 옳다고 받아들이셨다. 하지만 내가 하는 말은 받아 주기는커녕 잘 들어 주시지도 않았다. 언니와 같은 얘기를 하더라도 내 말은 영 못 미더워하셨다. 그러다가도 언니가 말하면 옳다구나 하셨다.

또한 부모님의 잦은 다툼은 우리를 공포에 떨게 했다. 다행히 언니는 고등학교에 들어가면서부터 매일 야간 자율학습을 하느라 밤 10시가 넘어서야 집에 돌아왔다. 또한 대학교도 다른 지역에서 다녔기 때문에 부모님의 영향을 덜 받았다. 그래서 나는 중학교 2학년 때부터 부모님의 다툼을 홀로 받아 내며 두려움에 떨어야 했다.

게다가 아버지는 늘 어딘가가 아프다고 했으며 부정적인 말밖에 하지 않으셨다. 돈이 없다고 하시면서도 매일 TV 홈쇼핑을 시청하면서 갖가지 운동기구와 끝까지 드시지도 않는 건강식품을 사들였다. 그때마다 어머니와의 다툼은 늘어만 갔다.

고등학생 때 나는 어머니의 우울증 증세를 눈치채고 있었다. 두 분이 크게 다투신 어느 날 어머니는 죽겠다면서 칼을 가져오라고 했다. 그러곤 베란다에 쓰러지셨다. 내가 달려가자 어머니는 약을 찾으셨고, 나는 덜덜 떨며 약을 찾아 어머니께 드렸다. 그때 아버지의 모습은 기억이 잘 나지 않는다. 하지만 왜 저러냐며 멀리 떨어져 계셨던 것 같기도 하고 방에 들어가셨던 것 같기도 하다. 지금 생각해 보면 좀 당황하셨던 것일지도 모른다. 아직도 그 당시를 회상하면 떨리고 겁이 나고 눈물이 그렁그렁 맺힌다.

그렇게 버티시던 어머니는 내가 고등학교를 졸업하자마자 바로 집을 나가셨다. 내가 성인이 되기를 기다리셨던 것이다. 나는 2년제 전문대를 다녔다. 그동안 아버지와 단둘이 지내게 되었는데, 그 2년이 내게는 무척이나 고통스러운 시간이었다. 아버지는 TV를 보다가도 가족 관련 이야기가 나오기만 하면 어머니 욕을 하기 일쑤였고 툭하면 내게 하소연을 하셨다. 그때 난 그것을 이해하고 들어 주기에는 아직 어린 나이였다. 내게는 참 힘든 시간이었다.

날이 갈수록 어머니에 대해서는 연민이 커지는 반면 아버지에 대해서는 실망만 커져 갔다. 나는 아버지의 하소연을 듣기 싫어 방에 틀어박혀 게임에 빠져 지냈다. 방학 때는 하루 종일 아침에 일어나서 잠들 때까지 게임만 했던 적도 있다. 아버지와 대면하는 게 싫었고 오로지 그 상황을 회피하고 싶기만 했다.

2년 후, 아버지께 허락을 받고 어머니에게로 떠났다. 내가 어머니와 살고부터 아버지는 나의 연락이 뜸하면 어머니랑 지내니 살 맛 나서 연락을 안 하는 줄 알고 섭섭해하셨다. 10평 남짓한 좁은 집에서 어머니와 간신히 살아가는 상황도 알지 못하면서 나를 귀찮게 하는 아빠가 싫었다. 내가 독립해서 혼자 살 때는 연락이 뜸해도 언니가 있었기 때문인지 아무 말씀 없으셨는데, 이제는 외로워서 이러시나 싶어 못내 짜증이 났다. 내가 엄마를 더 좋아하는 걸 아버지도 알고 계셨으면서, 그렇게 만든 장본인이면서 도대체 왜 이러나 싶었다. 가장 싫은 시간이 아버지와 통화하는 짧은 시간이었다.

아버지 곁을 떠나 자유를 얻은 것은 마냥 신나는 일이었다. 그렇다고 어머니와 함께 지내는 것이 마냥 좋은 것만은 아니었다. 어릴 적부터 비교를 당하다 보니 별일 아닌 것까지 내게 열등감을 불러일으켰다.

한번은 식기 건조대를 설치할 때였다. 어머니는 내가 제시한 방향으로 식기 건조대를 설치하지 않으셨다. 그러더니 언니가 놀러 와서 한마디 하고 난 며칠 후, 내가 제시했던 방향으로 식기 건조대가 바뀌어 있었다. 그러자 나는 내가 말할 때는 내 말대로 안 하더니 언니가 말하니까 그렇게 하냐고 화를 내었다. 어머니는

"그런 거 아니야. 너는 왜 항상 언니와 그렇게 비교를 하니?" 하고 분노를 터뜨리며 같이 죽자고 한바탕 소동을 벌이셨다. 우울증 증세가 도진 것이었다. 나는 어머니께 화를 낸 것을 자책하며 내 머리를 마구 때렸다. 화를 낸 내 입이 미워서 입을 손으로 때리기도 했다.

또 한번은 내가 10만 원을 들여 '비폭력 대화법'이라는 강좌를 수강할 때였다. 어머니는 큰돈 들여 그런 걸 배우러 다닌다며 못마땅해 하셨다. 신이 나서 배운 내용들을 이야기하던 나는 어머니의 부정적인 말에 섭섭해서 화를 냈다. 그러다가 똑같은 일이 벌어지면 또 나 스스로를 자학하곤 했다. 어머니 입에서 죽자는 소리가 나오고 화를 주체하지 못해 집을 나가시면, 나는 불안하고 초조했다. 혹시나 죽으러 가는 거면 어떻게 하지, 하고… 어머니의 슬픔이 다 내 탓 같았다.

나는 긍정적인 사람이 되어 어머니의 곁에서 좋은 영향을 끼치고 싶었다. 그런데 오히려 함께 있어서 서로 힘들 때면 내가 떠나는 게 낫겠다는 생각이 종종 들었다. 마침 새로운 것에 도전할 기회가 생겨 그 핑계로 독립을 했다. 그 도전에 내 스케줄을 전부 맞추려고 하다 보니 일을 구하기가 어려워서 모아 두었던 돈을 다 써 버렸다. 생각대로 잘 풀리지 않자 깊은 좌절을 느끼고 슬픔에 빠져 지내게 되었다. 게을러지고 의욕도 사라지고 문득문득 죽음을 생각하기도 했다. 그렇게 스스로를 자책하면서 과거를 떠올렸다. 그러자 이렇게 낮은 자존감도 열등감도 이런 현실도 모두 아버지 탓이라는 생각이 들었다. 부정적인 말들을 내게 쏟아부었던 아버지 탓에 내가 이렇게 되었다고 말이다.

아버지의 영향을 덜 받은 언니에 비해 나는 여태껏 혼자 모든 걸 감당해야 했다는 사실에 불공평하다는 생각까지 들었다. 열등감으로 인해 나는 언니가 항상 나를 가르치려 든다고 생각했다. 그냥 공감해 주길 바라서 한 말이나 아무 의미 없는 얘기를 전달할 때조차도 언니는 매번 조목조목 따져 가며 설명하는 게 나를 무시해서 그러는 거라고 생각했다.

그보다 나에게 이런 원망, 부정적인 생각이 계속 치솟는 것이 너무 싫었다. 더욱이 나의 모습에서 아버지의 모습이 보일 때면 나 자신이 더욱 싫어졌다. 좁은 인간관계, 말을 똑 부러지게 못하는 것, 부정적인 것, 우유부단한 것, 융통성 없는 것, 건강하지 못한 것, 어떤 것이든 금방 싫증 내는 것 등 난 어머니보다 아버지를 더 닮은 나를 부정하고 싫어했다. 어머니가 아버지의 모습을 싫어했듯 나도 어머니에게 미움을 받을까 봐 나를 더 싫어 했던 것 같다. 가족과 나 스스로를 미워하면서 지내 온 나는 세상이 싫으면서도 애정결핍으로 사랑을 원하고, 칭찬이나 관심을 받으면 좋으면서도 그럴 리 없다며 믿지 못한다.

누군가를 미워하면 그것이 화살이 되어 자신에게 돌아온다고 했다. 내가 변화하지 못하고 그대로인 이유 중 하나가 과거 상처들에서 벗어나지 못하고 상처를 끌어안고 끙끙 앓고 있기 때문이라고 생각한다. 이제 그만 용서하고 홀가분해지고 싶다.

지금은 아버지를 조금 이해할 수 있다. 나에게 상처를 준 건 표현이 서툴렀기 때문이었다는 것을. 그리고 사실은 외로운 분이셨다는 것을. 나의 아픔이 어쩌면 아버지의 그것과 같은 것일 수도 있겠다는 생각이 들었다. 닮았으니까. 나를 사랑하려면 먼저 아버지를 용서하고 사랑해야 함을 알았다.

또한 어머니는 강인한 분이시다. 지난 몇 년간 여러 번 삶의 끈을 놓으려는 시도도 하셨지만 결국 삶을 선택하셨다. 지금은 요양보호사로서 새로운 인생을 살고 계신다. 그리고 언니는 내가 부모님 옆에서 겪었던 일들을 겪지 않아서 다행이라고 생각한다. 고통을 같이 겪는다고 해서 고통이 반으로 줄어드는 것은 아니니까.

여유롭고 행복한 가정이라면 당연히 아이들을 잘 기를 수 있을 것이다. 하지만 부모님 자신들도 힘든 상황에서 자식을 길러내는 일은 얼마나 힘에 부치는 일일까. 요즘 폭력이나 살해가 난무하는 가정에 비하면 우리 아버지, 어머니는 좋으신 분들이다.

요즘 아버지는 무엇이든 그저 열심히 하라고 나를 응원해 주신다. 어릴 적 감기에 잘 걸렸던 나를 걱정해 날씨가 추워질 때마다 이불을 걷어차지 말고 잘 덮고 자라고 하신다. 분명 아버지도 이렇게 나아지셨는데, 내 마음의 상처가 덜 아물었는지 가끔 불거져 나와 나를 괴롭힌다. 아직은 아버지가 어색하고 불편하다. 싫은 부분도 많다. 그러나 무엇보다 나를 위해서 아버지에게 사랑을 많이 드리기로 했다. 며칠 전 통화하면서 전화를 끊기 전 용기를 내어 먼저 사랑한다고 말했다. 나는 이미 두 분을 용서했다.

내가 꿈꾸는 하우스에서 살기

　　그동안 내가 살았던 집들을 떠올려 보았다. 내가 기억하는 첫 번째 집은 초등학교 2학년 때까지 지냈던 슈퍼다. 가게 내의 진열장 뒤로 서로 떨어져 있는 작은 방 2개와 샤워실이 있었다. 그리고 화장실은 집 바깥의 뒤쪽에 자리 잡고 있었다. 마치 다른 집 화장실을 쓰는 듯했다. 어두운 저녁시간에는 화장실 가기가 무서워서 언니와 다녔다. 잠자리에 들 때는 방 안에 둔 요강을 사용했다.

　　이처럼 불편한 점들도 있었지만 가게 내의 과자나 아이스크림을 편하게 먹고 친구들에게 나눠 주기도 했던 좋은 기억들도 있다.

　　한번은 이런 일도 있었다. 가게의 입구에는 새장을 놓고 새 한 쌍을 키웠었다. 그러던 어느 날 새 2마리가 사라졌다. 부모님은 족

제비가 와서 잡아먹은 것 같다고 하셨다. 나중에 새로 들인 새 한 쌍도 마찬가지로 어느 날 자신들의 알만 두고 사라졌다. 새알이 궁금해 살짝 건드렸다가 안이 텅텅 비어 있어서 놀란 기억이 난 다. 잡아먹힌 새도, 텅 비어 버린 새알도 그 당시에는 충격으로 다 가왔다. 그러다가 운영이 어려워져 그만둔 슈퍼 내부에 마루를 놓 고, 놀이터 삼아 놀았었다.

두 번째 집은 조금 높은 언덕에 자리한 아파트 8층이었다. 초 등학교 3학년 때부터 11년간 지낸 곳이다. 방, 거실, 화장실이 모 두 한 공간에 있는 아파트로 이사한다니, 어린 아이의 마음에 얼 마나 설레었을지 짐작이나 할까. 당시 친구들에게 아파트로 이사 간다고 자랑했다. 친구들이 자주 놀러 오곤 했었는데, 언덕이 가 팔라 하나같이 모두 헉헉대곤 했다. 어릴 적부터 내 종아리가 튼 실했던 이유가 이 때문인 것 같다. 처음에는 언덕을 오르내리기가 힘들었지만 익숙해지니 숨이 차는 정도가 차츰 낮아졌다. 친구들 이 헉헉댈 때 혼자 여유롭게 오르며 잘난 척하기도 했다.

게다가 아파트 단지 내에 놀이터까지 있었으니 천국이 따로 없었다. 놀이터 가는 길목 쪽에서 친구들과 고무줄놀이를 하곤 했다. 고무줄놀이는 초등학교 시절 가장 좋아했던 놀이 중 하나 다. 어느 날 집에 혼자 있는 시간이 지루해 고무줄놀이가 정말 하 고 싶던 적이 있었다. 집 거실에 고무줄을 걸어 놓고 살금살금 고무줄놀이를 했다. 그런데도 발소리가 시끄러웠는지 아래층에 거주하는 아저씨가 올라와 부모님과 이야기를 나누었다. 그러고 나서 곧 나는 엄청나게 혼났다. 그 후 아파트가 불편해졌다. 마음껏 뛰어놀 수 없었기 때문이다. 그래서 만약 다음에 이사를 가게 된다면 아파트 1층으로 가는 게 좋겠다고 생각했다.

세 번째 집은 어머니와 둘이서 함께 지낸 10평 남짓의 좁은 주택이다. 어머니는 내 나이 스무 살 때 우리가 함께 살던 집을 떠나셨다. 그리고 친구의 도움으로 새 집을 어렵사리 구하셨다고 들었다. 전세로 나온 집인데 집 주인과 협의해 보증금 500만 원에 월세 10만 원을 내기로 하셨다고 했다. 그때가 2008년도인데 집 주인은 지금까지 한 번도 보증금이나 월세를 올려 달라고 하지 않으셨다. 너무나 감사하고 좋은 분들이시다.

나는 대학 졸업 후, 어머니에게로 가서 그곳에서 5년을 살았다. 그 좁은 집의 어수선하게 들어찬 옷, 책, 가구들 틈에서 지내며 비염에 걸렸다. 매일 가래가 목에 끼어 힘들었다. 그래서 늘 휴지통에 휴지가 쌓여 있었다. 그렇게 어머니와 함께 지내면서 처음에는 외로움이 덜어져 좋았다. 하지만 각자의 공간에 조용히 있고 싶거나 울고 싶을 때는 서로 참을 수밖에 없었다. 어머니는 밤에 일하러 나가 새벽에 들어오시곤 했다. 잠자다 어머니가 퇴근하고 들어오는 소리에 깨는 경우도 있었다. 가끔 화장실에서 울음소리가 들려오기도 했다. 그럴 때면 무슨 일인가 걱정되었지만 물어보기가 무서웠다. 또한 물어보면 엄마가 난처해하시지 않을까 하는 생각들로 다시 잠들기 어려웠다.

따로 나와 사는 지금, 그동안 어머니가 내게 많은 양보를 해주셨음을 알았다. 그 좁은 집이 내 물품들로 들어차서 어머니의 공간은 사라져 버렸다. 마음 편히 쉬지 못하고, 몰래 화장실에서 우셔야 했던 것들이 모두 마음이 쓰인다.

아직까지 그 집에서 지내고 계시는 어머니가 걱정스럽다. 오랜만에 명절이나 휴일에 찾아가서 하룻밤을 머물고 나면 다음 날 목이 아프다. 내가 거기서 5년 동안 비염과 먼지에 얼마나 익숙해져 지냈는지 알게 되었다. 이제 환갑이 머지않으셨는데 그전에 넓고 깨끗한 환경의 집으로 꼭 이사시켜 드리고 싶다. 어머니가 어떤 집을 원하실지 잘은 모른다. 하지만 어머니에게 집을 마련해 드릴 기회가 생긴다면 어머니를 위한 맞춤집을 지어 드릴 것이다. 남은 인생 멋진 집에서 건강하고 행복하게 지내시라고 말이다.

네 번째 집은 처음 독립해서 얻은 강서구 화곡동의 주택형 원룸이었다. 블로그에 소개된 글들이 믿을 만해서 개인계약으로 6평 원룸을 얻었다. 계약 당시에는 마냥 설레고 좋았는데 지내고 보니 단점들이 눈에 띄었다. 그러자 너무 비싸다는 생각이 들었다. 같은 가격에 좀 더 나은 집을 구할 수도 있었을 거라는 후회가 들었다.

어쨌든, 처음 독립생활을 하면서 얻어 낸 좋은 경험이었다고 생각한다. 이때의 경험을 바탕으로 다음에는 더욱더 좋은 집을 얻을 수 있을 것이라고 생각한다. 그리고 집도 집이지만 집 주인을 잘못 만나서 고생하는 경우도 많다고 한다. 나는 운 좋게도 좋은 집주인과 관리실장을 만났다. 불편한 사항을 말씀드리면 개선해 주려고 많이 애써주셨다.

바로 옆 주인집 사이에 자리한 정원에는 늘 하얀 길고양이가 터를 잡고 있었다. 없는 살림에 고양이 사료와 간식들을 챙겨 주면서 외로움을 덜었다. 그러자 옆집, 윗집까지 그 고양이를 함께 챙겨 주기 시작했다. 그 집을 떠나기 마지막까지 곁을 내 주지 않았지만 내게는 고마운 친구였다.

여기 주인집이 가지고 있는 집 중에는 고양이 전용 방이 있는 집과 고양이를 위한 선반이 달린 집도 있었다. 고양이를 키우시는 분들을 위한 집을 만드셨다고 했다. 그것을 보고 '나도 내 집을 마련한다면 꼭 고양이를 위한 방을 만들어야지'라고 생각했다.

예전에 어느 고양이 카페에 갔을 때, 털 없는 스핑크스 고양이가 내 품에 안긴 적이 있다. 애교가 많은 고양이라 함께 있으니 기분이 좋았다. 나중에 그 종의 고양이가 '개냥이(개처럼 사람을 잘 따르는 고양이의 줄임말)'라는 사실을 알게 되었다. 시크한 매력의 고양이도 좋지만 나는 애교가 많은 스핑크스 고양이에게 반했다. 그래서 나중에 꼭 키우리라 다짐했다.

몇 달 전 TV에서 방영한 〈효리네 민박〉을 보면서 내가 꿈꾸는 집과 많이 닮아 있다고 생각했다. 넓은 마당에서 동물들과 함께 지내는 모습이 부러웠다. 동물을 키우는 것은 정서에도 좋다고 한다. 보더 콜리, 골든 리트리버, 푸들을 입양해 마당에서 아이들과 뛰어놀 수 있도록 해야겠다.

지금 나는 넓은 마당이 있는 집을 꿈꾸고 있다. 미래의 내 아이들이 자연과 함께 마음껏 뛰어노는 모습을 보고 싶다. 뒷마당에는 흙을 깔아 하늘땅 별땅, 땅따먹기, 비석치기, 고무줄놀이 등 추억의 놀이를 가르쳐 주며 함께 놀고 싶다. 옆 마당에는 수영장을 설치하고 비나 눈이 올 때는 실내가 되게끔 하는 구조로 만들 것이다. 또한 간단하게 채소를 심을 수 있는 작은 텃밭을 둘 것이다. 앞마당은 넓게 만들어 바비큐 파티도 하고 실외 레스토랑 분위기도 한껏 내 보고 싶다. 집은 태양광 발전기를 설치해 친환경적으로 지을 것이다. 그리고 실내에는 스핑크스 고양이 두 마리가 지낼 수 있는 고양이 방과 옷방, 서재, 운동 및 놀이터 공간을 마련할 것이다. 그런 이층집을 지을 것이다.

또한 사랑방을 한 채 지어서 여행객들에게 묵고 가시라고 하는 것도 좋을 것 같다. 여행객들이 전해 주는 여행 이야기를 듣고, 좋은 곳은 가족들과 함께 여행할 것이다. 그리고 여행 에세이와 나의 드림 하우스 이야기를 책으로 펴낼 것이다.

자유롭게 해외여행 다니기

스무 살에 처음으로 여권을 만들었다. 대학교에서 협약을 맺은 일본 회사로 견학을 가게 되었기 때문이다. 5년짜리 여권을 신청한 친구들도 있었다. 그러나 나는 사람 일은 어찌 될지 모른다며 10년짜리 여권을 신청했다.

'해외여행' 하면 주로 비행기를 떠올린다. 그러나 나의 첫 해외 경험은 16시간 동안 배를 타고 부산에서 오사카로 가는 것이었다. 4박 5일이었던가. 그중 왕복 32시간은 배에서 보내야 했다. 그래서 오사카에서 보낸 시간은 겨우 이틀 정도였다. 1학년 때는 선배들과 함께, 2학년 때는 후배들과 함께 다녀왔다. 뱃멀미를 하는 친구들이 많았지만 다행히 나는 멀미를 하지 않아 배 안을 마음껏 구경할 수 있었다.

배정받은 방 안에서는 여러 광경이 펼쳐졌다. 멀미하는 친구들은 누워서 앓았고, 멀쩡한 친구들은 화투나 카드 게임, 블루마블 게임을 하곤 했다. 이때 처음으로 화투의 룰을 제대로 배웠다. 그전까지는 비슷한 그림을 맞추는 정도였지, 패를 놓는 곳이나 점수 매기는 법을 잘 알지 못했다. 또 배 안에서 열린 노래자랑 이벤트에도 나갔다. 처음으로 서 보는 무대였다. 바짝 긴장해서 어떻게 불렀는지도 모르겠다. 하필 첫 번째 순서였고, 바로 다음 친구가 노래를 너무 잘 불러서 창피했던 기억이 난다.

잔뜩 기대했던 오사카의 첫인상은 어쩐지 한국과 별반 다르지 않다는 것이었다. 그러다 일본어로 된 가게 간판들이나 표지판을 보고 일본어가 귀에 들려오자 그제야 일본에 온 것이 실감 나기 시작했다. 그러자 다시 기대에 부풀었다. 회사 견학 후에는 관광을 다녔다. 오사카 성과 나라의 사슴 공원, 교토의 기요미즈데라 등이었다. 이때는 내가 다시 이곳을 찾게 될 거라고는 전혀 생각지도 못했다.

일본어가 매우 서툴렀음에도 2학년 때 일본 회사에서 인턴십을 할 기회가 생겼다. 처음 약 2개월은 회사에 다니고, 남은 날들은 자유 시간이었다. 함께 간 5명의 친구는 같은 회사에 들어갔지만 나는 홀로 다른 회사로 가게 되었다. 걱정이 많았다. 그러나 걱정과 달리 사람들이 배려를 잘 해 줘서 편안하게 다닐 수 있었다.

나는 평소 먹을 복이 많은 것 같다는 생각이 여기에서도 틀리지 않았다. 회식에 참석하거나 직원들께서 식사에 초대해 주셔서 다양한 음식을 맛보았다. 또한 점심때마다 함께 식사했던 일본인 여직원 두 명, 베트남인 한 명과 함께 교토 기요미즈데라를 재방문했다. 함께 사진도 찍고 맛있는 음식도 먹었다. 대화에 어려움이 많았지만 보디랭귀지와 마음만으로도 외국인과 함께 여행할 수 있다는 것을 경험했다.

인턴 마지막 날, 회사 사람들에게 한국의 김을 선물로 나누어 주었다. 그리고 나도 생각지도 못한 티스푼과 캐릭터 이어폰, 귀걸이를 선물로 받았다.

인턴을 마치고 남은 3주간은 직접 관광할 곳을 조사해서 친구와 함께 다녀왔다. 나라의 사슴 공원을 재방문하고, 소고기로 유명한 고베에서 처음으로 스테이크를 먹었다. 스테이크는 기대했던 것보다 맛있지는 않았다. 하지만 근처 카페의 유명한 덴마크 치즈 케이크가 기대 이상으로 맛있어서 신이 났다. 교토에 가서 요지야 제품의 기름종이, 립밤 등 기념품들을 사고, 가장 좋아하는 말차 아이스크림을 사 먹었다. 길가에서 마이코(예비 게이샤)상을 만나 함께 사진을 찍기도 했다. 크리스마스 날에는 우메다 역의 분위기 있는 곳에서 식사했다. 또 12월에는 내 생일이 있었다. 친구로부터 생일 케이크와 축하 메시지를 담은 카드와 일본 책을 선물로 받았다. 외국에서 맞는 생일은 특별했다.

외국에서 겪었던 다양한 경험을 가족들과 함께 나누고 싶었다. 그래서 어머니를 모시고 일본에 다녀온 적이 있다. 오사카에 가고 싶었지만, 비용 문제로 후쿠오카를 선택했다. 대학 졸업 후, 일본인이 운영하는 식당에서 아르바이트를 한 적이 있다. 그리고 일본 애니메이션을 즐겨 봤다. 그것들을 통해서 대학생 때 하지 못하던 일본어 회화를 조금 할 수 있게 되었다. 그래서 자유여행을 선택했다. 어머니를 모시고 하카타, 벳푸, 유후인을 다녀왔다. 하카타에서는 쇼핑하고, 유후인에서는 거리 구경과 긴린코 호수를 구경하고, 벳푸에서는 지옥 온천을 구경했다. 어머니는 첫 해외여행이라 기대를 가득 안고 신기해하셨다. 어머니께 효도한 것 같아 무척 기뻤다.

그러나 시간과 경제적인 여유가 있었다면 더 멋진 여행이 되었을 텐데 그러지 못해 아쉬운 마음이 들었다. 여행 일정이 빠듯해서 여유 있게 볼 수 없었고 바쁘게 움직여야 했다. 그리고 일본을 더 잘 느낄 수 있는 료칸에서 숙박할 수 있었다면 더 좋았을 텐데 너무 아쉬웠다. 여행 일정을 마치고 돌아가기 전 어머니와 금전적 문제로 다투어 여행 마무리가 좋지 못했다. 그래서 가족과의 첫 해외여행이 만족스럽지 못했다. 다음에는 어머니를 모시고 배가 아니라 비행기를 타고 서양 문화를 경험하러 다녀오고 싶다. 그리고 마지막까지 정말 즐거운 여행을 할 것이다. 너무너무 행복한 여행이었다는 생각이 들 만큼 멋진 여행을 하고 싶다.

'내가 과연 해외를 나갈 일이 얼마나 있을까?' 했는데 사람 일이란 정말 모르는 것이다. 작년에는 생존 수영을 가르치러 필리핀 민도로 섬에 다녀왔다. 교회에서 선교를 위해 간 것이다. 그래서 관광은커녕 아침저녁으로 예배를 듣고 생존 수영에 대한 교육을 5일간 해야 했다. 온 김에 조금 구경할 기회가 있으려나, 했는데 그러지 못해 조금 아쉬웠다.

필리핀은 이동할 때가 가장 힘들었다. 배를 타고 몇 시간을 가고도 또 차로 몇 시간을 더 가야 했다. 가는 동안 화장실에 가고 싶은 것을 참느라 쩔쩔맸다. 화장실이 엄청나게 더럽고, 변기 커버 자체가 없었다. 물도 입을 살짝 적시는 정도로만 마셨다. 필리핀 모든 곳이 다 그렇진 않겠지만 민도로 섬까지 들어가는 데 정말 고생을 많이 했다.

또한 가족들 몰래 인도에도 다녀왔다. 독립하지 않았다면 감히 꿈도 못 꿨을 일이었다. 만만치 않은 비용이었고, 종교적인 문제로 비난받을 우려가 있었기 때문이다. 그저 내 삶을 변화시키고자 큰마음 먹고 다녀왔다. 신성 여정 코스 1단계로 20일간 진행되었다. 해외 여러 나라에서 참여하기 때문에 다양한 외국인들을 볼 수 있었다. 원네스 템플에 가기 전에 들른 쇼핑 장소에서 신기한 옷들과 싼 가격에 놀랐다. 템플의 음식들도 처음에는 적응하기 어려웠지만 먹다 보니 먹을 만했다. 특히 자주 나왔던 파파야 과일이 아직도 생각난다. 난과 난을 찍어 먹었던 특이한 소스도 생각난다.

생각지도 못하게 해외를 몇 군데 다녀왔다. 목적지가 어디이건 간에 그저 해외라는 사실 하나만으로 기대에 가득 부풀었다. 외국인들을 보는 것도 신기했다. 인도에서 여러 외국인과 대형 버스를 타고 이동할 때였다. 아이들이 우리를 향해 손을 흔들었고, 우리도 함께 손을 흔들어 인사했다. 아이들도 자신들보다 피부가 하얀 외국인들이 신기했을 터였다.

많은 시간은 아니었지만, 그 나라의 문화와 생활을 어느 정도 경험할 수 있었던 시간이었다. 다음에는 자유롭게 여행하며 좀 더 다양한 경험을 하고 싶다. 여행에서 만나는 외국인 친구들과도 좋은 인연을 만들고 싶다. 그래서 한국을 방문하는 친구가 있다면 직접 한국 문화를 소개해 주고 좋은 경험을 할 수 있도록 도와주고 싶다. 나에게는 외국인과 친구가 될 기회가 몇 번 있었다. 그러나 언어의 벽에 막혀 그리 길게 가지 못하고 끊겼다. 내가 끊어 버리기도 했다.

일본에서 인턴으로 근무할 때도 회사 사람들과 메일 주소나 연락처를 주고받았다. 처음 며칠간은 활발하게 연락을 주고받았지만 일본어를 잘하지 못했기 때문에 얼마 가지 않아 연락이 끊기고 말았다. 그나마 가장 친했던 부장님과는 가장 오랜 시간 연락을 주고받았다. 딸처럼 대해 주신 데 대해 감사함을 표하기 위해 한국의 과자들과 기념품을 선물로 보내기도 했다. 그러다 살기 바쁘고 매번 번역하기도 힘들다는 같은 이유로 길게 가지 못했다.

또한 어머니와의 일본여행 당시 긴린코 호수에서 그림을 그리고 있는 프랑스인을 만난 적이 있다. 그 친구와 간단하게 일본어로 이야기를 나누었다. 그 친구는 자신의 그림들을 보여 주었다. 특이한 그림들이 신기하고 멋있었다. 기념으로 함께 사진을 찍기도 했다. 메일 주소를 교환해서 서로 사진을 보내 주기로 했다. 집에 돌아와 사진을 보내 주고 몇 번 메일을 주고받았다. 영어를 하지 못해서 번역기를 돌렸다. 하지만 번역기는 완벽하지 않았다. 메일 한 번 보내는 데 30분에서 1시간이 걸렸다. 그러다가 힘들어서 내가 먼저 연락을 끊어 버리게 되었다. 인도에서 사귄 덴마크인과 중국인 친구도 있었다. 마찬가지로 언어의 벽에 가로막혀 얼마 가지 못했다.

영어를 제대로 배워서 글로벌 친구들을 사귀고 싶다. 패키지 단체 여행은 내 성격상 만족스럽지 못할 것 같으니 영어가 필수다. 또한 먹는 것을 좋아하니 외국 맛집 탐방을 다니는 것도 좋겠다.

가족들과 친구들과 함께 여행을 다니면서 우물 안 개구리에서 탈출하고 싶다. 좀 더 넓은 세상을 함께 경험하고 배우고 싶다. 지금도 가끔 친구들과 "여기 참 좋았지." 하면서 일본에서의 추억들을 꺼내 보고는 한다. 그렇게 이야기하는 것만으로도 그 당시로 돌아간 것처럼 즐겁고 행복해진다. 그리고 또 다음을 기약한다. 비록 말로만 하는 기약일 뿐이지만 말이다. 시간과 경제적인 자유를 얻어 가고 싶을 때 마음껏 여행을 떠날 수 있는 자유를 누리고 싶다.

훌륭한 리더 되기

어릴 적 나는 내성적이고 조용한 편이었다. 반장, 부반장을 하는 친구들이 부러웠지만 나서지 못했다. 그러나 내게는 내성적인 면을 이겨 내고자 하는 의지가 있었다. 두려움을 무릅쓰고 손을 들어 자발적으로 읽기나 발표에 나서기도 했다.

고등학생 때였다. 교과목별로 부장을 뽑았는데 미술 부장은 하겠다고 나서는 친구들이 없었다. 그 이유는 학교에서 미술 선생님이 가장 무섭다고 소문이 났었기 때문이었다. 속으로 생각했다. 아무도 손을 들지 않으면 내가 손을 들겠다고. 떨리는 마음 부여잡고 '에라 모르겠다' 하고 손을 번쩍 들었다. 그렇게 미술 부장이 된 나는 다른 친구들보다 선생님과 가깝게 지낼 수 있었다. 미술 선생님은 생각보다 무섭지 않았고, 좋은 분이셨다.

미술 시간만 되면 긴장이 되었다. 선생님이 자리를 비우시면 아이들이 떠들지 않게 해야 했기 때문이다. 그때마다 가슴이 쿵쾅거렸다. "애들아 조용히 해!" 하고 말하는 목소리가 떨리면서 갈라졌다. 몇몇 친구들은 내 목소리를 듣고 웃었다. 그러면 괜스레 창피했다. 반 친구들 중 한 친구가 "은선이가 조용히 하라잖아."라며 도와주곤 했다. 참 고마웠다.

중학교 때 친구를 따라서 합창부와 태권도 도장에 다닌 적이 있다. 그러다 친구가 그만두면 같이 그만두었다. 이것저것 해 보고 싶은 것은 많았지만 혼자서 할 자신이 없었다. 고등학생 때는 학교 내의 댄스 동아리에 들어가고 싶었는데 그러질 못했다. 친한 친구들이 몇 명 없는 데다, 그들도 다들 조용한 친구들이었기 때문이다.

나는 항상 다양한 활동을 하고 싶었다. 그리고 활동적인 친구들을 사귀고 싶었다. 사실 내 내면에는 주변 사람들의 관심을 받고 싶다는 욕구가 숨어 있었는지도 모른다.

성인이 되고 나서야 그 동안 해 보고 싶었던 것에 하나씩 도전하기 시작했다. 도전하기 전에는 두려움이 컸는데 막상 시작하고 나니 두려움이 점차 사라졌다. 댄스 학원에서 모집한 플래시 몹(미리 정한 장소에 모여 약속한 행동을 한 후, 바로 흩어지는 불특정 다수의 군중 행위)에 참석했다. 또한 벨리댄스 공연과 연극 공연도 한 적이 있다. 그러나 알아주는 사람이 없어서였을까. 금방 싫증이 났다. 어머니는 그런 내게 한 가지를 진득이 하지 못한다고 비난하셨다.

하지만 이런저런 활동을 한다고 해서 성격까지 활발하게 바뀐 것은 아니었다. 나는 어릴 적부터 언니와 비교당하며 살아왔기 때문에 열등감을 가지고 있었다. 언제부터인지 모르겠지만 '나는 말을 못해', '말주변이 없어' 하고 스스로를 낮추기 시작했다. 말하는 것이 점점 두려웠다. 어떻게 말해야 할지 도무지 알 수가 없었다. 앞뒤 다 자르고 결과만 얘기하다가 오해가 생기기도 했다. 그럴 때면 '내가 말하려던 것은 그게 아니었는데…' 하고 후회했다. 하고 싶은 말이 정리가 안 되어 어수선했다. 그래서 가까운 사이가 아니면 말을 길게 하지 않았다.

요즘은 오랜만에 고향 친구들을 만날 때도 조심스럽다. 괜히 어색한 기분이 들어 예전과 달리 할 말이 없거나 어떤 반응을 보여야 할지 모를 때가 있다. 그러면서 '그때 이렇게 얘기하는 게 좋았을까?', '저렇게 말했더라면 어땠을까?' 하며 뒤늦게 떠올리곤 한다. 나는 내가 느끼는 감정, 생각들을 조리 있게 말하고 싶다.

수영 보조 코치를 할 때, 디렉터로부터 지적을 받은 적이 있다. 목소리가 너무 여릿여릿하다는 것이었다. 즉, 힘이 실려 있지 않다는 소리였다. 디렉터가 될 자질이 부족하다는 소리도 들었다. 내가 하는 말에는 '이렇게 해라'가 아닌 '제발 이렇게 해 주세요'라는 느낌이 든다는 것이었다. 이대로 가다가는 수강생들이 내게서 배우려고 하지 않거나 수강생들에게 무시당할 수 있을 것 같다는 데 생각이 미쳤다.

나는 살면서 누군가에게 제대로 지시를 해 본 적이 없다. 항상 부탁하는 말투로 얘기했다. 거절이 두려웠기 때문이었다. 내가 지시를 하면 상대방이 화를 내면서 말을 듣지 않을까 봐 겁이 났다. 그런 상황에서 내 의견을 분명하게 전달하지 못할 것을 알기에 창피함을 당하고 싶지 않았다. 그럼에도 불구하고 코치님은 나의 실력을 인정해 주시고, 똑같이 코치로서 대해 주셨다.

또한 나 자신이 완벽하지 못하다는 이유로 늘 자신감이 부족했다. 한번 실수하면 그것이 머릿속에서 자꾸 생각나서 일을 그르치게 만들었다. 말을 잘 못한다는 강박이 나의 말을 사람들에게 제대로 전달하지 못하게 만들었다. 강한 성격의 사람들 앞에서 나는 더욱더 작아졌다.

당시 보조 코치로 같이 일하던 여자 두 분이 계셨다. 딱 봐도 기가 세고, 강한 성격의 소유자들이었다. 목소리도 우렁차고 카리스마가 돋보였다. 그분들의 기에 눌려서 집중도 못하고, 내내 기분이 다운되었던 적이 있다. 그 두 분이 확 튀니, 나는 보잘 것 없는 코치로 전락한 기분이었다. 그런데 코치님은 남들을 똑같이 따라하려고 할 필요 없이 나는 내 방식대로 해도 좋다고 하셨다. 하지만 나의 방식으로는 사람들을 이끌 수가 없었다.

그 두 여자 분을 보면서 나도 카리스마가 있었으면 했다. 세 보이는 인상마저 부러웠다. 그리고 우렁찬 목소리도 부러웠다. 순하게 생긴 나를 사람들이 만만하게 볼지도 모른다고 생각한 적이 있다. '순진하게 생겼다, 착하게 생겼다'라는 말을 들으면 남들은 칭찬으로 받아들일지 모르지만 나는 기분이 나빴다. 그 두 분들과 비교하니 내가 너무 형편없다는 생각까지 들었다.

흔히들 리더라고 하면 카리스마 있는, 파워풀한 모습을 떠올린다. 리더는 사람들의 시선을 사로잡고 사람들의 행동을 이끌기 때문이다. 그런데 리더들 전부가 외향적으로 파워풀한 것은 아니다. 대표적으로 내가 가장 좋아하는 연예인인 유재석을 예로 들 수 있다.

유재석은 '유느님(유재석과 하느님을 합친 말)'이라고 할 정도로 많은 사람에게 사랑받고 있다. 사람 좋기로 소문이 나 있고, 리더로서도 자질이 훌륭하다. 유재석이 더욱 빛나 보일 때는 자신보다 남을 더 돋보이게 만들 때다. 대부분의 사람들은 자신이 주도권을 잡고 이야기를 해 나가기를 원한다. 하지만 유재석은 자신의 이야기를 하기보단 상대방의 이야기를 충분히 들어 줌으로써 상대를 더욱 빛나게 하는 능력을 가지고 있다. 내가 가장 본받고 싶고 배우고 싶은 부분이다.

남들을 휘어잡는 카리스마를 가진 리더보다는 유재석처럼 유연하고 부드러운 리더가 더욱 훌륭하고 멋있지 않을까? 나만의 개성을 발견해, 나 또한 유재석처럼 사람의 마음을 움직이는 리더가 되고 싶다.

잃어버린 나의 꿈을 찾아 나서기

어린 시절 나의 꿈은 무엇이었던가. TV에서 좋은 인상을 받았던 경찰이었다가 의사였다가 또 어느 때는 선생님, 화가가 되고 싶었다. 그저 좋아 보이고, 멋있어 보여서 가졌던 꿈들이었다. 그런데 어느 순간, 그런 순수했던 꿈들마저 모두 사라져 버렸다. 그저 부모님이 싸우지 않기를, 우울증에 걸린 어머니가 아파하지 않기를 바랐다. 나에게는 더 이상 꿈과 목표가 없었다.

고등학교는 실업계 고등학교로 진학했다. 그때는 고교 평준화가 되어서 인문계 고등학교에 진학할 수도 있었지만 나는 그렇게 하지 않았다. 공부에 자신이 없었기 때문이다. 인문계 고등학교에 가서 뒤에서 노느니, 실업계 고등학교에서 중간이라도 가는 게 낫겠다, 싶었다. 또한 실업계 고등학교에서는 이런저런 자격증을 취득할 기회가 많았다. 막연히 '자격증이 있으면 취업할 때 도움이 되지 않을까?' 생각했다. 그래서 내가 취득할 수 있는 자격증은 전부 취득했다. 그러나 애쓴 보람도 없이 수많은 자격증들은 그저 이력서를 채우는 역할밖에는 하지 못했다.

아무래도 실업계다 보니 대학교에 안 가고 바로 취업하는 친구들도 많았다. 나는 그래도 대학은 가야 할 것 같다고 생각했다. 하지만 나의 성적으로 갈 수 있는 과는 많지 않았다. 그래서 선생님이 추천해 주신 전문대의 IT교육학과에 지원했다. 그 학과를 전공하면 졸업 후에 일본 회사 소니(SONY)에 취업할 수 있는 기회가 있다는 말에 관심이 갔다. 등록금이 적다는 이유도 한몫했다.

그런데 막상 대학에 들어가고 나니 일본의 경제 상황이 좋지 않다는 소식이 들려왔다. 그래서 2학년 선배들까지만 일본 취업이 가능해졌고, 우리 학번은 일본 회사와의 협약이 끊어졌다.

결국 전문대학의 이력만 남았을 뿐, 아무런 목표도 없이 사회에 나가게 되었다. 그 상황에서 할 수 있는 것을 찾아야 했던 나는 간호조무사를 선택했다. 1년간 학원을 다니며 간호조무사 자격증을 취득하고, 병원코디네이터 교육과정을 이수했다. 드디어 사회인이 되었다는 기대에 부푼 채 첫 직장이었던 한 내과병원에 취업했다. 하지만 일을 하면서 점점 간호조무사의 현실을 알게 되었다.

첫 월급을 받았던 당시에는 130만 원이 큰돈인 줄 알았다. 그런데 일을 할수록 시간과 노동에 비해 너무 적은 돈을 받는 것 같다는 생각이 들었다. 간호조무사로서 많은 월급을 받으려면 상담직 실장급은 되어야 했다. 하지만 나는 말 하는 것에 두려움을 가지고 있었기 때문에 엄두도 내지 못했다. 그러다 일에 지쳐 병원을 그만두고 잠시 식당에서 아르바이트를 했다. 다른 무언가를 하고 싶었지만 꿈이 없었던 나는 결국 다시 간호조무사 일로 돌아가야 했다. 이번에는 치과였는데 치아 교정만 전문으로 보는 곳이었다. 동네에 있는 치과인지라 월급은 115만 원이었다. 집에서 3~5분 거리에 위치해 있었고, 내과보다 편해서 일하기는 좋았다. 하지만 터무니없이 적은 월급 때문에 오래 일하기는 힘들었다.

그러던 중, 집에서 고강도 운동을 즐기다가 무릎에 문제가 생겼다. 건강을 위해 계속해서 운동을 하고 싶었던 나는 관절에 무리가 덜 간다는 수영에 관심이 생겼다. 어린 시절에 언니와 함께 즐겼던 물놀이에 대한 좋은 기억이 나에게 자신감을 심어 줬다.

그런데 수영을 할수록 수영 코치라는 직업에 호기심이 생겼다. 그래서 고민 끝에 수영 코치에 도전해 보기로 마음먹었다. 다른 점보다도 특히 월급이 마음에 들었다. 그렇게 다니던 병원에는 사직서를 내고 새로운 도전을 시작했다.

다니게 될 곳은 아직 기반이 잡히지 않은 곳이었지만 곧 자리를 잡을 것이라는 말 하나만 믿었다. 본격적으로 일을 할 수 있을 때까지 일단 다른 일을 먼저 구해야했다. 하지만 미련하게도 모든 스케줄을 그곳에 맞출 생각으로 일자리를 찾다보니 원하는 조건에 모두 맞는 일을 구하기가 어려웠다. 조건이 괜찮은 곳에서는 내게 연락을 주지 않았다. 결국 나는 그동안 모아 둔 돈과 언니에게 빌린 돈으로 간신히 버틸 수밖에 없었다. 가족들에게 큰소리치며 해낼 거라 자신했던 나는 점점 위축되고, 무기력해져만 갔다.

경제적인 위기는 나를 점점 바닥으로 끌어내렸다. 아무것도 할 수 없을 것만 같았다. 죽고 싶은 생각이 들 때면 살고 싶어 하는 내 안의 어린아이가 슬프게 울어 댔다. 죽고 싶은 마음뿐이었지만 무서웠다. 이럴 수도 저럴 수도 없는 나는 매일 울기만 했다. 옆집으로 소리가 새어 나갈까 싶어 이불을 머리 끝까지 덮어 쓰고서.

그러던 어느 날 언니가 자신의 집으로 오는 것이 어떻겠냐고 연락을 해 왔다. 형부가 먼저 제안했다고 하면서. 우선 형부가 근무하고 있는 회사의 생산직에 취업해 돈을 먼저 모으고 다시 시작하면 어떻겠냐는 것이었다. 당장 다음 달 낼 월세도 없는 나는 다른 선택지가 보이지 않았다. 그렇게 두 사람의 배려로 언니 집에 들어갔다.

형부가 다니는 회사에 취직하고 나자 수영 쪽도 틀이 잡히기 시작했다. 매주 주말에는 지도자 양성 교육에 참석했다. 주야로 교대 근무를 했기 때문에 야간 근무를 하는 주에 교육 일정이 잡히면 눈도 못 붙이고 바로 교육을 받으러 가곤 했다. 보조 코치로 일하면서 119소방관, 수상인명구조원, 스킨스쿠버 강사, 수영 강사, 대학교수님들, 요트·보트 사업을 하시는 분 등 전문직 종사자들을 많이 만났다. 대단하신 그분들을 가르치는 내가 자랑스러우면서 위축되기도 했다.

대표 코치님께서 나에게 기대를 많이 걸고 계셨는데, 나는 그게 좋으면서도 한편으로는 걱정이 되었다. '코치의 꽃은 디렉터'라는 대표 코치님의 말씀대로 디렉터가 되려면 사람들 앞에서 말을 잘해야 했다. 스스로에게도 자신감이 있어야 했다. 하지만 나에게는 아직 깊은 물에 대한 두려움이 남아 있었다. 이것이 코치로서 나를 당당하지 못하게 만들었다. 또한 단순히 좋아하는 마음으로 시작했던 일이었는데 이것이 직업으로 바뀌니 차츰 부담이 되기 시작했다. '이 길이 내 길이 맞을까? 혹시 맞지 않는 신발에 억지로 발을 욱여넣고 있는 것은 아닐까?'라는 생각도 들었다.

그럼에도 불구하고 나는 그 길을 놓지 못했다. 그 이유는 첫 번째, 두려움을 이겨 내고 그 자리에서 당당하게 디렉터 역할을 하는 나를 보고 싶었다. 두 번째, 생존수영법이 널리 알려져서 많은 사람들이 수상 사고로부터 안전하길 바랐다. 세 번째, 생존수영법에는 큰힘을 들이지 않고도 누구나 편안하게 수영을 할 수 있다는 메리트가 있었다. 네 번째, 나를 믿고 있는 대표 코치님의 기대를 저버리고 싶지 않았다. 다섯 번째, 이 일을 계속하면 미래에 시간 대비 많은 돈을 벌 수 있지 않을까 하는 기대 때문이었다.

늘 생각했다. '조금만 일하고 많은 돈을 버는 방법이 없을까?', '자유롭게 내가 일하고 싶을 때 일할 수는 없을까?'라고. 젊은 나이에 CEO가 된 사람들이 너무나 부러웠다. 나는 할 줄 아는 것이 없었다. 게다가 무언가 하기 위해서는 돈이 많이 필요했다. 그럴 만한 시간적, 경제적 여유가 없었던 나는 인터넷과 유튜브를 통해 성공과 행복을 이룬 사람들의 경험담을 찾아보곤 했다.

그러다 유튜브에서 김새해 작가님을 알게 되었다. 작가님의 글을 보기 위해 그녀의 블로그를 방문해 게시물을 훑어보고 있었다. 그런데 그중 눈에 확 꽂히는 문구가 있었다. 바로 〈한책협〉을 만나 인생이 변했다는 것이었다. 나는 글 쓰는 방법을 가르치는 곳이 있다는 것을 꿈에도 생각하지 못했었다. 글솜씨가 뛰어난 사람만이 작가가 되는 줄 알았던 것이다.

신선한 충격을 받고 바로 네이버 카페 〈한책협〉에 가입하게 되었다. 가입 후에 여러 작가들의 카페 활동을 눈으로만 쫓다가 〈1일 특강〉에 참여할 인원을 모집한다는 글을 보았다. 당장에라도 참여하고 싶었지만 비용이 부담되었기 때문에 일단은 미루자는 생각이 들었다. 그런데 내가 올린 게시글에 〈1일 특강〉에서 만나자는 댓글들이 달렸다. 그 댓글들을 읽고 있자니, 마치 무언가에 홀린 듯이 나도 모르게 특강을 신청하게 되었다.

특강을 들은 후, 코치님과 상담하면서 다시 한번 홀린 듯한 기분이 들었다. 〈책 쓰기 과정〉 등 기타 강의들을 수강하기 위해서 많은 비용과 시간을 투자해야 하는 게 걱정이 되었지만 내 손은 이미 강의 신청서를 작성하고 있었다. 꿈길을 걷는 기분이 들었다. 책을 써서 작가가 되는 것도 충분히 멋진데 강연과 코칭까지 할 수 있다니, 정말 멋진 일이지 않은가.

할 수만 있다면 욕심을 내서 작가 외에 수영 코치로도 활동하고 싶다. 수영을 주제로 책을 쓰면 남보다 한 단계 업그레이드 된 수영 코치가 될 것이다.

아직 내 꿈은 명확하지가 않다. 책을 쓰면서 내 마음을 치유하고, 나 자신을 확연히 들여다볼 수 있다면 진짜 원하는 답을 찾을 수 있을 것이라 기대한다. 내가 진짜 하고 싶은 것을 하면서 사는 것, 자유롭게 하고 싶을 때 일하는 것, 경제적으로 자유로울 수 있는 것. 나는 이 세 가지에 합당한 꿈을 찾아 이루는 것을 목표로 하고 있다.

버킷리스트 14

나의 이야기를
쓴 책으로 사람들에게
꿈과 희망 전하기

· 정은선 ·

정은선 '한국마음습관코칭협회' 대표, 경영 컨설턴트, 동기부여 강연가, 마음습관 코치, 자기계발 작가

대학에서 경영학과 외래교수로 활동했으며 경영 컨설팅 회사에서 컨설턴트로 근무했다. 30대에 암이 두 번 발병했다. 건강을 회복하는 과정에서 포기하지 않고 도전하는 삶의 가치를 깨달았다. 자기계발 작가로, 1인 창업가로 새로운 도전을 시작하고 자신의 삶을 통해 사람들에게 희망을 전하는 동기부여가의 삶을 살고 있다. 현재는 자신의 시련을 통해서 깨달은 메시지들을 주제로 개인저서를 집필 중이다.

- Email aksska7714@naver.com
- Cafe www.dreamfactory77.co.kr
- Facebook dreamfactory77
- Blog blog.naver.com/aksska7714
- Instagram dreamfactory77

꿈과 희망을 전하는
베스트셀러 작가 되기

내가 본격적으로 책을 쓰고 강연가가 되어 사람들과 소통하
겠다는 꿈을 꾸기 시작한 것은 2016년 11월 중순이었다. 당시 여
러 가지 이유로 나에게는 전환점이 필요했다. 경영컨설팅 회사에
서 컨설턴트로 근무하고 있던 당시 나는 체력적으로도 심적으로
도 많이 힘든 상황이었다. 그래서 회사에 현재 맡고 있는 프로젝
트가 마무리되면 퇴사하겠다고 말해 놓은 상태였다. 막상 회사를
그만둔다고 생각하면 몇 달 후의 생활이 불안하기도 했다. 하지만
나에겐 휴식과 재충전의 시간이 필요했다.

그 무렵 친하게 지내던 지인이 자유 주제로 학생들에게 특강을 해 줄 것을 권유했다. 나에게 특강을 요청한 분은 통영의 경상대학교에 재직 중인 교수님이셨다. 그분은 2년 전에도 나에게 특강을 요청했었다. 하지만 그때 한 강의는 내 전공인 경영학을 주제로 한, 내가 생각해도 좀 따분한 강의였다. 그래서 이번에는 어떤 주제로 강의를 해야 할지 많은 고민을 했다. 그러다가 '꿈'을 강의 주제로 정했다.

특강 내용은 내 인생에서 꿈을 꾸고 그 꿈을 키우면서 겪은 세 번의 위기 상황, 그리고 그 위기를 어떻게 극복했는지에 관한 것이었다. 어떤 위기와 어려움에 처해도 결코 자기 자신을 포기하지 말고 사랑하며 꿈을 키워 나가자는 메시지를 전하고 싶었다. 그리고 내가 좋아하는 나폴레온 힐의 저서,《놓치고 싶지 않은 나의 꿈 나의 인생》을 특강 제목으로 정했다. 주제와 메시지를 잘 전달하기 위해 PPT 자료를 만들고 강의 원고도 작성했다.

그렇게 특강을 준비하고 서울에서 통영으로 가는 고속버스 안에서 한 가지 꿈을 꾸었다. 이 원고 내용을 좀 더 구체화해 책으로 쓰고 더 많은 강연을 통해 학생들이나 사람들과 소통하고 싶다는 꿈이었다. 그리고 그 꿈을 강의 원고와 내 개인 SNS에 적어 보았다. '나의 경험과 깨달음을 토대로 책을 쓰고 전국을 돌며 강연하기'라고. 사소하고 작아보일지라도 누군가는 나의 경험과 메시지가 도움이 될 거라고 생각했다. 그 생각에 미치자 나도 할 수 있겠다는 마음이 들었다. 그러고는 지금 하고 있는 프로젝트가 끝나면 서울생활을 정리하고 부산의 부모님 댁에 가서 아무 생각 하지 말고 3개월간 푹 쉬고 다음을 준비하자고 계획했다.

특강은 월요일 오전에 열릴 예정이었다. 나는 전날 미리 통영 으로 내려갔다. 그러곤 언니와 맛있는 저녁을 먹고 집으로 귀가해 다음 날 특강을 준비했다. 그런데 통영으로 내려가는 버스에서부 터 온몸이 따끔거리며 아팠다. 그리고 내 왼손 엄지와 검지 사이 에 500원짜리 동전 크기만 한 파란 멍이 들어 있었다. 다리에도 몇 개의 멍이 보였다.

그동안 한 공공기관의 프로젝트를 진행하며 서울과 김천을 오 가느라 심적으로도 체력적으로도 벅참을 많이 느꼈었다. 그래서 너무 피곤해 몸살이 나 몸이 아픈 거라 생각했었다. 그렇지만 어 디에 부딪친 기억도 없어 멍을 보고는 이상하다는 생각이 앞섰다. 그래서 언니에게 멍을 보여주며 말했다.

"언니! 난 어디에도 부딪친 기억이 없는데 멍이 들었어."

"네가 기억을 못 하는 거지, 부딪히지도 않았는데 멍이 들 리 가 있어?"

언니의 반응에 나 역시 대수롭지 않게 생각한 채 넘겨 버렸다.

다음 날 진행된 특강은 나에게도 학생들에게도 의미 있는 시 간이었다. 나는 꿈을 향해 달려가던 중 난소암 3기 말이라는 판 정을 받고 투병생활을 했다. 그때 기록했던 일기 중 두 개를 학생들에게 낭독해 주었다. 나도 학생들도 모두 눈시울이 젖어 들었다. 특강 초에 인사를 나누고 이야기를 시작했을 때는 학생들의 눈들의 초점이 흐렸었다. 그러다가 투병생활과 일기 이야기를 하자 학생들은 내게 집중하면서 점점 내 메시지에 귀를 기울이기 시작했다. 나는 어떤 순간에라도 자신을 포기하지 말라는 메시지를 전했다. 자기 자신이 지금 어떤 상황에 처해 있는지, 자신의 내면을 똑바로 바라보고 스스로를 격려하고 위로하라고. 필요한 것을 채우는 일에 소홀히 해서는 안 된다고. 그렇게 하지 않는 것은 자기 자신을 포기하는 거나 마찬가지라고. 원석을 가공해야 보석이 되듯이 자신의 인생이라는 원석을 가공해야 한다고. 그리고 언제 어디서든 꿈을 꾸라고 말해 주었다. 그렇게 강연이 마무리되었다. 시작 때의 분위기와 사뭇 다르게 큰 박수와 환호가 일었다.

그렇게 특강을 마무리하고 언니와 점심식사를 한 후 서울로 향하는 고속버스에 몸을 실었다. 그리고 다음 날 서울 사무실로 출근했다. 연이은 무리한 일정으로 편도염과 몸살기가 낫지 않았다. 하루는 퇴근하고 양치질을 하면서 거울을 봤는데 혓바닥에도 피멍이 나 있었다. 그러자 순간 공포감에 휩싸였다. 그래서 얼른 병원에서 근무하고 있는 지인에게 전화해 내 증상을 이야기했다. 그러자 그 지인은 하루라도 빨리 병원에 가 보라고 권유했다.

나는 바로 다음 날 친한 언니와 함께 서울대학교병원에 내원

했다. 그리고 피검사를 한 후 결과를 기다리며 언니에게 앞으로의 계획에 대해 이야기했다. 일단 지금은 몸이 너무 힘드니 휴식이 필요할 것 같다고 했다. 그래서 서울생활을 정리하고 부산으로 가서 3개월은 아무 생각 없이 휴식을 취하고 싶다고 했다. 그 이후에 책도 쓰고 강연도 하고자 한다고 말했다. 그리고 상황이 허락한다면 마무리하지 못한 박사학위 논문도 써 볼까 한다고도 이야기했다. 여러 가지 꿈을 늘어놓았다. 내 말을 가만히 듣던 언니는, 내가 책을 쓴 후에 여러 가지 주제로 특강할 준비가 된다면 언니가 관리하는 회사 사람들에게도 강의를 해 줬으면 좋겠다고 말했다.

검사 결과, 나의 백혈구·적혈구의 혈소판 수치가 매우 낮게 나왔다. 수치를 확인한 담당 의사는 나를 혈액종양내과로 보냈다. 혈액종양내과 담당 교수를 만나기 위해 대기하면서 암센터 4층 카페에 앉아 또 꿈에 대해 언니에게 말했다. 그리고 며칠 전 통영의 경상대학교에서 진행했던 특강의 녹음파일을 언니에게 들려주었다. 그때까지도 내가 '또' 암에 걸렸을 거라고는 정말이지, 상상도 못했었다. 단지 요 근래에 무리를 해서 몸이 아픈 거라고만 생각했다. 그런데 '급성골수성 백혈병'이라는 혈액암 진단이 떨어졌다. 실감이 나지 않았다. 한 번도 아니고 두 번씩이나 암을 겪게 되다니….

통영에서의 특강 때 학생들에게 전한 메시지가 다시 메아리쳐 내게 돌아왔다. 어떤 순간에도 절대로 포기해서는 안 된다는 그 메시지가! 긴 머리카락이 잘려 나가고 항암치료를 위해 오른쪽 가슴에 주사관을 박는 수술을 했다. 하루아침에 아름답던 내 모습은 온데간데없이 사라졌다. 병실 밖으로는 한 발짝도 내 마음대로 나갈 수 없었다. 하루종일 착용해야 하는 갑갑한 마스크는 나의 생명을 보호해 주는 수단이 되었다. 감염 때문에 함부로 양치질도 할 수 없었다. 다시 시작된 40여 일간의 항암치료는 생사를 오가는 치료였다. 치료하는 때때마다 내가 했던 특강의 녹음파일을 들으며 많은 생각을 했었다.

생사를 오갔던, 힘들고 어려웠던 모든 과정이 지나가고 작가와 강연가의 꿈을 키운 지 1년이 지났다. 작가와 강연가의 꿈을 갖고 키우기 시작했을 때 백혈병이란 시련이 내게 찾아왔다. 2016년 11월 14일에 특강을 하고 11월 21일에 병원에서 검사를 받고 11월 30일에 항암치료를 시작했다.

나는 힘겨웠던 항암치료를 마무리하고 생각지도 못한 모습으로 부산으로 돌아왔다. 부모님이 모두 출근하시고 적막하기 그지없는 집에서 홀로 누워 지낸 나날들…. 거울에 비친 내 모습이 낯설고 당황스러웠던 나날들…. 한없이 움츠러들며 마음 아팠던 날들에도 나는 꿈을 꾸었고 그 꿈으로 다시 일어섰다. 1년 전 통영에서 내가 학생들에게 전했던 메시지대로 포기하지 않고 나를 다독이며 사랑하며 꿈을 향해 더디지만 앞으로 한 걸음씩 나아가고 있다.

꿈과 함께 찾아온 큰 시련. 하지만 내가 이 모든 상황을 잘 이겨 나간다면 훗날 누군가에게 꿈과 희망과 위로와 감동의 메시지를 전할 수 있을 거라 믿는다. 어떤 책에서 또는 어떤 강연에서 들었던 한마디가 내게 힘이 되고 위로가 되어 나를 움직이게 했던 것처럼 말이다.

나는 수백만 사람들에게 꿈과 희망과 위로와 감동의 메시지를 전하는 베스트셀러 작가 그리고 강연가가 될 것이다. 그래서 꿈을 잊고 메마른 삶을 살고 있는 누군가에게, 혹 꿈을 향해 달려가다 시련에 부닥친 누군가에게, 혹은 꿈을 꿀 생각조차 하지 못하고 삶에 허덕이는 누군가에게 꿈과 희망을 이야기하고 위로와 감동의 메시지를 전할 것이다. 그렇게 작가와 강연가로 제3의 인생을 살아갈 것이다.

내가 그린 그림을
국내외에서 전시하기

　급성백혈병 판정을 받기 2주 전쯤, 두 가지 기억에 남는 일이 있었다. 한 가지는 지인의 초청으로 통영의 한 대학에서 '꿈'을 주제로 특강했던 일이다. 다른 한 가지는 같은 주에 또 다른 지인으로부터 50자루의 색연필과 컬러링북을 선물 받은 일이다.

　내게 색연필과 컬러링북을 선물해 준 언니는 현재 부산에 살고 있다. 어느 날 갑자기 언니가 내게 전화를 걸었다. 그러곤 나를 보려고 장장 5시간 넘게 운전해서 서울로 왔다. 그날 언니와 함께 저녁을 먹으며 많은 이야기를 나누었다.

　"회사생활을 정리하고 나도 부산으로 내려갈까 해. 일을 계속하기에는 심적으로도 체력적으로도 많이 벅차서 휴식이 필요해."

"그래. 잘 마무리하고 부산으로 내려와."

그러고는 내게 50자루의 색연필과 그리스 여행지가 그려진 컬러링북을 선물로 주었다. 부산에 내려와 휴식을 취한 뒤 언젠가는 함께 그리스 여행을 가자면서 말이다. 여행 가는 날을 상상하며 컬러링북을 채워 보라고 했다.

색연필 케이스를 열었을 때 형형색색의 색연필에서 상큼한 기운이 전해졌다. 우리는 여행을 꿈꾸며 같이 컬러링북의 첫째 장을 완성했다. 언니는 부산에 올 때까지 다섯 개의 그림을 완성해 보라고 했다.

언니에게 선물을 받기 전까지만 해도 나는 그림 근처에도 가지 않던 사람이었다. 초등학교에 다닐 때만 해도 미술시간을 참 좋아했는데 말이다. 1학년 미술 시간에 크레파스로 한복 입은 여자와 남자아이를 그렸던 기억이 난다. 어린 나이에도, 스스로 참 잘 그렸다고 생각했었다. 그런데 집이 가난했고 어머니께서는 항상 운동이나 음악, 미술은 돈이 많이 들어가는 분야라는 말씀을 하셨다. 그렇게 우리 형편으로는 이룰 수 없는 꿈이라는 말을 자주 들으면서 좋아하는 마음을 접어 버렸다. 그 이후로 미술은 내게 점수를 잘 받기 위한 한 과목이 되었다. 그래서 그 이후의 미술시간은 별로 기억나지 않는다.

언니가 장장 5시간을 운전해서 내게 주고 간 50자루의 색연필과 컬러링북은 그 이후로 펼쳐진 힘든 치료기간에 참 요긴하게 쓰였다. 언니가 나를 찾아왔던 그날이 11년 전에 언니가 처음으로 교회를 나가 하나님을 만났던 날이라는 것을 나중에야 알았다. 언니와 하나님과의 사연이 있는 그날을 의미 있게 보내고 싶어 기도하던 중 내가 생각나서 나를 찾아왔다고 했다. 하나님께서 언니를 통해 주신 생각지도 못한 선물. 그 선물이 2주 후에 청천벽력 같았던 급성백혈병 판정을 받고 치료하는 기간, 내 마음을 추스르고 집중해서 하나님과 대화할 수 있게 해 주는 매개체가 되어 주었다.

나는 치료를 받으면서 색연필로 꽃을 그렸다. 어떻게든 내 마음을 진정시켜야만 했다. 두 번 다시 내게 찾아오지 않을 것만 같았던 죽음의 병이 내게 또다시 찾아왔다. 그때 받은 충격은 첫 번째의 충격보다 수만 배는 더 컸다. 갑자기 닥친 상황에 너무 놀라고 두려웠고 몹시도 아팠다. 아무것도 할 수가 없었다. 당시 남는 병실이 없어 응급실에서 병실이 나길 바라며 대기를 했었다. 그리고 어렵게 병실이 생겨 들어간 2인실에는 생사를 오가는 할머니가 계셨다. 코앞에서 죽음을 마주하니 온 몸이 경직되었다. 할머니께서는 내가 4인실로 병실을 옮긴 다음 날 해외에서 급하게 돌아오는 할아버지를 보지도 못한 채 하늘나라로 가셨다.

그림을 그릴 때만은 이런 상황에서 조금은 자유로워질 수 있었다. 그리고 그림을 그리는 동안에는 하나님과 집중해서 대화하며 기도할 수 있었다. 가장 고통이 심할 때, 가장 많이 아플 때 나는 색연필을 붙잡았다. 그리고 그림을 그리며 하나님을 부르고 대화했다. 그러면 모든 아픔과 고통에서 자유로워질 수 있었다.

급성백혈병은 첫 번째 항암치료가 성공해야 다음 치료가 순차적으로 진행된다. 그런데 내 경우는 일반적인 경우와는 다르게 진행되었다. 담당 교수는 4년 전에 했던 항암치료 때문에 원래 치료 경과와 다르게 진행되는 것 같다고 했다. 하루는 좋은 소식으로, 하루는 나쁜 소식으로 내 마음이 천국과 지옥을 오갔다. 그렇게 담당 교수의 말에 요동치는 내 마음을 꽃을 그리며 진정시켰다. 그리고 나의 근본 치료자는 하나님이심을 고백했다.

어느덧 꽃을 그리는 것은 나의 일과가 되었다. 보통 꽃 하나를 완성하는 데 일주일이 소요되었다. 그렇게 완성된 꽃에 사랑과 감사의 꽃이라는 이름과 완성한 날짜와 사인 그리고 사연을 기록했다. 각 꽃이 완성할 때마다 사연이 생겼다. 그 당시 나를 지켜보던 지인들은 '이 힘든 기간에 색연필이 없었다면 어쩔 뻔했어'라고 말하곤 했다.

그렇게 항암치료 기간 동안에 그림은 나의 친구가 되어 주었다. 그리고 치료가 끝나서 오른쪽 주사관이 제거되고 팔을 마음껏 쓸 수 있는 날이 오면 붓과 물감으로도 그려 보고 싶다는 소망을 가졌다. 시간이 흘렀고 끝이 보이지 않았던 치료기간이 끝났다. 나는 퇴원했다. 몸을 추스르며 회복하는 기나긴 시간 속에서도 그림을 그리며 마음을 다잡았다. 그리고 얼마 지나지 않아 소망했던 대로 붓과 물감으로도 그림을 그릴 수 있게 되었다.

그렇게 그렸던 그림 중의 하나가 얼마 전에 '반딧불이 3호점,' 예술인과 주민이 함께 머무는 공간에 전시되었다. 생각지도 못했던 일이었다. 치료와 회복 기간을 거치며 거의 1년이 넘는 시간을 홀로 지내야만 했다. 때론 혼자만의 시간이 필요하기도 했지만 때론 소통과 어우러짐이 너무나 그리웠다. 그림을 통해서 사람들과 그리고 세상과 소통할 수 있다는 사실이 너무도 유쾌하고 행복했다. 그리고 감사했다. 크나큰 시련이 있었지만 이 시련을 통해 작가를 꿈꾸고 그림을 그릴 수 있게 되었기 때문이다. 아프기 전에는 생각지도 못했던 일들이었다.

내가 그림을 전시할 수 있도록 애써 주신 분은 바로 동화작가 김자미 선생님이다. 우연한 기회에 알게 된 선생님께서 내게 아크릴 물감과 붓과 캔버스를 선물해 주셨다. 그리고 내 그림을 전시해 주셨다. 그 뿐만이 아니었다. 전시공간을 대여해 줄 테니 개인전을 열어 보라고도 하셨다. 내 그림을 전시할 수 있을 거라는 생각조차 못했었는데, 개인전이라니. 생각만으로도 행복하고 감사했다. 동시에 꼭 해 보고 싶다는 마음이 들었다. 지금부터 조금씩 준비해서 머지않은 시일 내에 개인전을 열어 볼 계획이다.

그림은 잘해야겠다는 욕심 없이 그저 그리는 것이 좋아서 시작한 것이었다. 치료하는 기간 동안 내 마음을 진정시켜 주었고 하나님과 집중해서 대화할 수 있게 해 주었던 매개체였다. 그리고 앞으로도 그럴 것이다. 나는 내 그림에 사랑과 치유와 평온을 담고 싶다. 그리고 다양한 메시지를 담아서 다양한 사람들과 소통하고 싶다.

인생은 도전함으로써 살아 있음을 느끼고 꿈꾸기에 빛나는 것이다. 나는 지금 살아 있고 여러 가지 도전을 함으로써 살아 있음을 생생하게 느낀다. 또한 빛나는 꿈을 꾼다. 나는 나의 도전과 삶을 통해 세상에 꿈과 희망과 위로와 감동의 메시지를 전할 것이다.

내 이름으로 된 연구소 갖기

초등학교 6학년 때까지 나의 꿈은 대학교수였다. 가족끼리 식사하던 중에 아버지께, 나는 대학교수가 되고 싶으니 나중에 유학을 보내 달라고 말씀드렸던 기억이 난다. 그때 아버지께서는 초등학생인 딸아이가 호기롭게 하는 말에 기분 좋게 웃으시며 그러겠노라고 하셨다. 아마 정말 내가 대학교수의 꿈을 이뤄 나갈 것이라곤 그 당시에는 생각지도 못하셨을 것이다.

그 이후 중학교 1학년 때 생각지도 못한 불의의 일을 겪으면서 법조인을 꿈꾸기도 했다. 정의로운 법조인이 되어서 부당하고 억울한 일을 바로잡겠노라고 생각했었다. 그러나 시간의 흐름 속에서 내가 원하는 것들을 이루기에는 가정형편이 넉넉지 못하다는 사실을 깨달았다. 그리고 열심히 일하시는 부모님의 모습을 보며 경제적인 풍요로움을 얻을 수 있는 꿈을 찾았다. 어린 시절, 〈성공시대〉라는 프로그램에 나오는 기업인들을 보며 사업가를 꿈꾸기도 했다.

고등학교 입학 후 어느 날 아버지와 꿈에 대해 이야기를 나누게 되었다. 초등학교 시절과는 다르게 나의 이야기를 들으신 아버지께서는 나를 부담스러워하셨다. 아버지께서 해 줄 수 있는 여력에 비해 큰 꿈을 키워 가는 딸아이가 많이 부담스러우셨던 것 같다. 그 이후로 나는 부모님께 단 한 번도 내 꿈에 대해 이야기한 적이 없다.

고등학교 진학을 앞두고 어머니는 상업고등학교를 졸업한 후에 바로 취업하는 게 어떻겠느냐고 권하셨다. 앞으로 집안 형편이 어떻게 될지 모르는데 만약 한 사람만 대학을 보내야 할 경우, 당연히 장손인 남동생을 보내야 한다는 게 어머니의 생각이셨다. 당연히 인문계 고등학교에 진학 후 대학을 가려고 준비했던 내게는 그런 어머니의 권유가 퍽 섭섭하게 들렸다. 그런데 아버지의 남다른 딸 사랑 덕분에 나는 인문계 고등학교에 진학하고 대학까지 갈 수 있었다. 어머니 역시 본인과 의견이 달랐음에도 내 선택을 존중해 주셨다. 그러곤 어머니께서 해 줄 수 있는 모든 지원을 해 주셨다. 나는 그런 부모님을 언제나 존경하고 사랑한다.

대학을 졸업한 뒤, 나는 어렸을 적 꿈꿨던 대로 대학원에 진학해서 석사와 박사 과정을 수료하고 대학 강단에서 강의를 했다. 비록 시간강사의 신분이었지만 열심히 노력하면 꿈을 이룰 수 있을 거라고 믿어 의심치 않았다. 그러면서 20대 후반의 나의 모든 열정과 시간을 쏟아부었다. 그런데 박사학위 논문을 남겨 두고 난 소암 3기 말이라는 판정을 받았다. 꿈을 좇기 위해 주어진 모든 것에 최선을 다했다. 그렇게 몸이 죽어 가는지도 모른 채 나를 돌보지 못했던 것이 큰 과오였던 것 같다.

어렵게 항암치료를 마무리하고 6개월의 휴식 후 다시 학교로 돌아가려는 나를 두고 부모님의 반대가 정말 컸다. 딸을 잃을 뻔했으니 그 마음이 당연하다 생각했다. 하지만 나는 마지막 남은 박사학위 논문을 마무리 짓고 싶었다. 다시 학생들과 대면하고 싶었다. 또한 그동안 투자했던 시간이 아까웠던 것도 사실이다. 그렇게 부모님을 설득해서 다시 학교로 돌아갔다. 몇 개월이 지나자 생활은 다시 예전처럼 반복되었다. 나는 여전히 내 의견과는 상관없이 다른 연구생들의 학위논문들을 지원해 줘야 했다. 다른 업무들로 인해 내 학위논문을 연구할 시간도 없었다. 지도교수님과 심도 있는 대화를 나눌 수도 없었다. 항암치료 후 6개월의 회복기간을 가졌으나 완전히 회복되지 않은 내 몸에서 벅차다는 신호를 보내왔다. 마음의 상처도 깊어져 갔다. 나는 더 이상 그곳에 있을 수 없게 되었다. 결국 모든 것을 접고 학교를 떠났다.

지금 돌이켜 보면 그 당시 나는 너무 막연하게 꿈을 꾸고 좇았던 것 같다. 마음속으로 교수가 되고 싶다고 생각했지만, 한 번도 그 꿈을 다른 누군가에게 꺼내 보이지도 못했다. 그러니 나는 막연한 상황 속에서 주어진 일만 열심히 하는 존재가 되어 버렸다. 학교를 그만두겠다고 했을 때 주변 사람들은 "지금 그 나이에 네가 무엇을 다시 시작할 수 있겠어?"라고들 했다. 하지만 힘든 항암치료도 잘 겪어 냈는데 얼마든지 다시 시작할 수 있다고 스스로를 다독였다. 그렇게 부산을 정리하고 서울로 떠났다.

서울로 이사 와 1년 동안은 몸과 마음을 추슬렀다. 몸을 회복할 수 있는 양·한방치료를 함께 받았다. 그리고 상담치료도 병행했다. 그렇게 마음의 상처가 깊었음에도 나는 한 번도 몸이 아닌 마음을 들여다보고 치료해야 한다는 생각을 하지 못했었다. 나를 치료해 주셨던 한의사 선생님의 권유로 다른 한의원의 원장님을 만나게 되었다. 처음은 상담치료라 생각지도 못하고 원장님을 만났다.

그렇게 마주했던 원장님께서 내게 첫 질문을 하셨다. "암 판정을 받기 전 1~2년 동안 어떤 삶을 살았나요?"라고. 그 질문을 받자마자 눈물이 쏟아져서 말을 이을 수가 없었다. 그렇게 나는 매주 한 번 원장님을 만났다. 3~4개월 정도가 지났을 때부터는 한결 가벼운 마음으로 지낼 수 있었다. 6개월이 지났을 무렵부터는

'앞으로 어떤 일을 해야 할까?'를 생각할 수 있을 정도로 회복되었다.

그 후 6개월의 시간 동안 내가 할 수 있는 일들을 찾고 배우며 취업을 준비했다. 그동안 해 왔던 일과 나를 분석하며 기업교육과 경영컨설팅으로 나아가야겠다고 생각했다. 부족하다고 느끼는 부분은 교육을 이수해서 자격증도 취득했다. 그렇게 노력한 끝에 두 가지 버전의 이력서를 작성했고 7~8곳의 기업에 이력서를 제출했다. 학교라는 울타리를 벗어나 처음 써 본 이력서였다. 물론 '계속 학교에만 있었는데 취업이 가능할까?'라는 생각도 들었다. 하지만 지금 당장 취업이 되지 않아도 괜찮다고 나를 다독였다. 면접을 보면서 부족한 부분을 채우며 차근히 준비하자고.

그런데 이력서를 제출하고 2~3일 후부터 계속해서 면접 제의가 들어왔다. 지원한 모든 회사에서 연락이 왔다. 정말 감사한 마음뿐이었다. 그렇게 학교를 떠나 새로운 직장에 입사했고 사회생활을 시작했다. 학교라는 울타리를 벗어던지고 사회를 마주하면서 그동안 내가 학교라는 울타리가 주는 안정감에 안주하는 삶을 살았다는 것을 깨달았다. 서울에서 지내는 하루하루가 감사하고 신기했다. 그동안 나를 지켜봐 주셨던 부모님께서도 정말로 기뻐해 주셨다.

그런데 나는 안타깝게도 또다시 암 판정을 받았다. 마지막에 맡았던 프로젝트가 지방에서 진행되었고 매주 서울과 지방을 오가면서 힘에 부치는 걸 느꼈다. 그래서 당시 맡고 있던 프로젝트를 마무리 짓고 휴식기간을 가져야겠다고 생각했다. 몸 상태를 생각하면 바로 그만두고 싶은 마음도 들었다. 하지만 프로젝트 내내 클라이언트들의 적극적인 관심과 참여가 정말 감사해서 맡은 바 책임을 다하고 싶었다. 그리고 병력이 있음에도 나를 채용해 주신 대표님과 매번 프로젝트 때마다 잘 이끌어 주신 이사님에 대한 감사한 마음이 커서 마무리를 잘하고 싶었다. 하지만 그때, 잘하고 싶은 욕심을 비우고 적절하게 휴식을 취했으면 이렇게까지 아프지는 않았을 거란 생각도 들었다.

두 번째 암 판정을 받기 전에는 특강을 진행했었다. 그 특강을 준비하며 좀 더 많은 사람들을 만나고 싶은 마음이 생겼다. 그리고 책을 쓰고 싶은 마음도 들었다. 누군가에게 나의 이야기와 깨달음들이 힘이 되고 위로가 될 수 있겠다는 생각이 들었다. 그런 사람들에게 나의 이야기를 통해 꿈과 희망과 위로와 감동을 주고 싶었다. 그래서 퇴사 후 휴식기간에 이 부분의 일들을 구체화하려고 계획했었다. 하지만 인생은 언제나 예측 불가. 생각지도 못한 아픔이 내게 다시 찾아왔다.

처음에는 충격이 컸고 마음을 진정시키는 데 참으로 오랜 시간이 걸렸다. 서서히 마음을 진성시키며 힘들고 어려울 때마다 하나님은 나에게 시간을 선물로 주셨다고 수천 번 되뇌었다. 하나님께서 나를 돌아볼 시간, 나를 추스를 시간을 내게 선물로 주셨다고 생각했다. 내 나이에는 저마다 '빠르게 빠르게'만을 외치며 달려간다. 하지만 하나님께서는 나에게 나의 상황 속에서 '느리게 느리게' 나를 살펴볼 시간을 선물로 주셨다고 생각했다.

도저히 그 끝이 보이지 않던 치료가 마무리되었다. 이제 남은 2년 동안 경과를 살피며 약물복용치료를 하면 된다. 서서히 몸을 회복하며 나는 작가와 강연가의 꿈을 키워 나가고 있다. 그러면서 〈한책협〉의 김태광 대표님과 임원화 수석 코치와 조우하게 되었다. 그분들을 통해 내가 하고 싶었던 일이 메신저의 삶이라는 것을 알게 되었다. 삶 속에서 깨달은 지식과 깨달음을 저서와 강연, 코칭의 형태로 필요로 하는 누군가에게 전하는 일 말이다. 정말로 가슴 뛰는 일이라 생각했다. 내가 꼭 하고 싶은 일이라고 생각했다. 그래서 작가와 강연가의 꿈에 내 이름으로 된 연구소를 설립해 메신저의 삶을 준비하려 한다.

두 번째 항암치료를 하면서 치료가 마무리되어도 나는 다시 예전처럼 직장생활은 할 수 없겠다고 생각했다. 내 몸 컨디션에 따라 적절하게 휴식과 일을 조절해야 하기에 무엇보다도 시간의 자유가 필요했다. 이런 상황에서 저서와 강연, 코칭을 통한 메신저의 삶은 내 가슴을 뛰게 한다. 주체적으로 계획하고 움직일 수 있는 일이라 더할 수 없이 좋다.

나는 내년에 내 이름으로 된 연구소를 설립할 것이다. 그래서 나의 메시지를 필요로 하는 사람들에게 저서와 강연 그리고 코칭을 통해 꿈과 희망과 위로와 감동을 전하는 메신저의 삶을 살아갈 것이다. 2018년은 내 인생 최고의 해가 될 것이다.

부모님에게 따뜻하고
편안한 집 선물해 드리기

우리 가족은 지금의 집으로 이사 올 때까지 정말 많이 이사를 다녔다. 내가 유치원 때부터 초등학교 6학년 때까지 무려 여섯 번을 이사해야 했다. 매년 한 번꼴로 이사를 다닌 셈이다.

아버지의 직업은 목수다. 한때 현장 소장으로 여러 공사를 맡아 일하셨던 적도 있다. 하지만 지금은 현장에서 작업자로 일하고 계신다. 60대 중반이 넘는 연세에도 여전히 현장에서는 실력을 인정받는 베테랑 목수시다. 부산에 아버지 손을 거치지 않은 건물이 없을 정도니까 말이다. 아버지는 아버지께서 공사했던 대학 건물에서 공부하는 나를 무척이나 흐뭇해하셨다. 그리고 그 학교에서 강의하는 딸을 자랑스러워하셨다. 그래서 아버지께서는 쉬는 날 나를 학교에 태워다 주고 학교 카페에 앉아 커피 마시는 것을 즐기셨다.

아버지께서는 아주 어렸을 적부터 목수 일을 배우셨다. 군대에 계셨을 때 어머니를 여의셨고 할아버지께서는 일을 하시다 한쪽 눈을 다치셨다. 그래서 장남인 아버지는 제대하자마자 가정의 생계를 책임지셔야 했다. 아버지는 20명의 전문가를 찾아다니며 목수 분야의 전문기술을 배우셨다고 한다. 한 분야의 전문가에게 기술을 다 배우면, 또 다른 전문가를 찾아서 기술을 배우셨다. 그 당시에는 기술을 배우면서 많이 맞기도 했다고 한다.

그런 아버지께는 징크스가 하나 있었다. 그것은 자신이 살고 있는 집을 깨끗하게 수리하면 어김없이 그 집을 비워 줘야 되는 상황에 맞닥뜨리는 것이었다. 내가 기억했던 첫 번째 집은 마루가 운동장만큼 넓은 집이었는데, 그 집 보일러가 시원찮았다. 그래서 아버지께서 부엌과 보일러를 깨끗하게 수리했다. 그런데 몇 달 후, 우리는 새로 이사할 집을 찾아다녀야 했다. 이런 일들이 반복되다 보니 아버지는 더 이상 자신의 집을 수리하지 않으셨다.

그런대로 부족함을 못 느끼고 살았던 우리 집은 아버지의 갑작스런 하반신 마비로 가세가 기울어졌다. 어머니께서 낮에는 청소 일, 밤에는 공장에서 가져온 부업을 하시며 생계를 책임지셨다. 어머니의 고생이 이루 말할 수 없이 컸다. 동생과 나는 어렸음에도 힘든 상황 가운데 가정을 지키는 어머니가 참으로 감사했다.

아버지의 마비가 조금씩 풀어졌다. 아버지는 다시 할 수 있는 일을 찾으셨다. 몸이 예전과 같지 않으셨기에 현장 일은 무리였다. 그래서 다시 시작한 일이 택시운전이었는데, 그 일을 하시며 연이어 사고를 내셨다. 한 사고가 마무리되기도 전에 다른 사고가 이어졌고, 또 다른 사고가 이어졌다. 더 이상 어떻게 할 수 없는 상황이 되어 버렸다. 아무리 열심히 살아보려 해도 안 되는 상황에 아버지께서 많이 힘들어하셨다.

어느 날 아버지께서는 자살을 생각하시며 셔츠 주머니에 약을 준비하셨다고 한다. 그런데 그것을 어떻게 아셨는지 어머니께서 "내가 일할 테니, 당신은 좀 쉬어."라고 말씀하셨단다. 어머니의 그 말에 마음이 녹아 극단적인 선택을 하지 않았노라고 내가 스물한 살이 되던 해에 지난날의 사연을 말씀해 주셨다. 단칸방에서 어린 두 자식을 재워 놓고 두 분이 나누셨을 대화를 생각하면 지금도 눈시울이 젖어 온다.

지금 우리가 살고 있는 집은 단독주택이다. 그런데 아버지는 이 집을 사지 않으려 하셨다. 좀 더 돈을 모아 아파트를 사고자 하셨다. 하지만 이사를 자주 다니는 것이 싫었던 나와 나머지 가족들의 성화에 아버지는 뜻을 접으셨다. 지금 생각해 보면 오래되고 낡은 집보다 좀 더 준비해서 깨끗한 아파트로 이사 가려 했던 아버지의 의견이 옳았던 것 같다.

지금 집에 이사 오고 가장 행복했던 사람이 나였다. 가세가 기울어지며 단칸방에서 가족과 함께 생활해야 했던 내가 나만의 방을 갖게 되었으니 어찌 행복하지 않으랴. 그토록 갖고 싶었던 책상과 나만의 옷장을 가졌을 때의 기쁨은 지금도 잊을 수가 없다. 그러나 우리가 이사 왔을 때부터 너무 낡고 오래되었던 집은 살면 살수록 손봐야 하는 곳이 자꾸 늘어났다. 오래되어 제대로 닫히지 않았던 방문과 창문 등등. 하지만 목수였던 아버지는 어머니께서 수십 번도 넘게 고쳐 달라고 요청해야 겨우 수리하셨다. 그래서 어머니는 "집에 목수가 있으면 뭐 해!"라는 푸념을 참 많이 하셨다.

10년 넘게 살다 보니 수리해야 할 곳도 많았는데, 특히 장마철이 돌아오면 빗물이 새서 고역이었다. 이사를 가려고 해도 집이 너무 낡아 팔리지 않아서 어쩔 수 없었다. 가지고 있는 돈으로는 마땅한 집을 구하기도 어려운 형편이었다. 그래서 아버지께서는 그 집을 무너뜨리고 직접 집을 지으셨다. 그렇게 새로 태어난 지금의 집은 마치 별장과도 같은 집이 되어 버렸다. 우리는 그 집을 지은 뒤 집들이를 한 달도 넘게 했다. 그 집을 짓고 5년이 지난 지금까지 집들이 때 선물로 들어온 휴지를 쓰고 있으니, 얼마나 많은 사람들이 축하해 줬는지 짐작할 수 있을 것이다.

나는 두 번째 투병생활을 하는 동안 부모님 집의 내 방에서 지냈다. 나는 그 집에서 몸을 회복하며 참 많은 생각을 했다. 20년 동안 이 집에서 지내면서 가족과 쌓았던 많은 추억들이 생각났다. 아버지가 직접 지은 집이기에 정도 많이 들었다. 경치 좋고 공기 좋은 곳에 있어서 따로 요양병원을 찾을 필요 없이 요양하기에는 우리 집이 적격이라고도 생각했다.

그런데 집에서 홀로 오랜 시간을 지내다 보니 이 집은 부모님께서 노후를 지내시기에는 정말 불편하겠다는 생각이 많이 들었다. 먼저 아버지께서는 운전을 하실 수 있기 때문에 이동하시기에 큰 불편함은 없으시겠지만, 어머니께서 다니시기에는 지대가 너무 높았다. 요즘 들어 부쩍 무릎관절 때문에 힘들어하시는 어머니를 바라보면 더욱 그런 생각이 든다.

그리고 아버지께서 몇 년 전 쉬시며 한 달 이상 집에서 홀로 계셨을 때, 우울증이 올 것 같다며 힘들다고 하셨던 것이 기억났다. 그 당시에는 아버지의 말씀을 이해할 수 없었다. 그런데 막상 내가 홀로 집에서 지내보니 그제야 아버지의 마음이 헤아려졌다. 홀로 지내는 집은 때로는 조용하다 못해 너무나 적막했다. 이렇게 지내다가 우울증이 오겠다는 생각이 많이 들었다.

그래서 바람이 생겼다. 언제나 나에게 당신들이 줄 수 있는 최고의 것을 제공해 주신 부모님. 부모님이 노후에 지내실 따뜻하고 편안한 집을 선물해 드리고 싶다는 바람이다. 세상의 모진 환난풍파에 언제나 든든한 울타리가 되어 주시고, 집이 되어 주셨던 부모님. 모든 것이 무너졌을 때 다시 내 몸을 추스르고 일어날 수 있도록 언제나 그 자리를 지켜 주셨던 부모님에게 나도 그런 사랑을 돌려드리고 싶다. 내 방을 처음 갖고 나만의 책상과 옷장을 선물 받았을 때의 기쁨을 부모님도 꼭 느끼게 해 드리고 싶다.

나는 풀 옵션을 장착한 자동차처럼, 부모님의 노후의 여건과 상황에 맞게 디자인된 집을 선물해 드리고 싶다. 내가 부모님을 위해 준비한 집을 선물로 드렸을 때, 마치 크리스마스 날 종합선물세트를 받은 아이처럼 기뻐하실 부모님의 모습을 상상해 본다. 너무나 아기자기하게 꾸며져 그냥 집에 있는 것만으로도 저절로 기분이 좋아지는 그런 집을 꼭 선물해 드리고 싶다. 어머니도 웃고 아버지도 기뻐할뿐더러 나도 가슴 벅찬 행복감에 젖어 있는 모습이 생생하게 그려진다.

100일 동안 해외여행 하고
여행 책 출간하기

나는 중·고등학교 시절 또래 다른 친구들에 비해 여행을 많이
다녔다. 초등학교 시절에 걸스카우트, 우주소년단 등의 특별활동
을 하는 친구들의 모습이 너무나 부러웠다. 그래서 나는 중학교에
입학하며 해양소년단을 한다고 했다. 어머니께는 선택 사항이 아
닌 특별활동으로 해야 하는 것이라고 말하고 3년 동안 해양소년
단 활동을 했다. 그러면서 매 학기마다 다양한 지역의 강과 바다
를 다니며 해양 훈련과 체험활동을 했다.

그리고 고등학교 때는 천체관측동아리에 등록해 매 학기마
다 왕성한 활동을 했다. 우리는 매 학기마다 몇 번씩 천체망원경
을 들고 별 보기 여행을 떠났다. 동아리 자체적으로 우주와 별에

대한 스터디 활동을 하고 세미나를 열었다. 다른 고등학교, 대학교 천문 동아리와 교류하며 다양한 활동을 펼쳤다. 다들 각자 반에서 열심히 공부하는 학생들이었기에 선생님들의 무한한 신뢰와 학교의 전폭적인 지원을 받을 수 있었다. 입시로 숨 막혔던 고등학교 시절 우리는 밤하늘의 별을 바라보며 자유를 느꼈고 행복해했다.

모든 수험생들이 그러하겠지만 나에게도 대학입시는 정말 힘들었다. 수능만 보면 모든 것이 끝날 줄 알았다. 그러나 끝은 또 다른 시작이라는 것을 나는 너무 늦게 깨달았다. 수능이 끝난 후 대학을 정하고, 입학원서를 제출하고, 대학에 입학하기까지 또 다른 어려움과 힘듦이 나를 기다리고 있었다.

우여곡절 끝에 대학에 입학했다. 하지만 내가 원하던 학교와 학과가 아니었기에 한 학기 내내 방황했다. 여중·여고 생활만 했기에 남자들이 많은 공과대학이 낯설 수밖에 없었다. 수업과 수업 도중의 공강 시간에는 무엇을 해야 할지 몰랐다. 그리고 무엇보다, 수업들이 정말 재미없었다. 첫 수업시간에 교수님들께서 자신의 소개와 교과목 소개를 해 주셨지만 공부를 하고 싶다는 동기부여가 전혀 되지 않았다. 하다못해 대학교 앞에 번화가라도 있었다면 즐겁게 놀기라도 했을 텐데, 학교가 섬에 있었기 때문에 그럴 수도 없었다.

그런 방황 속에서 나는 혼자 가방을 둘러메고 여행을 떠나기 시작했다. 고속버스터미널에 가면 내 경제수준에서 당일치기로 다녀오는 여행을 얼마든지 할 수 있었다. 그리고 학기 중에 모아 둔 아르바이트 비용으로 여름방학 기간 서울과 대전 등의 장거리 여행을 시작했다. 여행을 하면서 대학을 계속 다녀야 할지 말지 어떤 목표로 대학생활을 할 것인지 구체적인 방향을 잡아 나갔다. 한 학기 동안 방황했던 시간이 너무 아까웠고 이렇게 계속 시간을 허비하면 안 되겠다는 생각이 들었다.

힘들었던 수험생활을 떠올리니, 도저히 재수를 할 엄두가 나지 않았다. 그래서 학교생활에 적응하기로 마음먹었다. 그리고 아르바이트도 식당에서 수학 과외로 포지션을 바꿨다. 그 당시 한 달 식당 아르바이트 비용이 20만 원 정도였던 걸로 기억한다. 투자 시간 대비 비용을 생각하면서 이렇게 돈을 버는 것보다 그 시간에 공부해서 장학금을 받는 게 낫겠다고 판단했다. 이 밖에도 여행을 다니는 동안 여러 가지 생각을 정리했다. 그러곤 여덟 가지 정도의 목표를 세웠다.

그리고 그 이후 학교생활을 하며 모든 목표를 이루었다. 그러자 성취감과 함께 무엇이든 할 수 있겠다는 자신감이 생겼다. 2학년 때부터는 거의 매 학기마다 장학금을 받았다. 부모님께서 주신 용돈과 더불어 과외 아르바이트로 인해 경제적으로도 풍족했다. 그래서 나는 내가 배우고 싶은 것들을 배우고, 하고 싶은 것들을 마음껏 할 수 있었다. 나 자신에게 한없이 당당했던 시절이었다.

대학생활을 하면서 중·고등학교 친구들과 여행도 참 많이 다녔다. 지금 돌이켜 보니 대학원에 들어가면서 이런 여행들에 소원해졌던 것 같다. 대략 8년간의 대학원 시절, 꿈을 향해 달려갔고 많은 것을 쏟아부었고 또 많은 것을 배웠다. 하지만 한없이 좌절했고 움츠러들었다.

나는 학교라는 울타리를 벗어나 첫 사회생활을 시작하며 단짝 친구와 괌으로 여행을 떠났다. 대학원에서 여러 기회를 통해 싱가포르와 홍콩, 일본을 가 보았지만, 해외로의 자유여행은 처음이었다. 한때 '학교에만 있던 내가 사회생활을 할 수 있을까' 염려하던 때도 있었다. 하지만 새로 태어난 것처럼 처음부터 다시 시작하자는 마음으로 한 걸음씩 나아갔다. 그런 내게 부산이 아닌 서울에서의 첫 직장생활은 하루하루가 남다른 감사함으로 와 닿았다.

그리고 그해 단짝 친구와 떠난 5박 6일의 해외여행은 정말로 자유로웠고 행복했다. 매일 아침 눈을 뜨며 '나 이렇게 행복해도 되나'라는 생각이 들었다. 10년 넘게 여행사 직원으로 근무했던 내 친구는 편안하게 쉬고 싶다는 내 의견에 따라 여행 일정을 계획했다. 우리는 리조트 숙소에서 마음껏 쉬고 리조트에 딸린 워터파크에서 신나게 물놀이를 했다. 배고프면 맛있는 음식을 먹었고, 때때마다 명소를 찾아서 관광했다. 육지에서는 자동차로, 바다에서는 배로 된 라이더 덕을 타고 괌 전체를 달리며 느꼈던 자유로움이 아직도 생생하다. 또한 30분 넘게 달려가서 보았던 사랑의 절벽의 일몰을 잊을 수가 없다. 광활한 절벽 너머로 거침없이 펼쳐진 바다와 시원하게 불어오는 바람, 하늘이 어우러진 절경에 가슴이 뻥 뚫리며 시원했다.

이렇게 여행은 팍팍한 삶 속에서 나에게 쉼표와 같았다. 한없이 방황하고 있을 때 잠시 멈춰 서 나를 돌아보며 다음을 준비할 수 있게 해 주었다. 또한 힘든 시기를 이겨 내고 받은 달콤한 선물과도 같았다.

백혈병 판정을 받고 병동에 격리되어 치료하는 내내 나는 자주 창밖을 바라보았다. 창밖 너머로 자유롭게 걸어 다니는 사람들이 한없이 부러웠다. 그 모습을 바라보며 나는 언제쯤 저 밖을 자유롭게 다니게 될 수 있을까를 하염없이 생각했었다. 그런 나를 바라보며 한 동생은 "언니, 밖은 진짜 추워요!"라고 말을 건넸다. 나는 마음속으로 추워도 좋으니 아무 제재 없이 마음껏 걸을 수만 있다면 정말 좋겠다고 생각했다.

다행히 무사히 치료가 마무리되어 퇴원했다. 그런데 내가 생각했던 것과 다르게 항암치료로 몸이 많이 쇠약해져서 마음껏 걸을 수가 없었다. 극심한 통증과 아픔들로 대부분의 시간을 누워서 지내야 했다. 몸도 아팠지만 하루 종일 혼자 누워서 지내는 나날들이 쉽지만은 않았다. 그러다 우연히 켠 TV에서 한 여행프로그램을 보게 되었다. 연예인 몇 명이 패키지여행을 다니는 모습을 촬영한 프로그램이었다. 거실의 큰 TV 화면에 담긴 풍경을 바라보며 그들이 즐거워하는 모습에 나도 덩달아 그 감정들을 느낄수 있었다. 나 역시 몸을 회복해서 저들이 있는 장소에서 광활한 자연을 마주하며 느끼는 감정들을 느끼고 싶었다.

나는 현재 내가 가고 싶은 곳은 컨디션을 조절하면서 갈 수 있을 정도로 몸이 회복되었다. 작년 겨울, 추워도 좋으니 마음껏 걸었으면 좋겠다는 소원이 이루어졌다. 그래서 한겨울인 지금은 추울지라도 마음껏 걸을 수 있음에 한없이 감사하고 더할 수 없이 행복하다.

아직은 여러 여건상 해외여행은 무리다. 하지만 몸과 마음을 회복하고 여건을 만들어서 장기간 해외여행을 해 보고 싶다. 한국이 아닌 세계의 다양한 나라들의 자연과 역사와 문화를 체험해 보고 싶다. 그리고 다양한 사람들도 만나보고 싶다. 1년이 넘는 투병생활을 잘 견뎌 준 내게 쉼표 같은 달콤한 선물을 주고 싶다. 그리고 그 여정과 느낌, 깨달음을 담은 여행에세이를 저술하고 싶다. 이 버킷리스트가 언제쯤 실현될지는 나도 모르겠다. 하지만 아무 제재 없이 마음껏 걸을 수 있으면 좋겠다는 내 소원이 현실이 되었듯이 꼭 이루어질 것이라 믿는다.

버킷리스트 14

버킷리스트 이루며
건강한 삶 살기

· 이 한 숙 ·

이한숙   자기계발 작가, 동기부여가

4년째 암과 투쟁 중이다. 더 이상 남들의 기준에 맞춰 사는 것이 아니라 스스로가 원하는 일을 하겠다고
다짐했다. 후회 없는 인생을 살아가고자 버킷리스트를 작성해 꿈을 하나씩 이루어 나가고 있다. 현재 '혼자
있는 시간'을 주제로 한 개인저서를 집필 중이다.

건강하게 마흔 살 넘기고
마라톤 참여하기

고등학교 체력장 때였다. 마지막 종목은 800m 오래달리기였다. 그런데 체력이 좋지 않은 나는 이미 오전 내내 땡볕에서 땀을 흘린 후라 기진맥진한 상태였다. 하지만 시험이니까 어쩔 수 없이 뛰는 수밖에⋯. 애살맞게 뛰는 친구들도 있었지만 나는 이미 포기 상태였다.

'5분 안에만 들어오자.'

그런데 마음에서 놓아서인지 몸은 물에 젖은 솜처럼 무겁기만 했다. 내 차례가 되어 뛰면서도 '내가 이걸 왜 해야 하지. 아⋯ 빨리 끝나고 쉬었으면 좋겠다. 체력장에서 오래달리기만 없어지면 좋겠는데⋯ 이제 한 바퀴쨌는데 언제 다 뛰지? 그냥 포기하고 싶다…' 이런 생각으로 가득 차 있었다. 그날 오래달리기 종목을 감독해 주신 선생님은 슈퍼맨이라는 별명을 가지고 계신 미술 선생님이셨다. 학생들이 잘 뛰는지 지켜보시던 선생님께서는 결국 달리는 나를 손짓으로 부르셨다. 그만 달리라고 중지시키신 것이다. 나는 최하 등급을 받았다. 하지만 열심히 달려도 어차피 최하 등급을 받았을 테니, 그만 달리게 해 주신 선생님께 감사할 따름이었다.

아이러니하게도 그런 내가 20대 때 가장 좋아하는 취미는 바로 달리기였다. 한번 뛰면 최하 1km에서 컨디션이 좋을 땐 5km씩도 뛰었다. 유독 달리기에 취미가 붙은 것은 감정적인 이유 때문이었다. 나는 20대 초기에 2차 사춘기를 겪고 있었다. 그때 유난히 감정을 조절하는 게 힘이 들어 많이 우울해했고 자주 울기도 했다. 그렇게 혼자 참고 참다가 어느 날 폭발해서 인간관계를 끝장내기도 했다.

그런 나를 달래 주고 자유롭게 해 준 건 달리기였다. 정신없이 달리다 보면 나를 폭발하게 했던 감정도 어느새 가라앉아 있었다. 실타래처럼 엉켜서 풀리지 않을 것만 같던 머릿속도 정리가 되는 느낌이었다. 무엇보다 현실에서 벗어날 수 있었다. 한 영화에서 세련된 민소매 톱을 입고 이어폰을 꽂은 채 상쾌하게 아침 조깅을 하는 여배우의 모습이 그렇게 멋져 보일 수가 없었다. 뛰고 있으면 나도 그런 모습이 된 듯한 착각이 들었기 때문이다.

현실을 도피하려고 시작한 달리기였지만 나는 어느새 점점 그 매력에 빠져들고 있었다. 서점에 놀러 갔다가 달리기에 대한 책이 있으면 꼭 내용을 살펴보고 도움이 될 만한 부분은 메모도 했다. 나름 여러 가지 호흡법을 시도하면서 폐활량을 늘리는 방법도 연구해 봤다.

나는 주로 이른 아침이나 해가 진 저녁에 달리기를 즐겼다. 얼굴 타는 게 신경 쓰여서다. 여름엔 아침 7시만 넘어도 볕이 얼굴로 내리쬐었다. 햇빛을 피하려면 더 일찍 나와야 했다.

출근하지 않는 토요일 오전, 한산한 뚝섬유원지에서 맑은 공기를 마시며 잘 닦인 트랙을 홀로, 그것도 한강을 눈앞에 두고 달리는 그 기분. 달리기가 끝나고 먹는 유원지 편의점 테라스의 우동 맛. 끝내준다. 광나루 유원지에서 구름 낀 오후에 조깅하다 소나기가 내려 머리끝에서 발끝까지 홀딱 젖어 뛰던 그 기분, 그 자유… 절대 잊을 수 없다. 벚꽃이 아름답게 핀 대학교 교정의 밤 풍경은 낮보다 더 로맨틱하다는 것을 알 것이다. 그곳을 뛰는 밤 시간은 내게 더 없는 위로와 안식의 시간이었다.

내가 너무나도 탐내 하는, 잔디구장에 둘러져 있는 트랙. 늘 축구회에서 그곳을 점령해서 달리기할 엄두를 못 내고 지나치곤 했다. 그런데 딱 한 번 아무도 없던 날이 있었다. 화려한 잔디 축구장에는 조명도 다 그대로 켜져 있고 문도 열려 있었지만 정말

나 혼자였다. 그곳을 내가 가진 기분이었다. 가슴이 벅차올라 평소보다 더 신나게 달렸다. 사실 그날은 내 생일날이었다. 달리기와의 추억은 이외에도 너무 많다.

내가 처음 달리기를 시작했을 땐 조깅문화를 그다지 즐기지 않는 사회분위기가 조성되어 있었다. 그런데 몇 년 뒤, 유명 스포츠 브랜드들이 조깅화, 러닝화 등을 구분해서 내놓기 시작했다. 덩달아 곳곳에서 하프마라톤이 개최되면서 분위기가 달라졌다. 그런 분위기가 형성되자 언젠가는 나도 꼭 마라톤에 참가해 보고 싶다는 생각을 했다. 그런데 참가하려면 준비물이 필요했다. 참가비, 일반 운동화가 아닌 전문 러닝화, 세련된 러닝복 그리고 내 짐을 맡길 동행인 한 명. 물론 없으면 없는 대로 참가할 수는 있었지만 내가 얼마나 꿈꾸던 시간들이던가. 후줄근한 차림으로 참가한다는 건 있을 수 없었다.

하지만 그 중에서 가장 중요한 건 달리기 실력이었다. 나는 늘 내가 좋아하는 만큼만 뛰었었다. 그런데 그런 곳에 참가하려면 그날 컨디션이 어떻든 간에 정해진 거리를 뛰어야 하니까 평소 연습량으로는 어림도 없었다. 그래서 일단 짧은 거리를 먼저 뛰어 봐야겠다고 생각했다.

그사이 여러 번의 이사에 이사, 또 이사에 이사를 거치면서 서울 여기저기를 옮겨 다니고 있었다. 갈수록 날을 세우는 현실 앞에 더 많이 좌절하게 되었다. 그에 따라 점점 젊음의 시간들도 줄어들고 있었다. 하지만 여전히 달리기는 나의 기쁨이었다. 늦은 퇴근으로 달리기를 하려고 밤 12시에 집을 나설 때도 있었다. 하지만 그런 늦은 시간에도 달리기를 하러 나가는 내가 너무 대견스럽기까지 했다.

어느덧 서른세 살. 나는 그 사이 또 한 번의 이사를 한 덕분에 이제는 출·퇴근에 소요되는 시간만 4시간이었다. 이동 시간이 너무 길다 보니 체력 소모가 확실히 많았다. 더 이상 낭만을 누릴 시간도 없이 그렇게 또 1년이 흘렀다. 그러던 어느 가을날, 나는 일하던 가게 사장님, 직원들과 마지막 인사를 짧게 나누고 급히 직장을 정리했다. 그리고 병원에 입원하게 되었다. 내 몸에서는 암이 발견되었다. 수술, 항암치료, 방사선 치료를 받으면서 나는 더 이상 예전처럼 활동할 수 없었다. 사실 항암치료를 받으면서는 뛰어다니는 사람만 봐도 숨이 찼다. 치료를 마치고도 몸을 회복하는 기간 내내 하루에 기본 12시간 이상을 잤다. 심한 날은 18시간을 잠으로 보내야만 했다.

운동을 해야 회복이 빠르다는 걸 알기에 이를 악물고 운동을 쉬지 않았다. 하지만 겨우 실내 헬스장에서 자전거 페달을 밟거나 빠른 걸음으로 걷는 정도였다. 큰맘 먹고 수영에도 도전했지만 한 레일을 한 번에 가는 것도 갈수록 힘들어졌다. 결국 강습은 2개월 만에 포기했다. 내 속도가 너무 느려 모든 수강생에게 피해가 갔기 때문이다. 이용 가능한 시간을 택해 자유수영을 즐기는 수밖에 달리 방법이 없었다.

건강해지기 위해 노력을 했지만 무엇이 문제였는지 2년 만에 다시 암이 전이되어 폐에 종양이 생겨 버렸다. 그리고 현재, 1년째 임상연구 참여자로서 항암치료를 받고 있다. 시판 중인 제품 중에는 내가 쓸 만한 치료제가 없어서다. 다행히 첫 번째 치료제와 달리 부작용이 덜했고 일상생활들을 웬만큼 잘해 내고 있다.

나는 20대 후반에서 30대 초반에 40대를 상상하며 나를 달랬었다. '40대에 몸짱 되기'가 내 목표였다. 여자는 나이의 앞자리 숫자가 바뀌면 마음이 많이 꺾인다. 늙어 가는 기분이 들어서다. 없는 주름도 만들어 세면서 쓸데없는 걱정을 한다. 그러던 어느 날, 그런 바보 같은 상실감에 빠지기 싫어 아예 마흔을 준비하자는 목표를 세운 거였다.

내가 생각하는 40대의 나는 자기관리를 잘해서 건강미가 흐르는 모습이다. 당시 나의 롤모델은 탤런트 이미숙 씨였다. 그때까지만 해도 내 인생에 이런 변수가 생기리라고는 상상하지 못했으니 말이다. 하지만 현실이야 어찌 되었건 꿈꾸는 자유는 변함없이 내 것이기에 여전히 멋진 40대를 꿈꾼다. 바뀐 게 있다면 이제는 '40대까지 살아 보기'가 하나 더 추가되었다는 것 정도다. 그리고 이루지 못한 꿈인 마라톤 대회 참가를 40대로 미뤘다는 것. 이 꿈도 나쁘지 않은 것 같다. 암도 이겨 내고 좋아하는 달리기도 다시 하고 꿈도 이룬다는 스토리니까 나름 감동적이기까지 하다.

나는 4기 암의 생존율이 몇 퍼센트인가, 하는 말들 따위는 믿지 않는다. 중요한 건 나에게 일어나는 일이니까 그 생존율에 내 운명을 쥐어 줄 수는 없다. 내게는 20대 후반부터 꿈꾸던 내 40대의 모습이 있고 그날이 매일매일 조금씩 나에게 다가오고 있다.

나는 믿는다. 아니, 확신한다. 언젠가는 이 병에서 자유로워지는 날이 온다. 그리고 예전처럼 다시 달리게도 된다. 마침내는 마라톤에 참가하고 있는 멋진 40대의 내 모습과 만난다.

그렇지 않다면? 그렇지 않을 것에 대한 준비는 이미 끝났다. 다만 기회가 왔을 때 꿈을 이룰 수 있도록 그 날을 맞이할 준비를 하는 것이 내게는 더 필요한 일이다.

많은 사람들이
공감하는 책 출간하기

　난생처음 병실이라는 곳에 자주 들락거리게 되었다. 그곳은 암 병동이었다. 그 병실뿐만 아니라 복도에서 만나는 대부분의 환자들이 암 환자들이었다. 모두 모자를 하나씩 쓰고 있었고 눈썹도 거의 없었다. 잘 때는 다들 갑갑해 모자를 벗고 자는데 아침에 일어날 땐 너무 재미있다. 환자들이 잠에서 깨어 침대에 앉아 있는 모습이 여기저기 보이면 이곳이 병실인가 비구니 스님이 있는 절인가 싶다. 서로 다들 친한 8인실의 환자들이 그렇게 농담을 주고받으며 웃기도 했다. 나도 그들 중 하나인데 조금 다른 것이 있다면 평균 연령보다 내가 좀 어렸다는 것. 30대 환자는 드물었다.

　그런데 병실에서 우연히 내 또래 환자를 발견했다. 3주에 한 번씩 항암주사를 투여받는데 다음 주기까지 병실에 있을 수도 있지만 대부분은 집에 간다. 병원에서 풍기는 소독 냄새가 역해 견디지 못하기 때문이다. 나와 비슷한 주기로 병원에 들르는 환자들은 3주에 한 번씩 다시 만나게 되었다. 그런데 그 환자들 사이에 새로운 사람이 끼어 있었던 것이었다. 그 친구는 나보다 한 살이 어렸지만 우린 친구가 되었다. 그리고 우리만 남은 어느 날 밤, 그 친구는 내 옆 침상에 자리를 잡고 앉아 나와 수다를 떨기 시작했다. 그러던 중 나에게 이런 질문을 했다.

"나중에 치료 끝나면 뭐 하고 싶어? 난 사실 혼자 잘 살 자신이 있어서 결혼은 생각 안 했거든. 그런데 아프고 나니 생각이 달라졌어. 나이 들면 내 옆에 누가 있어야 할 것 같아. 혼자 살 자신이 없어. 넌 어때?"

그녀는 건축사무소에서 일하는 씩씩하고 당당한 친구였다. 그런데 외동딸이라 미래에 대한 걱정이 있었다. 하지만 나는 아프고 나서 제일 먼저 생각한 것이 딸린 남편과 자식이 없어서 다행이라는 것이었다. 어릴 적 엄마의 부재를 겪어 봐서 그런 일을 남은 가족에게 물려주고 싶지 않았다. 그 친구와는 생각이 정확히 달랐다. 나는 잠시 생각하고 이렇게 말했다.

"난 이제 내가 정말 좋아하는 일을 찾아볼 거야!"

내가 진즉에 했어야 하는 일이었다.

나는 참 바보 같은 시간들을 보냈었다. 누군가 나에게 공부시켜 줄 테니 인문계 고등학교에 진학하라고 말한 걸 철석같이 믿고 대학에 들어갔었다. 하지만 남은 건 내가 갚아야 하는 학자금과 도저히 어울려지지 않는 대학생 동기들이었다. 결국 3학년 1학기를 끝으로 다시 학교로 돌아가지 않았다. 스물다섯 살에 서울로 올라와 자취생활을 하면서 참 많은 곳을 옮겨 다녔다. 그러면서도 마음 한편에선 늘 가족이 걱정이었다.

변변찮은 직장일수록 사람들은 더 변변찮았다. 나를 해고하고도 불리한 상황에 놓이지 않으려고 내 이름을 위조해 사직서를 작성한 곳도 있었다. 범죄행위였다. 나이 들어 남자 친구 하나 없이 회사에서 부당하게 대우해도 싫은 소리 못하고 일만 하는 나를 우습게 봤는지 술자리에서 전화로 나를 불러낸 유부남들도 있었다. 눈치 없는 나는 처음에 내가 업무 처리를 잘못 해 전화를 건 줄 알았다. 점잖은 사람들이 있는 곳에서도 사정은 별반 다르지 않았다. 별 볼일 없는 내가 어쩌다 책임자 눈에 들어 신임을 얻는다 싶으면 어김없이 중간관리자들의 시기와 질투가 나를 향했다. 그들 속에서 함께 공존하려면 내가 싸움꾼이 되지 않으면 안 되었다. 어디에서나 항상 사람이 가장 힘들고 무서웠다.

나에게 돈은 벌지 않으면 안 되는 것이었다. 늘 '내가 있을 자리는 어디일까' 생각했지만 깊이 생각할 수는 없었다. 한 달에 꼭 필요한 금액이 정해져 있었고 내 월급으론 늘 부족했다. 주 5일간 근무하는 회사에서 일할 때면 주말엔 레스토랑 서빙 아르바이트를 했다. 그런 회사에서 잘렸을 때는 최대한 빠른 시간 안에 일을 구하느라 오전 오후 알바를 뛰기도 했다. 아침 7시부터 일하고 중간에 잠깐 이동해서 한 시간가량 쉬다가 다시 밤 12시까지 일하는 식이었다. 나이가 들어 감에 따라 내가 설 자리는 점점 더 없어졌다. 그 절망감을 이겨 내기 위해 나는 늘 이런 말을 했었다.

"괜찮아. 몸만 건강하면 어디든 일할 곳은 있어. 마트에서 캐셔라도 하면 되잖아."

그렇게 몸만 건강하면 갈 곳이 있다는 배수진을 치고 현실에서 버티고 있었다. 그러다 보니 나에게는 꿈을 생각할 여유라고는 없었다.

그랬는데 내가 바로 그 건강을 잃어버리게 될 거라곤 한 번도 생각해 본 적이 없었다. 그런데 한순간 배수진이 무너진 것이다. 그런데 그 느낌은 생각과는 달랐다. 깊은 절망으로 떨어질 줄 알았는데 이상했다. 오히려 편안했다. 더 이상 잃을 것이 없는 사람은 이렇구나, 싶었다.

나는 자주 그날 밤을 떠올린다. 처음으로 내가 좋아하는 것을 하겠다고 말한 그날을. 항암치료를 받으면서부터 짧은 글을 쓰기 위해 블로그를 시작했는데 그곳에 그날 밤의 이야기를 썼다. 그리고 제목을 이렇게 붙였다. '뜻밖이지만 유방암이 고마운 이유-'라고. 만약 내가 이렇게 아프지 않았다면 과연 그런 생각을 깊이 할 기회가 왔을까?

나는 더 이상 육체노동을 할 수 있는 몸이 아니다. 남들처럼 쌓아 온 스펙이 있는 것도 아니다. 그렇기 때문에 남들과는 다른 길을 찾아야 한다. 그리고 이왕 하게 된다면 무조건 좋아하는 일을 하겠다고 생각했다. 문득 그런 생각이 들었다. 분명 내 앞에는 더 좋은 길이 있었는데 내가 고개를 돌려 쳐다보지 않아서 원래 가던 길을 신이 아예 막아 버린 것은 아닐까 하는. 사람들은 새로운 것을 배우는 것보다 몸에 밴 습성을 버리는 것을 더 힘들어한다고 하지 않던가. 맞다. 잘된 거다. 운명은 내가 믿는 대로 이뤄지는 거니까.

나는 이전에 한 번도 가져 보지 못했던 자유로운 시간을 가지게 되었다. 시간적인 자유뿐만 아니라 돈을 벌어야 한다는 의무감도 내려놓게 되었다. 솔직히 말하면 누군가 나에게 의무를 지워준 것이 아닌데 내가 꽉 잡고 놓지 못하고 있었다는 걸 알게 되었다. 그것을 내려놓고 있는 나에게 내 안에서 누군가 이렇게 말하고 있었다. '넌 할 만큼 했어. 그만 내려놔. 그리고 이젠 하고 싶어도 못 하잖아'라고. 맞는 말이었다. 그러곤 늘 생각했다. 내가 뭘 좋아하는지, 뭘 하고 싶어 하는지 말이다.

사실 병원에서의 그날 이후 버킷리스트를 작성하기 시작했다.

2년 동안 작성 중이지만 정말이지, 진도가 이렇게 안 나갈 수가 없었다. 내가 정말 원하는 것을 알아내는 건 숨겨진 보물을 찾는 것처럼 힘들었다. 내가 그것을 왜 원하는지 묻고 또 물으며 재차 확인해 보기도 했다. 너무 두루뭉술한 것들을 구체화시키다 보니 딱 이거다 하는 것은 몇 개 안 적혔다. 하지만 그런 고민들을 오랜 시간 해 오면서 느낀 것이 있었다. 나는 나에 대한 사랑이 부족했다는 것을.

내가 무엇을 원하는지 세상에 나보다 더 잘 아는 사람은 없다. 그런데 나는 그것을 모르고 있었다. 다시 말해 이 세상에 나란 사람이 없었던 것이다. 그런 내가 참 안되게 느껴졌다. 나는 왜 이렇게 빈껍데기처럼 살아왔을까. 내가 마치 우주의 먼지같이 느껴졌다. 하지만 나는 안다. 이 문제는 나만의 문제가 아니라는 것을. 내가 그렇듯 많은 사람들이 자신이 원하는 것을 모른다는 것을 알았다. 또한 그것을 생각할 충분한 시간을 가지지 못한 것이 큰 문제였다는 것도 알았다.

사람에게는 누구나 다 자신만의 자리가 있고 그 자리에서 최선을 다할 때 가장 빛난다. 나는 그런 사람들을 보면 늘 부러웠다. 그래서 나도 늘 '내 자리는 어디일까'를 고민했다.

지금 나는 개인저서를 한 권 쓰고 있다. 내가 뜻밖의 병으로 얻고 그 병을 이겨내는 시간 동안 내가 얻은 변화에 대한 이야기다. 〈한책협〉의 〈책 쓰기 과정〉에서 만난 김태광 대표 코치는 나에게 이 주제로 책을 쓰라고 말씀해 주셨다. 그리고 모든 사람은 다 자신만의 이야기를 가지고 있는 보석 같은 존재라고도 말씀하셨다.

결국 내가 걸어온 시간들이 원래 내 자리였다는 것을 알게 되었다. 그렇게 배운 것을 사람들 앞에서 드러내 말할 용기가 있다면 모든 사람들은 다 빛날 수 있는 존재라는 걸 알게 되었다. 내가 이것을 미리 알았다면 정말 좋았을 거라는 아쉬움이 드는 건 어쩔 수 없다. 하지만 아직도 여전히 빈껍데기나 우주의 먼지로 살아가는 많은 사람들이 있다. 그들에게 나처럼 너무 늦기 전에 자신을 위한 시간을 가져 보라고 내 책을 통해 전할 수 있게 된다면 많이 뿌듯할 것 같다.

할머니와 함께 해외여행 하기

　우리 할머니는 여행을 참 좋아하신다. 여행이라곤 하지만 그냥 하루짜리 관광이다. 내가 어릴 적에 할머니는 관광버스를 대절해서 다녀오는 계모임 여행에 꼬박꼬박 참가하셨다. 집에는 할머니께서 젊으셨을 적 여행을 다니며 찍으신 사진이 상당히 많다. 사진 속의 할머니는 너무 행복해 보이셨다. 나는 그런 할머니 모습이 참 좋았다.

　할머니는 할아버지 때문에 고생을 많이 하셨다. 열다섯 살에 일본 위안부 징집을 피해 만주에서 시집오신 할머니는 그 이후로 부모님을 만나지 못하셨다. 할아버지는 노름으로 재산을 탕진하셨다. 둘째 부인을 들여 할머니에게 많은 설움을 주시기도 하셨다. 하지만 할머니가 최고로 힘든 건 배를 곯는 것이었다. 할아버지가 돈을 주지 않는 까닭에 8남매를 먹이느라 정작 본인은 많이 곯으셨다. 한번은 너무 배가 아파서 며칠을 떼굴떼굴 구르며 앓으셨다. 그런데도 할아버지는 할머니를 병원에 데려가 주지 않으셨다. 옆집 아주머니가 아시고 도와주셨다고 한다. 알고 보니 복막염이었다. 할아버지는 아빠가 결혼하시기 전에 돌아가셔서 나는 얼굴을 뵌 적이 없다. 제사나 차례를 지낼 때면 할머니는 늘 할아버지에 대한 원망을 욕 한마디로 푸시곤 하셨다. 그런데 내가 점점 커 감에 따라 욕은 어느새 줄어들었다. 홀로 눈물을 훔치실 때가 많으셨다.

할머니는 할아버지가 돌아가신 후에도 사연이 많으셨다. 8남매 중 넷을 잃으신 것이다. 그것도 정을 많이 주시고 의지하던 첫째 아들과 그 뒤로 둘째, 셋째, 넷째 딸들이었다. 그들은 성인이 된 후 한창 때에 운명을 달리했다고 한다. 할머니는 그들에 대한 이야기를 단 한 번도 내 앞에서 하신 적이 없다.

할머니께서는 남은 자녀들 중 첫째인 우리 아빠가 결혼을 하신 후 처음으로 며느리를 보셨다. 이제는 좀 편히 쉬셔야 하는 할머니건만 우리 엄마는 내가 어린 시절 우리 형제 셋을 두고 외갓집으로 가 버리셨다. 할머니는 우리 셋을 업고 안고 잡고 버스를 여러 번 갈아타며 외갓집에 데려다 놓으셨다. 그리고 우리에게 인사를 건네고 집에 돌아오셨는데 세상에! 우리 셋이 다시 할머니 댁에 와 있었다고 한다. 할머니가 다시 버스를 여러 번 갈아타시고 돌아오시는 사이 누군가가 우리 셋을 택시에 태워 데려다 놓고 다시 가 버린 것이다.

할머니는 그때 우리를 이제 아무한테도 안 보내고 당신께서 키우시겠다고 이를 악물고 결심하셨단다. 그 덕에 남동생은 분유도 모유도 아닌 할머니의 미음을 먹고 자랐다.

내가 초등학교 2, 3학년일 때부터 할머니는 근처 아파트 건설 현장에서 일하셨다. 할머니가 새벽에 나가시면 우리는 알아서 학교에 갔다. 초저녁에 들어오신 할머니 손에는 새참으로 나온 빵과 우유가 든 검은 봉지가 들려 있었다. 우리의 유일한 간식거리였다. 우리는 늘 그 시간이 기다려졌다. 가끔 빵과 우유가 여러 개인 날이 있었다. 주변 분들이 손주들 주라고 안 드시고 챙겨 주신 것이었다. 그런 날은 잔뜩 부른 배를 두드리며 잠들곤 했다.

할머니는 저녁 시간에 다시 우리 식사를 챙겨야 했다. 그러시느라 잠깐 쉬시고 요리를 하시곤 했다. 이때 우리의 임무가 있었다. 안마였다. 고사리손으로 할머니의 팔다리, 어깨를 꾹꾹 눌러 드리면 시원해하시다가 깊은 잠에 빠지곤 하셨다. 코 고는 소리가 확실해지면 그때서야 우리는 안마를 멈추었다. 그때 할머니를 안마해 드리면서 내가 작게 속삭인 말이 있었다. "나중에 커서 효도 많이 할게요."였다. 당시 어린 나로서는 고생하시는 할머니께

해 드릴 수 있는 말이 그것밖에 없었다.

어린 시절 잘 훈련된 덕분에 좀 커서는 할머니가 이야기를 안 하셔도 내가 먼저 다리를 주물러 드리기도 했다. 많이 힘드시면 오래 안마를 받기도 하셨지만 보통은 팔 아플 테니 그만 하라고 하셨다. 어릴 때야 팔이 아팠지만 조금 크고 나니 힘들지 않았다. 물론 할머니 체격이 점점 작아지셔서 더 그럴 수도 있다. 안마는 내가 할머니께 사랑을 표현하는 방법이다. 그래서 지금도 집에 가면 뼈만 남은 할머니의 앙상한 다리를 살살 안마해 드리곤 한다.

성인이 되고 난 후 타지에서 마음이 유독 힘들 때가 있었다. 그럴 때면 나는 할머니께 전화를 걸었다. "할머니, 나 한숙이!" 하면 반가워 해주시는 한마디가 그냥 좋았다. 마음이 푸근해지고 따뜻해졌다. 할머니의 관심사는 내가 밥을 잘 먹는지, 아픈 데는 없는지가 다였다. 그리고 명절에 내려오라는 한마디.

한번은 차비가 없어서 명절에 못 내려가게 되었다. 그때 나는 할머니께 일이 바빠서 못 간다고 했다. 할머니는 당시 남동생을 오래 못 보셔서 많이 적적해하시던 참이었다. 못 간다는 나의 말에 할머니는 처음으로 나에게 애원하셨다. 울먹이시는 목소리로 "돈 안 가져와도 되니까 온나…."라고 하셨다. 할머니를 겨우 달래 전화를 끊곤 빈방에서 펑펑 눈물을 흘렸다. 내 신세가 원망스러웠다.

어느덧 할머니는 귀가 머셨다. 불편하다는 이유로 보청기를 하지 않으셔서 이제는 통화를 하던 것도 옛일이 되었다. 그러다 지난해 할머니는 처음으로 요양병원에 입원하셨다. 허리뼈 손상이 심한데 연세가 많으셔서 병원에서는 해 줄 수 있는 게 없다고 했다. 그동안 잊고 있었던, 어린 시절 할머니께 한 약속이 생각났다. 그리고 할머니께 선물 한번 제대로 못 해 드린 게 생각났다. 마음이 허했다.

그런데 기회가 왔다. 어린 두 자녀를 키우며 매일 가게로 출근하는 워킹맘인 언니는 시간 내기가 쉽지 않다. 그런데 마음 씀씀이가 세심한 형부가 언니에게 휴가를 주었다고 한다. 언니는 나에게 어디 가고 싶은 데가 없냐고 물었다. 나는 할머니께서 살 날이 얼마 남지 않은 것을 알기에 언니와 함께 할머니를 뵈러 가고 싶었다. 언니는 할머니가 예뻐한 큰 손주다. 하지만 할머니를 뵌 지 오래되어 할머니가 많이 궁금해하시고 보고 싶어 하셨다.

언니와 내가 할머니를 뵈러 간다는 소식에 형부도 같이 가겠다고 했다. 그러다 아예 언니네 가족과 우리 삼남매가 다 같이 부산으로 할머니를 뵈러 가게 되었다. 언니 결혼식 이후 처음 있는 일이었다. 언니는 할머니 집에서 가까운 일광바다 앞 펜션을 예약했다. 그날 저녁 할머니와 아빠를 모시고 펜션에서 하룻밤을 묵었다. 화려하지는 않지만 깔끔한 화이트 톤으로 꾸민 객실이었다. 두 면이 전면 통유리로 된 오션 뷰 거실에는 푹신한 소파와 넓은 주방이 있었다. 그리고 방만 한 욕실에는 스파 욕조가 커다랗게 들여져 있었다.

사실 나는 할머니와 온천에 가고 싶었다. 그런데 마땅히 갈 만한 곳이 없던 차에 욕조를 보니 할머니를 씻겨 드리고 싶었다. 몸이 힘드시고 나서는 목욕탕에 다녀오는 것도 힘들다고 하셨던 게 마음에 걸려서다. 2시간가량 목욕을 하고 개운해하시는 할머니를 보니 나도 속이 시원했다. 뽀송뽀송한 침대로 주무시러 오시기 전까지 할머니는 하루 동안 참 많은 이야기를 하셨다.

다음 날 오전 잠깐 바다에서 바람을 맞으며 기념사진을 몇 장 남기고 할머니와 아빠를 다시 집으로 모셔다 드렸다. 짧은 여정이었지만 할머니는 좋은 곳에서 호강한다며 좋아하셨다. 이젠 제법 큰 증손녀들 재롱을 보실 시간도 가지셨다. 그러곤 얼마 안 된다며 평생 모은 돈을 봉투에 담아 우리 삼남매에게 용돈으로 주시고는 속 시원해하시기도 하셨다. 그 돈은 할머니가 아흔 가까운 연세에 근처 공사장에 나가 모으신 돈이었다.

할머니는 언니를 보시며 "아를 얼마나 고생시켰으면 얼굴 살이 이래 다 빠졌노." 하시면서 형부에게 핀잔을 주셨다. 그러고는 안쓰럽게 언니 얼굴을 어루만지셨다. 그런 할머니를 보면서 나는 웃음과 동시에 역시 언니를 편들어 주는 어른은 할머니뿐이라는 생각이 들었다. 어쩌면 언니가 할머니께 받을 마지막 정일지도 모르겠다.

할머니는 우리와의 만남 일주일 후 다시 자리에 누우셨다. 이번엔 자리에 앉기도 힘들어 식사도 누워서 드시게 되었다. 바깥 외출은 더 어렵게 되었다. 더 늦기 전에 언니와 함께 할머니를 뵙고 온 것이 너무나도 다행스럽게 생각되었다. 또한 한편으론 한 번만이라도 할머니랑 정말 휘둥그레지게 좋은 곳으로 여행을 다녀오면 얼마나 좋을까, 제대로 호강 한번 시켜 드릴 수 있으면 얼마나 좋을까 하는 생각이 든다. 아쉬운 마음을 매일 밤 기도로 달랜다. 내가 해 드릴 수 있는 최고의 호강은 이것뿐이라….

할머니는 해외여행을 한 번도 못 가 보셨다. 나는 매일 이런 상상을 한다. 할머니를 아름다운 관광지에 모셔 놓고 온 가족이 매년 할머니를 뵈러 그곳으로 가는 모습을. 지금처럼 너무 아프신 모습이 아니라 예전 나 어릴 때, 아니 그보다 훨씬 더 젊으셨을 때의 건강한 모습으로 너무너무 잘 지내시고 계실 할머니를 매년 그곳에서 온 가족과 함께 만나 행복한 시간을 보내는 상상을 하노라면 입가에 미소가 지어진다. 분명 할머니도 좋아하실 거라 생각한다. 적어도 내가 매년 같은 날에 할머니를 잃은 기억을 떠올리며 슬픔에 빠져 있지는 않을 테니 말이다.

아빠에게 캠핑카 사 드리고
함께 캠핑하기

어느 날 밤, 타지에서 일정을 무사히 끝내고 숙소에서 쉬고 있었다. 동행한 후배는 성공한 후 무엇을 할지 이야기했다. 상기된 얼굴로 신나게 말하다가 아버지에 대해 이야기했다. 연세가 많은데 아직 건설현장에서 힘들게 일하시는 아버지의 모습에 마음이 아프다고. 성공해서 꼭 그 일 그만하시게 하고 싶다고. 그리고 아버지가 좋아하시는 자동차를 꼭 사 드리고 싶다고 했다. 진심 어린 그녀의 마음이 느껴졌다. 그녀의 꿈이 꼭 이루어졌으면 좋겠다고 생각하던 중 문득 우리 아빠가 생각났다.

30대 초반까지만 해도 나는 1년에 두 번, 명절에만 부산 고향집에 갔다. 그때 아빠랑 할머니 얼굴도 오랜만에 보고 집안 이야기도 하며 혹시 필요하신 업무가 있으시면 알아봐 드리곤 했다. 아빠랑 나는 여느 가정의 부녀지간과 달리 평소 전화통화를 거의 안 한다. 그러다보니 그날이 그동안 밀린 이야기들을 하는 시간이다.

그런데 한번은 아빠가 이런저런 이야기를 하시다가 생일선물로 오토바이를 사 달라고 하셨다. 아빠가 봐 둔 중고 오토바이가 있는데 100만 원 정도 한다고 하셨다. 일을 하고는 있었지만 변변한 직장을 다니는 것도 아니고 그나마도 서울에서 힘들게 자취를 하던 터라 사실 내게도 여유는 없었다. 아빠도 서울에서 일하는 딸을 보니 혹시나 하는 마음에 한번 던져보시는 말씀이겠거니 싶었다. 나는 "네."라고 대답만 하고는 약속을 못 지켰다.

그런데 1년이 지나고 아빠는 오토바이를 진짜 사셨다. 한 달 정도 일해서 오토바이 살 돈을 마련하신 것이다. 무역 쪽 일을 하시는 삼촌이 항구의 관리인 자리에 아빠를 불러 주셨던 것이다.

급여는 생각보다 높았고 일도 굉장히 단순한 데다 안정적이었다. 당시 삼촌이 임원급으로 근무 중이셔서 아빠에 대한 대우도 좋았다. 삼촌은 그 자리를 놓고 청탁도 받아 보셨다고 한다. 그러나 아빠는 정말 체질에 안 맞았다고, 겨우 버텼다고 엄살을 부려 할머니와 나의 미움을 샀다. 아빠의 목적인 오토바이를 사기 위해 그 일을 한 것이고 넉넉하게 자금이 생겼으니 딱 잘라 그만두신단다. 어찌나 얄미웠는지… 참 철없는 아빠다 싶었다. 어찌 되었건 아빠는 목적을 이루셨다.

아빠는 낚시광이다. 올 초 집에 도둑이 들었는데 아빠의 낚싯대만 훔쳐 갔다고 한다. 결국 골목 앞에 설치된 CCTV의 도움으로 범인을 잡았다. 나는 그때 아빠의 낚싯대가 60개나 된다는 것을 처음 알았다. 그렇지. 우리 아빠가 낚시를 정말 좋아하시지. 아빠는 명절에도 나랑 할머니가 기름을 튀겨 가며 음식을 준비하는 동안 낚시를 다녀오시곤 했다.

오토바이를 사신 후 한번은 홀로 옆 동네에 낚시를 다녀오시다가 위험한 일을 겪기도 하셨단다. 사실 그쪽 도로는 차들이 너무 빨리 달려 오토바이는 위험하다. 원래는 아빠 주변 분 중에 차가 있으신 분이 낚시하러 간다고 하면 동행해서 다녀오시는 편이었다. 그런데 일정이 잘 안 맞아 오토바이로 가시려고 한 것 같다. 하지만 생각보다 위험하다고 느끼셨는지 그 이후로 오토바이는 동네 마실용으로만 타시는 것 같다.

아빠가 바다가 좋아 낚시를 하시는지, 낚시가 좋아 바다에 가시는지 나는 모른다. 다만 아빠가 낚시만큼이나 바다를 좋아하신다는 것은 안다. 어릴 때 아빠가 산에 데리고 간 기억은 단 한 번도 없다. 하지만 바다라면 난 할 말이 너무 많다.

초등학교 시절 우리 집은 자주 바닷가에 해수욕을 하러 갔다. 그런데 야외취침이 함정이었다. 한번은 태풍이 불었다. 낮에도 바닷가의 바람은 굉장히 거칠었다. 그런데도 아빠는 집에 가자는 말을 안 하신다. 울고 싶었다. 분명 여름인데 그렇게 추울 수가 없었다.

비가 오는 날이면 물이 텐트 안으로 스며들어와 옷가지며 이불이 젖기도 했다. 그렇지만 집에 가자고 하지 않는 아빠. 날이 좋아질 때를 기다려 텐트 위에 빨래를 하나씩 걸쳐 놓고 말리는 게 어느새 일상이 된다. 씻는 것도 문제다. 유명 관광지가 아니라 샤워시설이 잘되어 있지 않았다. 아빠가 미리 이야기해서 부탁해 두신 민박집에 가서 잠시 씻고 나온 기억이 얼핏 난다. 그때는 뭐가 그렇게 눈치가 보였는지 그 민박집을 드나들면서 늘 쭈뼛쭈뼛거렸던 기억도 난다. 밤이면 모기도 쫓아내고 조명도 밝힐 겸 장작불을 지폈는데 이게 연기가 또 장난이 아니다. 하지만 연기를 안 마시면 밤새 모기랑 놀아야 하는 상황이었다.

낮 시간에는 음식 재료를 준비하느라 할머니를 따라 바위에 붙은 홍합이며 고동, 게를 채집했다. 할머니는 우리보다 더 고생하셨다. 그 상황에 요리도 하고 빨래까지 해결하셔야 했으니까. 지금 생각해도 대단하시다. 할머니와 함께 채취했던 홍합은 우리에겐 일상의 메뉴였다. 그런데 나는 어른이 되고 서울에 와서야 그런 걸 돈 주고 사 먹는다는 걸 알았다. 사실 홍합탕이 물려 한동안 홍합을 쳐다보지도 않았다.

어쨌든 이건 캠핑이 아니라 생존을 위한 몸부림이었다. 옛날 앨범에서 어릴 적 바닷가에 캠핑 가서 찍은 우리 사진을 보면 다들 난민 얼굴을 하고 있다.

이렇다 보니 그때의 우린, 도대체 언제 집에 가냐면서 신세를 한탄했다. 그런 바닷가 캠핑이 짧게는 3일에서 길게는 2주간 이어 졌다. 우린 여름방학이 되면 설레고 신나기보다는 아빠가 캠핑 가 자고 할까 봐 두려움에 떨었다. 그렇게 몇 해를 보내고 나서 우리 는 선포했다. 바다에 안 가고 싶다고. 결과는 대성공이었다. 아빠 는 단단히 삐지셔서, 다시는 같이 놀러 가자고 하지 말라시며 그 다음 캠핑부터는 정말 아빠 혼자 떠나셨다. 그 뒤로 우리는 다신 바닷가 텐트 캠핑장으로 가지 못했다. 몇 해가 지나자 바닷가 야 외취침 후 우리 집 옥상에서 텐트를 말리던 풍경도 사라져 갔다.

어른이 되고 나니 문득 그리운 그날의 장면들이 있다. 한번은 이른 아침, 텐트 문을 열고 나왔다. 그러곤 눈부신 태양 빛을 가 리며 부스스한 모습으로 바닷가로 갔다. 뭔가 잡고 있는 듯한 사 람들의 모습이 보여서다. 가까이 가 보니 해변까지 밀려온 멸치 떼들을 소쿠리로 건져 내고 있었다. 지금은 어림도 없는 일일 테 지만 그땐 가능했다. 나도 할머니께 뛰어가 소쿠리를 받아 들고 다시 뛰었다. 아침 내내 부서지는 태양 빛 아래에서 허리를 구부 려 멸치를 소쿠리에 담았다. 그 물고기들을 어떻게 요리해 먹었는 지는 기억나지 않는다. 하지만 모래 위에서 팔딱팔딱 뛰던 손가락 만 한 물고기를 손으로 잡거나 물속에 소쿠리를 담가 저어 가며

잡던 기억은 생생하다.

한번은 이런 일도 있었다. 우리 집은 기본으로 텐트 세 동에 파라솔이 꽂힌 테이블을 떡 하니 펴고 3층은 족히 되는 맥주 궤짝까지 쌓아 놓고 있었다. 그러자 피서객인 듯한 남자분이 다가오셔서 자릿세를 여기다 내면 되냐고 하셨다. 당시만 해도 성수기에는 눈치껏 자릿세를 내고 텐트를 칠 때였다. 그런데 우리 집이 워낙 판을 크게 벌여 놓아서 피서객이 아니라 자릿세를 받는 집이라고 착각했던 것이다. 우린 그 사람이 가고도 한참을 웃었다.

우리가 긴 시간 바닷가에 자리를 잡고 있으니 소식을 듣고 지인들이 찾아오곤 했다. 어른들은 깊은 밤까지 모닥불을 마주하고 맥주를 마시며 수다를 떨었다. 우리는 손님들이 사다 준 과자를 먹으며 놀곤 했다. 그때 이런저런 말소리, 웃음소리, 그리고 배경으로 깔린 잔잔한 파도소리는 참 아늑하게 들렸다. 공포의 캠핑이 어느새 그리운 추억이 되었다.

아빠는 지금도 여전히 낚시를 좋아하셔서 바다에 자주 가신다. 물론 오토바이도 아빠랑 같이 한 살 한 살 나이 든 모습으로 아빠 곁을 지키고 있다.

나도 이제는 캠핑을 제법 좋아한다. 그 이유가 어릴 적 추억이 그리워서라는 걸 어느 순간 알았다. 내가 경제적으로 어느 정도 안정이 되면 오토바이로 채워지지 않는 아빠의 허전함을 달래 드리고 싶다. 아빠가 그렇게도 좋아하시는 낚시를 마음껏 하시도록 캠핑카를 사 드리고 싶다. 안에 침대, 욕실, 조리대까지 다 들어가 있는 풀 옵션 카라반 캠핑카로 말이다. 아빠도 여전히 캠핑이 그리우신지 잘 모르겠다. 하지만 나는 아빠와 함께 캠핑카에서 석양을 등지고 홍합라면을 끓여 먹고 싶다. 어쩌면 그러고 나서 아빠랑 같이 나도 낚시를 하러 나갈지도 모르겠다.

사랑하는 사람들과 크루즈에서 파티하기

웹서핑을 하던 중 멋진 사진을 발견했다. 할머니 세 분이서 화려하게 차려입으시고 환히 웃고 계신 모습이었다. 검은색 드레스를 입고 화려한 목걸이를 하신 분이 계신가 하면 금색 숄을 멋지게 두른 분도 계셨다. 유독 얼굴이 고운 한 분은 화려한 색의 큼직한 플라워 프린팅 의상을 입으셨다. 알고 보니 이분들은 크루즈 선상 파티에 참여 중이셨다. 할머니 중 한 분이 크루즈 여행이 너무 가고 싶다고 하시자 손녀가 대기업을 퇴사하는 큰 결심을 내리고는 이 여행을 기획했다고 한다.

이 기사를 보고 크루즈 여행이라는 것에 대해 처음 알았다. 배라…. 그리고 보니 〈타이타닉〉이 크루즈 여행을 배경으로 한 영화 아니었던가. 그 고급스럽고 사치스러운(?) 여행이 홈쇼핑에 상품으로 나와 있다는 것을 전혀 알지 못했다. 기사의 주인공은 홈쇼핑을 통해 알았다고 하는데, 나는 TV를 보지 않아서 접할 일이 없었나 보다. 솔깃한 정보였다. 특히 선상 파티라니…. 마치 영화의 한 장면이지 않은가. 내 상상이 맞는다면, 선상 파티는 여자들이 멋진 드레스를 차려입고 고급스런 연주음악이 흐르는 배 위에서 함께 사교를 즐기는 그것이 아닌가. 사실 오랫동안 꿈꿔 온 장면 중 하나였다.

나는 이 호화스러운 여행을 내가 하게 된다면 누구와 함께하면 좋을지 생각해 봤다. 물론 친구들이 가장 편하고 좋을 것이다. 그런데 유독 생각나는 한 사람이 있었다. 언니였다.

어린 시절 우리 삼 남매는 부모님께 의존하며 자라지 못했다. 그러다 보니 언니는 맏이라서 맡은 역할이 조금 더 많았다. 특히 나는 어릴 때 난 버릇없이 언니한테 많이 대들기도 했다. 두 살 터울 언니랑 발차기를 하며 싸울 만큼 우린 과격한 편이었다. 하지만 언니는 언니였다. 내가 반항기에 접어들 중학생 때 내 입에서 욕을 잠재운 건 언니의 따끔한 한마디였다.

초등학교 3학년 때의 기억은 두고두고 생각난다. 할머니는 새벽에 일을 나가셔서 동생과 나와 언니는 등교를 알아서 해야 했다. 그러다 보니 준비물을 잘 못 챙겨 갈 때가 많았다. 물론 하루 전에 챙겨야 하지만 나는 그렇게 준비성 있는 학생이 못 되었다. 그날도 미술 준비물을 챙겨야 해서 준비물을 주섬주섬 챙기다 보니 등교해야 할 시간이 많이 지나 있었다. 그런데 사야 하는 물건까지 생겼다. 지각을 피할 수 없는 상황이었다. 게다가 우리 집은 학교에서 거리가 가장 먼 집이었다. 이미 난 울상이 되어 있었다. 나는 겁이 많아서 조금만 불안하면 신경이 엄청 예민해지곤 했었다.

결국 언니한테 짜증을 내기 시작했다. 언니는 천천히 해도 된다고 나를 다독였다. 언니가 같이 가 줄 테니 걱정 말라고 했다. 문구점에서 준비물을 사는데 또 안 챙긴 준비물이 생각났다. 다시 집에 가야 했다. 분명 선생님께서 지각하면 안 된다고 이야기했는데 지각을 하게 생겼으니, 겁이 나 울기 시작했다. 얼굴이 온통 눈물 콧물 범벅이 되어 꺼이꺼이 울었다. 이건 짜증이 아니라 오늘 선생님한테 혼날 것에 대한 공포였다. 언니는 자신이 이야기해 주겠다고 했고 그 말에 나는 겨우 울음을 그쳤다.

결국 30분 가까이 지각했다. 언니는 나를 데리고 교실 앞까지 따라와 주었다. 당연히 언니도 지각이다. 그날 담임선생님은 안 계셨고 항상 미스코리아처럼 사자머리를 연출하시는 미술 선생님이 우리를 맞아 주셨다. 평소 나를 예쁜이라고 부르시는, 살짝 부담스럽지만 나와 제법 친한 선생님이셨다. 언니는 준비물을 사느라 늦었다고 선생님께 이야기해 주고는 고학년 층으로 올라갔다. 나는 학교에 도착해서도 뭐가 서러운지 또 울음보가 터지고 말았다.

그런 나를 보시며 선생님은 왜 우냐며, 괜찮으니 자리에 가서 앉으라고 따뜻하게 말씀해 주셨다. 그제야 나는 다시 눈물을 닦고 안정을 찾았다.

선생님께서 1교시 수업을 조금 일찍 마쳐 주셔서 나는 곧장 언니 반으로 달려갔다. 아직 수업 중이었던 고학년 층 복도는 조용했다. 나는 그곳에서 혼자 책가방을 들고 고개를 숙이고 서 있는 언니를 발견했다. 언니는 나 때문에 지각하고 정작 본인은 대변해 줄 사람이 없어서 교실에 못 들어가고 있었다. 언니한테 왜 안 들어갔냐고 하니 그냥 웃으면서 쉬는 시간에 들어가면 된다고 했다. 그때 참 언니한테 고맙고 미안했다.

주말에도 할머니는 일하시느라 바빠 우리가 빨래를 해야 했다. 찬물에 손빨래를 하는 것은 힘들었다. 하지만 찬물에 손을 담가야 하는 것보다도 TV를 보지 못하고 빨래를 해야 한다는 것, 그것이 우리에겐 고문이었다. 철이 덜 든 나는 언니 말을 안 듣고 TV와 떨어지지 못했다. 역시 빨래는 언니 몫이었다. 언니가 묵묵히 혼자 화장실에서 훌쩍훌쩍 빨래하는 소리는 어느새 당연시되었다.

고등학교 때 언니는 태권도 선수로 뛰다가 아예 체육관 보조 사범으로 조기취업을 했다. 언니는 체육관을 하시는 친척분 집에서 지내게 되었다. 별일이 있지 않은 이상 집에는 거의 오지 않았다. 사교성이 좋은 언니는 엄마들 사이에서 인기가 좋았지만 언니는 입장이 달랐다.

언니는 친척분의 약속대로 전문대 진학도 하고 언니 자리도 더 뚜렷해지길 바랐다. 하지만 그렇지 못했다. 적은 보수는 잘 올라가지 않았다. 대학에 진학시켜주겠노라 한 약속도 아무런 소식이 없었다. 결국 선수생활 때 입은 무릎 부상을 제대로 치료하지도 못한 채 언니는 그 집에서 가출했다. 언니가 서울로 올라간다는 사실은 나 이외에는 아는 사람이 없었다.

서울로 올라간 언니를 다시 만난 건 병원에서였다. 오랜만에 연락이 닿은 언니는 무릎 수술을 했다고 했다. 간병인 할머니가 언니를 부축할 수 없으니 나더러 2주간 간병인으로 와 달라고 했다. 아르바이트 비를 넉넉히 주겠다고 하면서.

당시 잠깐 휴학하며 아르바이트 중이었던 나는 언니의 연락을 받자마자 당장 서울로 올라갔다. 언니는 그동안 서울에서 특수 분장사라는 꿈을 이루기 위해 고군분투하고 있었다고 했다. 학원에도 등록했지만 감당할 수 없는 수강료와 연수비용만 빚으로 떠안았다고 했다. 그리고 빚을 갚기 위해 골프장 캐디로 취직했단다. 그런데 어느 날 계단에서 넘어지는 사고를 당해 이렇게 수술까지 했다고 한다. 언니는 심각한 무릎 인대 파열로 장애등급까지 받게 되었다. 이 모든 사실도 나 이외의 가족은 몰랐다.

나도 아플 땐 기댈 사람이 언니뿐이었다. 서른네 살, 태어나 처음으로 수술대에 누워 6시간의 수술을 받았다. 당시 수술 사실도 언니와 형부 외의 가족은 아무도 몰랐다. 하지만 언니는 그다지 살가운 스타일은 아니다. 항암치료를 받을 때, 방에서 잘 나오지 못하고 누워만 있는 날이면 언니는 "또 환자놀이 하고 있어?"라며 한마디를 툭 던졌다. 구토증세로 식사를 거부하고 있으면 내 방에 와서 밥을 들고 와선 기어이 본인이 보는 앞에서 밥그릇을 싹 비우게 하곤 했다. 나는 그런 언니가 참 좋았다. 나도 징징거리는 스타일은 사실 딱 질색이니까 말이다.

독신주의자였던 언니는 스물여덟 살에 직장에서 만난 형부와 결혼했다. 언니는 모든 결혼 경비를 본인이 해결했다. 집안의 도움은 한 푼도 받지 않았다. 도움은커녕 결혼식 부조금까지 고스란히 사라졌다고 한다. 결혼식은 형부의 고향인 문경의 작은 식장에서 치러졌다. 그곳은 모든 것이 구수했다. 지금도 가끔 언니 결혼 앨범을 보면서 우린 배꼽을 잡고 웃는다. 신부 입장할 때 탄 그 황금마차는 직접 본 사람만이 알 것이다. 얼마나 우스꽝스러웠는지. 도저히 말로 설명할 길이 없다. 식장은 차치하고라도 메이크업에 웨딩드레스까지… 낭만을 좋아하는 언니에겐 너무도 안 어울리는 조합이었다. 하지만 어쩌겠는가. 현실 상황에 맞춰야 하니.

벌써 11년 차 부부지만 언니와 형부는 신혼여행을 가지 못했다. 3년 전, 언니와 형부는 가족들과 나를 데리고 제주도로 여행을 갔다. 나는 제주도 여행이 처음이었다. 그때 가슴에 대형거즈를 대고 압박용품을 착용한 상태였다. 곧 항암치료에 들어갈 예정인 나를 데리고 언니와 형부가 큰맘을 먹은 것이었다. 언니는 좋은 숙소를 잡고 유명한 식당을 검색해서 일정을 짜느라 일주일 내내 머리를 싸맸다. 사실 이때 언니는 신혼여행 온 셈 치겠다고 생각했단다. 여행은 너무나 즐거웠다.

나는 오래전부터 언니와 형부 둘만 여행을 보내 주고 싶었다. 신혼여행을 못 간 언니의 한을 풀어 주고 싶어서다. 그런데 크루즈 여행을 보면서 계획이 좀 더 추가되었다. 언니와 형부가 크루즈에서 리마인드 결혼식을 올리면 어떨까? 그리고 저녁에는 결혼식에 참석한 하객들과 함께 선상 파티를 여는 것이다. 그럼 나도 우아한 드레스를 입고 그 파티에 참석하고 있을 것이다. 그때쯤이면 우리 조카들이 결혼식 피아노 연주를 하고 있을지도 모르겠다. 평소 작은 일에도 감탄사를 연발하는 언니의 입에서 어떤 표현이 나올지 벌써부터 궁금하다.

버킷리스트 14

육아 코칭 전문가로서
강연하기

· 임 인 경 ·

임인경   엄마성장 코치, 육아 코치, 자기계발 작가, 동기부여 강연가

두 아들을 엄마표로 키워 보겠다는 신념을 꾸준히 지켜 온 열혈 워킹맘이다. 독서와 창의성, 자기주도적인 습관 기르기를 키워드로 한 육아를 실천하고 있다. 더 이상 누군가의 엄마와 아내로 남는 것이 아니라 '진정한 나'를 찾기 위해 도전하고 있다. 저서로는 《꼭 이루고 싶은 나의 꿈 나의 인생2》,《나를 세우는 책 쓰기의 힘》 등이 있다. 현재 엄마의 성장과 올바른 육아법을 주제로 한 개인저서를 준비 중이다.

- Email   smiling102@naver.com
- Instagram   imingyeong1866
- Blog   blog.naver.com/carommini
- Facebook   imingyeong

공감 치유 강연가로 살기

사람들의 삶은 잔잔한 이야기와 죽고 싶을 정도로 힘든 고뇌 그리고 역경을 견뎌 낸 성공 스토리로 이루어져 있다. 누구에게나 힘든 순간은 있기 마련이다. 하지만 그 상황을 어떻게 받아들이느냐에 따라 긍정적인 삶이 펼쳐질 수도 있고 되는 일 없는 삶이 될 수도 있다. 삶이 버겁고 힘겨울 때, 누군가 내 아픔을 읽고 공감해 준다면 얼마나 큰 위로가 될까.

나의 과거는 '되는 것 없는, 운이 없는, 슬픈, 우울한…' 이러한 단어들로 점철되어 있다고 해도 과언이 아닐 것이다. 부정의 씨앗은 친정아버지가 1년여 동안 병을 앓으시다가 내 나이 열세 살에 돌아가셨을 때 뿌려졌던 것 같다. 그 이후 형제들이 타지로 간 집에 엄마와 막내인 나 둘만 남겨졌다. 어머니께서는 새벽부터 논밭을 돌보셨다. 논밭일이 끝나면 서둘러 집으로 돌아와 내 아침밥과 도시락을 챙겨 주셨다. 한가한 낮 시간에는 새벽에 널어 둔 곡식을 걷기 위해 20여 분 자전거를 몰아 논밭에 다녀오셨다. 그러고는 버스를 타고 읍내로 나가셔서 밤새 갈빗집에서 일을 하셨다.

저녁 무렵 학교에서 돌아온 나는 헛간에 매어 둔 소의 똥을 마당 너머 텃밭에 치우고 지저분한 바닥을 물청소했다. 그러고선 "이제 깨끗해졌으니 밥 먹자!" 하며 소에게 여물을 듬뿍 주었다. 나와 소 둘뿐인 마당 넓은 집은 언제나 허전함으로 가득했다. 노을 진 하늘도 있었고 나보다 나이를 많이 먹은 석류나무도 있었지만 내 얘기에 눈을 껌뻑여 줄 상대는 소밖에 없었다. 마법구슬만 한 눈을 나를 따라 끔뻑끔뻑 굴려 대는 녀석에게 나는 자주 말을 걸곤 했었다. 자정이 넘어서야 골목 너머에서 택시 서는 소리가 들리고 숯불갈비 냄새가 지독하게 밴 엄마가 마당으로 걸어 들어오셨다. 나는 이런 엄마를 밤새 그리워했으면서도 반갑게 맞아 주지 못하는, 사춘기를 지독하게 앓고 있던 소녀였다.

이젠 내가 엄마가 되고 우리 엄마는 손주 재롱을 보며 편히 늙으시는 팔순 할머니가 되셨다. 엄마와 난 시골에서 지지리도 고생만 하다 형제 친척들이 모여 사는 도시로 올라왔다. 그러고선 '이제 난 그 지독한 외로움과 고생, 안 보고 살겠네' 하고 안도했었는데….

대학을 나오고 직장을 다니고 결혼해 남편과 아이도 있건만 여전한 이 헛헛함의 정체는 무엇인지. 밖에 나가선 호탕하게 웃곤 하지만 내 안에는 뭔가 불쾌한 것이 똬리를 틀고 앉아 있는 것 같았다. 그러니 될 일도 안 되고 때론 슬프기도 하고 우울하기도 한 중년의 아줌마로 늙어 가는 중이었다. 이 똬리의 정체가 무엇일까, 나에게 수없이 질문했다. 결론은, 유년시절의 긴 외로움이 지독한 부정의 감정이 되어 나를 따라다닌다는 것이었다.

이러한 결론이 서자, 이젠 부정의 추억일랑 그만 떨쳐 버리고 현재를 쌈박하게 바꿔야겠다는 생각이 들었다. 휴대전화로 뉴스를 보기 시작하면 기사에 조종당한 채 부정에 부정을 타고 여기저기를 헤매다 지쳐 나오기 일쑤였다. 이러한 사건·사고로 가득한 뉴스 기사들부터 눈앞에서 치우기로 했다. 그리고 나에게 부정의 말을 하는 사람과는 더 이상 타협도, 동정도 하지 않기로 했다. 친구가 되었건 이웃이 되었건, 심지어 형제까지도 나를 힘들게 하는 사람들은 일단 나의 온전한 행복을 위해서 멀리하기로 했다. 그동안 충분히 부정으로 힘들었기에 이제는 정말 나만을 위하는 행복한 이기주의자가 되기로 했다.

이제 나는 부정이 하나둘 빠져나가는 자리에 꿈을 심는다. 마음을 어루만져 주는 책, 열정을 불끈거리게 하는 책, 삶에 지혜를 주는 책들을 읽으며 마음 밭을 기름진 땅으로 만들고 있다. 그리고 꿈 하나를 조심스레 가져와 따스한 햇살이 내리쬐는 그 밭에 정성스레 심어 놓았다. 비가 내려 흙을 적시고 봄바람 불어 겨울눈을 간질이면 그 자리에 초록빛 꿈이 움트겠지. 꽃이 피고 열매가 맺히면 새들도 날아들겠지. 1년, 2년, 10년, 20년… 무성한 잎들이 초록 내음 뿜어내는 뿌리 깊고 굵은 튼튼한 나무를 상상한다.

본인은 원하지 않는다는, '스타강사'라는 수식어가 항상 따라다니는 김미경 강사. 그의 강연을 들으면 마음이 위로가 된다. 그의 한마디 한마디에 존경의 시선을 보내게 된다. 한 주제를 가지고 자신의 삶을 반추하며 위로를 담아내고 지혜를 담아내는 한 시간 이상짜리 원고가 멋지다. 그리고 그 원고를 여러 번의 리허설 끝에 맛깔나게 버무려 내는 그의 열정 가득한 강연도 그를 존경의 눈으로 바라볼 수밖에 없게 만든다.

3년 전 〈꼴통 쇼〉라는 인터뷰 형식의 프로그램에서 김미경 강사가 한 말이 기억에 남는다.

"나는 그저 강사도 아니고 선생님이고 싶어요. 이건 내 길이고 나다운 길이에요. 어디선가 누군가와 강연이라는 소통의 도구로 얘기하다 죽고 싶어요. 내 안에서 완벽하게 소화된 말만 나는 할 수 있어요. 남의 말은 못 해요. 사람마다 각자 자신의 말들을 가지고 있단 말이에요. 강사가 자격증이 필요한가요? 누가 자격을 줄 수 있어요? 10년, 20년 하다 보면 나에게 박수 쳐 주는 청중, 나와 함께하는 청중이 있어요. 그런 분들이 많으면 그게 자격증이지. 강사라고 명함 파는 건 쉬워요. 중요한 건 누가 나를 인정해 주는가 하는 것이지요. 똥배짱으로 내가 하고 싶어서 하는 것, 그러는 데 15년 걸려요. 박사는 죽어도 못 하는 얘기를 그 동네에서 30년, 40년 사신 분들은 할 수 있거든요. 강의에서 내뱉는 말들은 지어낸 말이 아니라 오랫동안 내 안에서 묵혀져 만들어진 말이기 때문이지요. 내가 할 수 있는 말이 50시간 100시간 정도로 풍부해야 그게 한 시간 정도로 축약되어서 입 밖으로 나오게 되거든요. 입은 출구에 불과해요."

또한 그 프로그램에서 인상 깊었던 그의 행동이 생각난다. 한 방청객이 그에게 조언을 구하고자 마이크를 잡았다. 마흔 넘은 그 방청객은 강연가가 꿈인데 스펙도 없고 말할 주제도 마땅히 없는 자신이 과연 강연가가 될 자격이 있는지 의문이 든다고 말했다. 그 질문을 듣고서 김미경 강사는 차분한 어투로 이렇게 조언해 주었다.

"스펙은 중요치 않아요. 얘기할 게 없으면 말을 안 하면 되잖아요. 아무리 강의가 하고 싶어도 내가 말할 게 생길 때까지 기다리는 것만큼 의미 있는 일은 없어요. 그때가 와요."

그리고는 한 마디를 덧붙였다. "말을 건강하고 씩씩하게 하는 사람일수록 또 아프고 힘든 게 있어요."라고 말이다.

아, 그 순간 내가 위로받고 있다는 느낌이 들었다. 이다지도 꼭꼭 숨겨진 타인의 아픔을 어떻게 읽어낼 수 있다니. 나도 내 아픔을 건강하고 씩씩한 말 뒤에 숨겨 두고 있었다. 아무도 모를 줄 알았던 아픔이었는데 그는 그것을 헤아리고 있었다.

김미경 강사와의 만남은 강연가의 길이 어떤 길이고 어떠해야 하는지를 깨닫게 해 주었다. 특히 내가 걷고자 하는 '공감 치유 강연가'는 타인의 아픔을 헤아릴 줄 아는 것만으로도 이미 8할은 성공한 것이라고 생각한다. 나머지 2할은 나의 지혜로 그들의 치유를 돕는 것이 아닐까.

아이와 엄마를 행복하게 하는
코칭 전문가 되기

어릴 적 나고 자란 정겨운 시골마을을 생각해 본다. 이웃마을 정거장에 버스가 서고 내 동무들은 10원짜리 동전을 들고 조그만 구멍가게를 기웃거린다. 돌처럼 딱딱한 사탕 한 알을 입에 물고 삼거리에서 터덜터덜 마을로 난 길을 걷는다. 초록 내음 은은한 따스한 5월 햇살 아래 논두렁에서 삐비(벼과에 속하는 다년생 초본식물)를 한 손 가득 뽑아 든다. 연한 솜털 알맹이를 질겅질겅 씹으니 달콤하기가 그지없다.

이제 우리 마을로 연결되는 나지막한 야산의 초입에 다다른다. 양쪽에 산을 끼고 난 그 길을 솔내음 맡으며 친구들과 걷는 건 유쾌한 일이다. 하지만 가로등도 없는 그 길가 묘지들 위에서 밤이면 도깨비불이 춤을 춘다는 친구들의 수다에 나는 잔뜩 겁을 먹었었다. 그렇게 걷다가 수풀 덤불을 양옆으로 젖히면 마을 초입에 들어서게 된다. 프랜시스 버넷의《비밀의 화원》처럼 말이다. 마을에 들어서면 산자락으로 이어진 넓은 밭과 논들, 완만한 언덕 위에 놓인 고인돌 그리고 마을 공동창고가 먼저 눈에 들어온다. 버스도 다니지 않고 구멍가게도 없지만 자연에 있을 건 다 있는 정겨운 우리 마을. 언덕에서 뛰놀고 구르고 산속의 나뭇가지를 모아 집도 짓고 개울가에서 물고기도 잡았었다. 그랬던 내 어릴 적 마을이 마흔 넘은 내 눈 속에 아직도 선하게 그려진다.

학원 대신 자연 속에서 뛰놀던 내 동무들은 몸도 마음도 건강했었다. 언덕과 산, 개울이 놀이터가 되어 줬고 나무와 풀, 돌멩이들이 장난감이 되어 줬다. 그 안에서 친구 간에 성적은 중요치 않았다. 같이 어울려 노는 사이에 우정이 싹텄다.

이제는 모습이 많이 달라져 내 머릿속의 앨범만 가끔씩 뒤적여 보는 수밖에 없다. 그건 도시 속에서 40대를 살아가는 내가 나만의 비밀의 화원을 걷는 일이다. 그래도 그때가 못내 그리울 때면 나는 자연의 감성이 살아 있는 책을 꺼내 읽고 영국의 고전영화들을 돌려 본다.

영국 출신 미국 작가인 프랜시스 버넷의《비밀의 화원》은 내 어릴 적 사랑과 우정을 되새김질하게 한다. 그리고 현재의 도시

아이들을 가여워하며 스스로에게 그들이 처한 상황의 문제점과 해결책을 끊임없이 질문하게 된다.

소설 속의 주인공 메리는 이기적이며 성질 고약한, 버림받은 열 살 소녀다. 군인인 아빠와 사교계의 여왕인 엄마의 무관심 속에 유모의 손에 상전처럼 자랐다. 이 장면에서 돈 버느라 바쁜 우리네 아빠와 사교에 바쁜 엄마의 모습 그리고 과잉보호 속에서 이기적이며 차가운 아이로 커 가는 요즘 아이들의 모습이 오버랩되는 건 나만의 과장일까? 엄마는 아이들과 싸울 용기를 포기했다. 그래서 아이들은 다람쥐 쳇바퀴 돌듯 학원 선생님의 손에 길들여지고 있다. 한창 자연과 책을 통해 꿈과 희망을 키워야 할 아이들 손에는 휴대전화가 쥐어진다. 아이들은 가상세계 속에서 죽이고 살리기를 반복하며 생명을 경시하고 꿈과 희망도 잃어 가고 있다.

그러던 중 메리의 부모님은 전염병으로 갑작스럽게 죽는다. 그리고 메리는 영국 요크셔에 있는 고모부의 대저택으로 가게 된다. 이 장면에서부터 나는 현시대 교육의 시사점과 해결책을 더 명확하게 이해할 수 있었다. 부모를 잃은 메리의 처지보다 더 기이한 고모부의 집. 드넓은 황무지 위에 우뚝 선 잿빛 대저택 안에는 화려하게 장식된 수많은 방과 바쁘게 움직이는 하인들이 있다. 대저택의 주인이자 메리의 고모부인 크레이븐은 아내의 죽음 후 아내와 가꿔 온 비밀의 화원 문을 잠가 버리고 열쇠를 땅에 파묻는다.

그러고선 병약한 아들 콜린을 남겨 두고 해외여행을 떠나 버린다. 콜린은 그렇게 무관심 속에서 삶의 희망을 잃었다. 그리고 암막커튼이 드리워진 방 안에서 시름시름 죽어 가고 있었다. 이 장면을 보며 '나는 시름시름 앓고 있는 현시대의 우리 아이들을 어떻게 치유해 줄 수 있을까?'라는 고민을 해 보기도 했다.

우선 대저택 하녀의 아들, 디콘을 주목했다. 디콘은 동물과 자연을 사랑하는 아이다. 황무지에서도 아름다움을 발견하는 아이다. 메리가 비밀의 정원을 발견했을 때 디콘은 죽어 가는 정원에서 생명의 소리를 듣는다. 그 둘은 그렇게 정원의 뜰을 가꾸며 밝고 긍정적이며 건강한 모습으로 변하게 된다. 어른들의 아픔과 무관심 속에 버려진 세상에서 생명을 발견하고 키울 줄 아는 아이, 나는 디콘을 현시대에 되살리고 싶다.

디콘이 그러했듯이 우리 어른들도 아이들의 마음속에서 생명의 소리를 들어야 한다. 디콘은 메리와 함께 비밀의 정원에 씨앗을 심고 정성 들여 가꾼다. 그렇듯이 우리 어른들도 아이들과 함께 희망의 씨앗을 심고 서로 부딪칠 것을 염려하지 않으면서 그 씨앗을 정성 들여 키워야 한다. 아름다운 꽃이 피고 나비가 날고 새들이 지저귀는 비밀의 화원은 한 가정의 아름다운 보금자리다.

콜린은 화원에서 메리와 디콘의 사랑과 응원으로 걸을 수 있다는 용기를 얻는다. 콜린은 부단히 연습해 두 발로 정원 밖을 걸어 나간다. 그렇듯이 우리 아이들도 부모와 함께 가꾼 아름다운 가정에서 용기를 갖고 세상 밖으로 나갈 수 있어야 한다.

나는 우리 집 아이들이 넘어졌을 때 단 한 번도 일으켜 세워 준 적이 없다. 응원해 주고 기다려 주면 아이는 응석을 부리는 일 없이 툭툭 털고 일어났다. 그러면 나는 아이에게 칭찬을 아끼지 않았다. 그래서인지 아이들은 가벼운 상처나 타박상 정도는 대수롭지 않게 생각하게 되었다. 건강을 자신하며 씩씩하게 자라고 있다.

지금은 도시에 살고 있는 우리 아이들이 어릴 적 자연 속에서 느꼈던 내 감수성의 반만이라도 갖고 자라길 바란다. 자연의 소중함을 느끼고 아끼고 사랑하며 그 속에서 순수한 희망을 찾길 원한다. 그래서 산에 자주 데려가거나 자연 다큐멘터리를 보여 주기도 한다. 자연의 소중함을 느낄 수 있는 책을 읽어 주고 돋보기와 스케치북을 들고 나가 아파트를 끼고 흐르는 냇가의 풀들을 그려 보여 준다. 그리고 저마다 생김새가 다르지만 잘 어울려 살고 있다는 것을 알 수 있도록 도와준다. 그러면서 아이들은 자연을 가깝게 여기게 되었다. 작은 벌레와 길가의 풀꽃들에게도 말을 건네며 관심의 눈길을 주곤 했다. 이렇게 자연 현상에 호기심을 느끼고 상상의 나래를 펼치면서 자란 아이들은 세상을 신기하고 긍정적으로 바라볼 수 있다고 생각한다.

나는 아이들에게 젖을 물리면서부터 육아서들을 읽었다. 내가 읽은 책들을 남편에게 권하기도 했다. 혼자서는 올바른 육아를 해 나갈 수 없음을 느꼈기 때문이었다. 남편에게 내 육아관을 공감시킬 필요가 있었다. 부모가 서로 같은 방향을 바라봐야 갈등 없는 육아를 할 수 있다. 아이를 키우며 읽는 육아서는 망망대해를 항해할 때 방향을 잃지 않게 하는, 혹 방향을 잃었더라도 다시 길을 찾을 수 있게 하는 하늘의 별자리와 같다.

나는 우리 아이들이 자연을 사랑하고 창의적인 생각을 하며 미래 사회를 밝게 이끌어 가길 바란다. 그 사회는 혼자서만 이룰 수 없다. 이 시대를 살아가는 모든 아이들이 행복하게 꿈꾸고 각자의 개성이 융합될 때 가능하다고 생각한다.

나는 우리 시대의 아이들이 비밀의 화원 속에서 착한 본성을 깨우고 따스한 인간관계를 회복하길 바란다. 그러기 위해서 내가 먼저 우리 아이들의 디콘이 되어 줄 것이다. 다른 부모들도 디콘의 역할을 할 수 있도록 일깨워 줄 것이다. 우리 아이들에게 희망의 씨앗을 찾아 비밀의 화원을 가꿀 수 있도록 도와주는 이 시대의 진정한 멘토가 될 것이다. 그러기 위해서 나는 꾸준히 연구해 희망을 제시하는 책을 쓸 것이다. 그리고 멘토로서 부모와 아이들을 만나는 노력을 아끼지 않겠다.

영어를 자유롭게 구사하며
세계 곳곳에 친구 만들기

　스물한 살, 시장통 초입에 있는 작은 방 안에서 나는 한비야의 《바람의 딸 걸어서 지구 세 바퀴 반》에 빠져 있었다. 한동안 책과 소원하게 지냈던 내가 어떻게 이 책을 만나게 되었는지는 모르겠다. 그러나 신기하게도 그녀의 세상 이야기에 호기심이 일었던 것이다. 문득 그녀가 걷고 있는 오지의 나라들이 지구 어느 편에 있는지 궁금해졌다. 나는 책장에서 뿌옇게 먼지 앉은 고등학교 세계지리부도를 꺼내 펼쳤다. 그러고선 그녀의 울고 웃는 이야기가 끝날 때까지 그 세계지리부도를 옆구리에 끼고 지냈었다.

　지금 생각해 보면, 세계에 대한 지식도 큰 관심도 없던 내가 시골에서 고등학교를 졸업하고 도시로 이사 올 때도 그 교과서를 버리지 않고 챙겨 온 게 우연이었을까? 사실은 내 마음속 깊은 곳에 세계로 향한 열정이 숨 쉬고 있었던 것은 아닐까.

시골에서 자란 나는 산과 들을 누비고 다녔다. 병풍처럼 마을을 둘러싼 산과 남쪽으로 펼쳐진 논과 강에는 수많은 생명들이 팔딱거렸다. 나는 언제나 그것들에게 손을 내밀었다. 시골마을이라는 작은 세계 안에서도 해마다 그리고 계절마다 내가 만나 주길 기다리는 갖은 이야기들이 가득했었다. 그렇게 들판을 헤집고 다니면서 용기가 생긴 건가. 초등학교 4학년 때쯤에는 동네 친구들과 자주 오르던 마을의 깊은 산 정상을 혼자서 오르고 있었다. 두려움도 없이 나무들을 친구 삼아 정상을 향해 가쁜 숨을 헐떡였다. 내 앞에 동그란 하늘이 보이자 기분이 상쾌해졌다. 정상에 올라서니 바람이 날 반갑게 맞아 주었다. 무모했지만 잘 왔노라고 내 이마를 쓸어 주었다. 그러고 나서 나의 산 친구들은 고맙게도 무사히 나를 집까지 바래다주었다.

중학교 때의 일도 생각난다. 언니, 오빠들은 타지와 기숙사로 떠나고 없었다. 혼자서 자정 무렵 식당일을 마치고 돌아오실 엄마를 기다리는 시간은 외로움으로 가득했다. 동네의 많은 친구들 중에서도 유난히 나를 좋아해 줬던 현숙이는 해 질 무렵 언덕에서 나와 함께했다. 언덕 위의 큰 고인돌에서 노을이 물든 하늘을 바라보는 건 최고의 선물이었다. 밤마다 카세트테이프에서 다정한 목소리로 읊어주던 시들을 나는 그 언덕에서 저녁노을을 바라보며 읊고 노래 불렀었다. "시몬 너는 좋으냐? 낙엽 밟는 소리가."로 유명한 프랑스의 레미 드 구르몽과 체코 프라하의 시인 라이너 마리아 릴케, 영국의 낭만주의 시인 윌리엄 블레이크와 워즈워스 등. 그들의 시는 그들의 나라까지 낭만적으로 그릴 수 있게 해 주었다. 직장에 들어가서는 영어를 배우겠다는 목적으로 영어영문학과에 편입했다. 하지만 그들의 영시를 더 깊이 배울 수 있다는 기대가 없지 않았던 것 같다.

그렇게 시골 촌뜨기였던 내가 직장생활을 하던 중에 해외에 나가게 되었다. 우연이었는지 내가 운이 좋았던 건지 두 번이나 프랑스로 출장을 가게 되었다. 파리 드골 공항에서 버스로 파리 시내에 도착하면 호텔에서 체크인도 하지 않은 채 캐리어백을 끌고 밤새 시내 곳곳을 쏘다녔다. 다음 날 아침 거래처 직원이 자가용으로 데리러 올 때까지 나는 파리의 호텔 주변을 산책했었다. 그러면서 불어로 된 신문과 예쁜 엽서를 파는 가게를 기웃거리곤 했다. 그렇게 낯선 나라, 낯선 도시의 아침을 즐겼다.

거래처 직원이 오면 2시간여를 달려 한적한 시골로 들어갔다. 그리고 그곳에서 3일을 일하고 다시 파리 시내로 나왔다. 비행기를 타기까지 하루하고 반나절은 온전히 내 시간이었다. 하지만 일할 거리만 준비했지, 프랑스에 대해서 그리고 파리에 대해서는 아는 것이 전무했었다. 영화 〈퐁뇌프의 연인들〉에서 본 퐁뇌프 다리와 〈노틀담의 꼽추〉에서 들어 본 노틀담 성당, 개선문, 샹들리제 거리, 베르사유 궁전, 몽마르트르 언덕, 루브르 박물관 이 모든 건 단지 내게 '명사'일 뿐이었다. 아는 것도 없고 간절한 기대도 없고 스토리도 없었으니 그것들은 내게 의미 없는 것들이었다. 그저 출장 그 자체의 프랑스행이었다. 그 다음 프랑스행 출장에서도 달라진 건 없었다. 한비야의 여행기를 읽으면서 불끈거리던 심장은 어디로 갔는지, 기회가 주어져도 즐기지 못하고 있었다.

하지만 먹고살기 바빴건 열정이 부족했건 간에 나는 아직도 다른 여행가들의 여행기를 읽으며 설렘을 가득 안고 살고 있다. 어느 정도 영어로 대화가 가능하고 경제적으로 준비가 된다면 꼭 떠나리라. 그런 희망으로 요즘도 여행서들을 기웃거린다.

다큐멘터리 작가 홍하상의 《프랑스 뒷골목 엿보기》에서는 출장에 갔을 때 미처 몰랐던 예술가들의 뒷골목을 작가의 친절한 설명을 들으며 걸었었다. 아나운서에서 여행작가로 변신한 손미나의 《파리에선 그대가 꽃이다》를 읽을 땐 프랑스 대문호들이 문학 살롱을 열었던 '레 뒤 마고' 카페에 앉아 그곳을 찾은 손님들과 에스프레소 한 잔을 앞에 두고 철학을 논하기도 했다. '셰익스피어 & 컴퍼니' 서점에선 문학가와 예술가들을 만나 그들의 진솔한 이야기를 듣고 있기도 했다. 《스페인 너는 자유다》에서는 삶을 뜨겁게 살아가는 그녀의 열정을 보며 내 가슴도 뜨거워졌었다. '합쳐서 계란

세 판'이라는 문구로 유명한 유명한 태원준 작가와 환갑인 그의 어머니와의 여행기를 읽으면서는 아들만 둘인 나의 환갑도 스펙터클하게 치러 보겠노라며 행복한 상상을 했었다. 작가들이 세계를 누비며 만난 사람들과 편견 없이 어울리고 친구가 될 땐 나도 그들 속에서 서로의 문화를 이해하고 배우며 어우러지고 있었다.

이제 나는 나와 우리 가족의 여행을 계획하려고 한다. 사막 한가운데에서 쏟아지는 별을 이불 삼아 밤을 보내고 아이슬란드에서 오로라를 보며 지구의 신비함을 느껴 보고 싶다. 스페인의 어느 시골 마을에 들어가 한 달 정도를 동네 사람들과 친구가 되는 여행이어도 좋겠다. 파리에서 한 달을 머물며 홍하상 작가처럼 파리의 뒷골목만 어슬렁거려도 재미있겠다. 세계 곳곳의 현지인들과 친구가 되고 집에 초대받고 초대하는 지구촌 가족이 되는 것도 의미 있는 일이겠다.

그런데 경제적인 자유는 어찌할까나? 에라, 하늘에 맡기자. 이러한 즐거운 상상만으로 하루를 가치 있게 산다면 하늘도 감동하시지 않을까. 일단은, 곧 닥칠지도 모르는 세계여행을 대비해 언어로부터의 자유를 준비해 두자. 그들과 자유롭게 삶을 대화하려면 열린 마음도 준비해야겠다. 이렇게 내일을 사는 나는 행복하다. 꿈꾸는 건 자유이니까.

조화로운 인생 살기

제임스 아서 레이의 《The Harmony(조화로운 인생)》라는 책의 서문을 읽다가 "유레카!"라고 외쳤다. 이 책에서 제임스는 부의 5대 조건, 즉 금전·관계·정신·육체·영혼이 조화를 이루었을 때 인생 또한 조화로울 수 있다고 말한다. 이 모두는 상호 의존적이어서 하나라도 소홀히 할 수 없지만 다섯 가지 요소가 모두 균형을 맞출 필요는 없다. 완벽한 천칭의 균형에는 생동감도 떨림도 없다. 따라서 균형이 아닌 조화를 목표로 이 다섯 가지 요소에 관심을 기울여야 한다고 말했다. 그러면서 내가 유레카라고 외친 한 예를 들어 보여 줬다.

"재즈 연주자들은 정해진 멜로디를 연주하는 것보다 즉흥 연주를 하는 경우가 더 많다. 연주자들은 미묘한 음의 차이에 생명을 불어넣고, 각자 자신의 파트를 연주함으로써 마법처럼 놀라운 완전체를 이룩한다. 이게 바로 '조화'다."

나는 모든 장르의 음악을 좋아하고 다양한 종류의 음악을 들어 왔다. 어렸을 때는 부모님의 영향으로 트로트를 들었다. 좀 더 커서는 나이 차가 많이 나는 형제들의 영향으로 7080 음악에 친숙했었다. 고등학교와 대학교에 다닐 때는 헤비메탈이나 록에 심취해 긴 머리 휘날리는 남성만 보면 가슴이 뛰곤 했다. 직장을 다니면서는 휴대용 CD 플레이어에 뉴에이지 음악을 꽂고 다녔고 올드 팝, 제3세계 음악, 클래식 순으로 즐겼던 것 같다. 그 중간중간에는 세대를 대표하는 가요들도 빼놓지 않았다.

하지만 오래도록 나를 가장 자유롭게 하는 음악은 재즈였다. 난해하다고들 하는 이 장르에 사람들이 왜 매력을 느끼는지는 알 수 없다. 하지만 난 재즈를 생각할 때 '자유와 여유'를 떠올릴 수 있었다. 재즈의 매력을 통해 마법같이 완벽한 내 인생의 조화를 생각해 본다. 균형이 아니라 역동적이고 생명이 가득한 인생의 조화를. 어차피 오늘은 세상 모든 이가 살아 본 적 없는 첫날이다. 그러하기에 누구도 어떤 일이 일어날지 하루를 정확하게 예측할 수가 없다. 하지만 우리는 지금까지 살아온 경험에 의해 즉흥적으로 하루를 연주할 수는 있다. 그리고 재즈 연주자들이 각 파트의 즉흥 연주 속에서 한 곡의 완전체를 만들어 내듯이 우리도 즉흥적인 하루 속에서 위의 다섯 가지 요소들을 이용해 완전체를 만들 수 있는 것이다.

먼저, 제임스가 말한 조화로운 인생의 다섯 가지 요소 중 하나인 금전의 풍요를 생각해 본다. 돈이 있어야만 인생이 행복한 건 아니지만 분명, 돈이 있음으로 인해 누릴 수 있는 행복은 아주 많다. 나는 지금까지 돈에 대해 심각한 갈증을 느껴 왔다. 그렇기 때문에 돈이 관계와 정신과 육체, 영혼의 풍요에 좀 더 집중할 수 있도록 도와준다고 생각한다. 한 예로, 가정이 경제적으로 안정적일 때 나뿐만 아니라 남편과 아이들은 바깥 활동에 자신감을 갖고 임할 수 있다.

그렇다면 이러한 금전의 풍요를 위해 나는 어떠한 노력을 기울여야 할까? 이전까지 나는 금전으로부터 해방되는 길은 죽도록 노력해서 부자가 되거나 경제력을 갖춘 부모를 만나는 것이라고 생각했다.

일단 나는 금전에 관해서는 부모 복이 없다. 또한 현재로서는 나의 아이들에게 금전적인 부모 복을 물려줄 수 있을지도 장담할 수 없다. 그렇다면 내 의지로도 할 수 있다는 하나 남은 노력에 집중해 보자. 제임스는 여러 가지 행동 중에 '감사함'을 꼽는다.

감사는 에너지를 상승시키고 기분을 좋게 만들며, 원하는 것들을 더 강력하게 끌어온다고 말한다. 그래서 현재에 감사하고 미래의 소망하는 것들에 감사하라고 말한다. 감사해 보자. 오늘 당장 작은 것에서부터 감사함을 찾아보자. 그리고 나와 타인을 사랑하는 마음을 담아 나의 타고난 가치를 세상에 널리 확장시키고 금전의 풍요를 누려 보자.

관계의 풍요는 어떠할까? 제임스는 관계에 대해서 자기 자신과의 관계, 다른 사람들과의 관계, 세상 전반과의 관계로 나눠서 말한다.

자기 자신과의 관계에서는 "올바른 사람을 찾는 것보다 올바른 사람이 되는 것, 다른 누군가와 조화를 이루려고 노력하기 전에 자기 자신과 조화를 이루는 것이 더 중요하다."라고 말했다. 그러면서 다른 사람과의 관계가 향상되었다는 것은 곧 자신과의 관계가 치유되었다는 것을 뜻한다고 말했다. 더불어 곧 다른 모든 관계들도 치유될 것이라고 덧붙였다.

과거와 현재의 나의 관계를 되짚어 보면 제임스의 말이 옳음을 알 수 있다. 먼저 중학교 시절로 되돌아가 본다. 외롭고 불안한 시기를 보낸 그때, 나는 체육시간에 하는 발야구나 배구 경기에서 늘 자신이 없었다. 평소 운동신경이 좋은 편이었는데도 좋지 않은 나 자신과의 관계가 친구들과의 관계까지 의심하게 했다. 친구들이 보는 앞에서 의식적으로 실수를 함으로써 동정을 받고 싶은 마음이 내재되어 있었던 것이다. 하지만 그 상황으로 인해 나는 팀원들의 원망을 들어야만 했다. 나는 나 자신을 더욱 가치 없는 인간으로 추락시키고 있었다.

별것 아닐 수 있는 사건일지 모르지만 자신에 대한 그러한 폄하는 성인이 되어서까지 지속되었다. 시간이 흘러 그 장면이 문득문득 떠오를 때면 '내가 나 자신을 사랑하지 못했었지' 하는 마음이 들어 내가 애처롭기까지 하다.

지금은, 내 과거의 아픔을 이해해 주는 남편이 있다. 그리고 내가 사랑하고 나를 사랑해 주는 두 아들과 함께하고 있다. 그 생활 속에서 나는 과거의 나와 자연스럽게 결별하고 있다. 결국 관계를 회복시켜 주는 모든 것은 사랑이다. 제임스의 말대로, 나 자신과의 관계 회복은 이웃과의 관계 개선으로 이어졌다. 앞으로는 나의 가치 있는 활동을 통해 세상 전반과의 사랑의 관계를 꾀할 것이다.

제임스가 말한 나머지, 정신·육체·영혼은 나 자신과의 관계 회복을 통해서 자유롭게 펼쳐지고 있다. 정신의 풍요에 대해 제임스는 "만약 당신의 천재성을 어디에서도 찾기 어렵다면 당신이 좋아하는 것, 시간이 쏜살같이 가는 것처럼 느껴지는 일들이 무엇인지 생각해 보라. 아무리 힘들더라도 기쁨을 주는 일에 정신을 집중해야 한다."라고 말한다.

마흔이 넘고 나 자신을 사랑하면서부터 세상 밖으로 눈을 돌리게 되었다. 알고 싶은 게 많고 하고 싶은 것도 많아졌다. 책을 읽고 글을 쓰면서 앎의 깨달음에 기쁨을 느끼고 정신이 풍요로워지고 있음을 느낀다.

더불어 나 자신과의 사랑과 정신의 풍요로움은 내 육체의 진정한 가치를 깨닫게 하고 사랑으로 보살피게 한다. 영혼 또한 자신과 세상을 사랑하고 정신과 육체의 풍요 속에 있을 때 밝은 길이 펼쳐진다. 제임스는 누군가 또는 뭔가에 완전히 몰입해서 자신을 바치는 사랑에 빠지라고 한다. 그때 영혼의 부를 얻을 수 있다고 말했다.

나는 이 다섯 가지 요소의 조화로운 부를 형성하며 의미 있는 인생을 살고 싶다. 금전과 관계, 육체와 정신 그리고 마지막으로 영혼의 다섯 파트가 즉흥적이지만 조화롭고 생동감과 떨림까지 선사하는 멋진 재즈 한 곡의 인생을 꿈꾼다.

평생 도전하고 꿈 이루며 살기

　지식과 기술이 넘쳐 나는 시대, 나는 그 속에서 나만의 인간적인 가치를 발굴하며 살고 싶다. 우리는 언제까지 인터넷 키워드 하나만으로 검색이 가능한 지식과 기술을 익히느라 젊음을 소비해야 하는가? 머리는 거대해지고 있으나 가슴이 없는 메마른 인간으로 살아가고 있는 것은 아닌지 되돌아봐야 할 때다. 나는 인터넷에 널려 있는 그런 지식들이 아닌 나다움의 가치를 창조하며 살겠다.

　조슈아 J. 마린은 인생의 가치를 이렇게 말했다.

　"도전은 인생을 흥미롭게 만들며 도전의 극복이 인생을 의미

있게 한다."

누구나 흥미롭게 살기를 원하지만 모두가 도전하며 사는 것은 아닐 것이다. 왜냐하면 도전이라는 것은 실패에 대한 두려움을 극복하는 것이 먼저이기 때문이다. 하지만 진정으로 인생의 의미를 찾고자 한다면 결코 현재에 머물러 있어서는 안 된다.

나는 한 번 사는 인생, 그저 그런 인생이 아닌, 흥미로운 인생을 살련다. 누구나 흥미롭게 살기를 원하지만 모두가 도전하며 사는 것은 아닐 것이다. 아름다운 피아노 선율도 들었다가 찢어지는 듯한 현악기 음에 아파해 보기도 할 것이다. 부드러운 하모니카 연주에 아름다운 추억을 되새겨 보고도 싶다. 다양한 음악을 접해 보기 전에는 내가 진정 어떤 장르의 음악을 좋아하는지 알 수 없다. 내가 무엇을 할 수 있는지, 어떤 삶을 살 수 있는지 도전하지 않고서는 알 수가 없는 것이다.

"가만히 있으면 중간이라도 간다."라는 속담이 있다. 하지만 지금은 아무것도 안 하고 있으면 중간도 못 가는 세상이다. 그리고 그 '아무것도'가 맹목적이어서는 안 된다. 어떤 일을 하더라도 그것을 나의 의지로 이루었을 때 나다운 일을 하는 것이고 나의 가치가 성장하는 것이다. 나만의 경험을 통해 눈에 보이지 않는 나만의 가치를 끌어내는 일, 이게 바로 인간다움의 가치이고 나다움의 가치다.

우선 나의 가치, 나다움을 찾기 위해 나는 도전할 목록부터 작성할 것이다. 예전부터 하고 싶었지만 "네가 할 수 있을까?"라는 무시가 섞인 한마디에 그만두었던 일, 어렵다며 지레 포기했던 일을 적어 본다. 그리고 나를 단련시키면서 도전하기에 쉬운 일부터 천천히 큰 용기를 필요로 하는 일까지 천천히 해 나갈 것이다.

- 책을 일주일에 두세 권씩 1년에 130권 이상 읽기
- 1년에 각기 다른 분야의 개인저서 2권씩 출간하기
- 영어로 대화가 가능한 실력 갖추기
- 사진 기술 익히기
- 악기 하나 다루기
- 한국에서 재즈 공부한 후 파리에서 유학하기
- 프랑스어 익히기
- 심리학과 철학 공부하기
- 가족과 함께 산티아고 순례길 걷기

나는 평소 일주일에 책을 두세 권씩 꾸준히 읽어 오고 있다. 책은 읽으면 읽을수록 끌어당기는 매력을 가지고 있다. 그래서 나는 어디를 가든 항상 손에 책을 들고 다닌다. 엘리베이터를 기다리면서 또는 타고 있으면서도 책을 읽는다. 그리고 운전하다가 긴 신호가 걸렸을 때, 횡단보도의 신호를 기다릴 때도 짬짬이 책을

읽고 있다. 이 시간들을 합하면 수십 페이지는 거뜬히 읽을 수 있다. 독서가 어려운 시간에는 현재 읽고 있는 책과 관련된 유튜브 강연 영상을 듣고 보거나 휴식을 위한 음악을 듣는다. 이렇게 하루를 보내고 나면 뿌듯함이 생기는 동시에 내일을 즐겁게 보낼 수 있는 힘을 얻는다.

다양한 분야의 책을 읽다 보면 작가로부터 얻은 지식과 그로부터 확장된 나의 아이디어로 나 역시 1년에 책 두 권쯤은 펴낼 수 있겠다는 생각이 든다.

나의 오랜 꿈, 영어로부터의 자유! 다양한 시도를 해 보았으나 이루지 못했다. 내 노력이 부족한 것이었으려니 생각한다. 그러니 나는 오늘도 노력하고 내일도 노력해야 한다. 다양한 나라를 경험하고 싶고 다양한 친구들을 만나고 싶다. 번역가에 의해 왜곡되거나 걸러진 번역서가 아닌 원작의 가치를 그대로 느껴 보고도 싶다.

일상과 여행을 기록하는 일에는 문자 기록도 있지만 사진으로 남기는 것 또한 있겠다. 이는 추억을 좀 더 확실하게 표현할 수 있는 좋은 수단일 것이다. 전에도 블로그를 통해 사진으로 일상을 기록한 경험이 있다. 하지만 제대로 된 기술과 철학을 배워 기록한다면 참 멋진 앨범이 되지 않을까.

여기에 더해 악기 하나쯤 다룬다면 일상이 좀 더 풍요로워지리라. 가볍게 불 수 있는 하모니카여도 좋겠고 오래 공들인 피아

노가 되어도 좋겠다. 그 기분을 살려 평소에 즐겨 듣는 재즈 음악에 대해 전문가의 도움을 받아 보는 것도 아주 의미 있는 일일 것이다. 시작은 가볍게 취미 재즈 보컬로 시작할 수 있을 것이다. 그러다 열정이 넘쳐 내 안의 재즈 리듬을 자꾸만 발굴해 보고 싶어진다면 예술과 철학이 살아 있는 도시, 파리로 유학을 가 보는 건 어떨까.

아! 파리로 유학을 가려면 프랑스어가 뒷받침되어야 하는 건 기본이겠지. 고등학생 때 제2외국어로 프랑스어를 배우긴 했다. 하지만 신기하고 아름다운 그 나라 언어는 참 극복하기 어려운 대상이었다. 하지만 어쩌겠나, 목표가 있다면 도전해야지!

파리에 갈 거라면 심리학과 철학도 좀 공부해 봐야겠다는 생각이 든다. 파리의 카페에선 철학적인 대화들이 오간다지 않았던가. 철학을 고작 몇 년 공부한 것으로는 철학이 습관화된 그들과 몇 마디 나눠 보기도 힘들 것이다. 하지만 그들 속에 어울려 그들의 철학을 듣는 것만으로도 신선한 경험이 될 것이다. 그러면 내 내면을 깊이 들여다볼 수 있고 삶의 철학을 바로 세워 좀 더 지혜롭게 살 수 있지 않을까.

생각만으로도 벌써 유럽이 가깝게 느껴진다. 그러면 몸과 마음의 체력을 단련시키기 위해 산티아고 순례길에 도전해 보자. 나는 이곳을 남편과 두 아들과 함께 갔으면 좋겠다. 이 험난한 길을 걸어 내려면 아들들이 이 여정을 납득할 수 있는 나이는 되어야 겠지.

아! 이러한 도전은 생각만으로도 환상적이다. 하지만 생각만 하면 내 것이 될 수 없다. 도전은 인생을 흥미롭게 하고 극복은 인생을 의미 있게 한다고 하지 않았나. 그러므로 나는 인생을 흥미롭고 의미 있게 살겠다.

버킷리스트 14

모든 여성들에게
행복을 선물하는
메신저 되기

· 이 해 주 ·

이해주
**필라테스 · 자이로토닉 국제 강사, 피트니스 통역가, 자기계발 작가, 감정치유 코치,
행복 메신저, 아로마 테라피스트**

일찍이 직장인으로서의 삶을 과감히 포기하고, '꿈'만을 좇으며 살아온 드림워커다. 여행을 통해 이루어지는
내적 성장을 사랑하며, 지금껏 20개국의 50여 개 도시를 여행했다. 본연의 아름다움을 잊은 채 불행한 삶을
사는 세상의 모든 여성들에게 '행복'을 선물해주는 메신저가 되고자 한다. 또한 살면서 마주하는 수많은 좌절
속에서도 나다운 모습으로 행복하게 살기 위해 자기계발과 도전을 꾸준히 해 왔다. 현재는 나답게 행복하게
사는 법에 대한 개인저서를 집필 중이다.

· Email shinehaejoo@naver.com   · Instagram rosypila

나의 지식과 경험을 담은
책 매년 두 권씩 출간하기

어린 시절, 맞벌이하시는 부모님 때문에 집에서 동생과 단둘이 혹은 나 홀로 보내야 하는 시간이 많았다. 주변의 친구들은 엄마와 많은 시간을 보냈다. 하지만 나는 책을 읽으며 시간을 보내는 것이 유일한 낙이었다. 소파 구석에 몇 시간이고 쪼그려 앉아서 동화 전집을 읽어 버리곤 했다. 집안 사정을 알 리 없던 나는 밤늦게 퇴근하시는 부모님을 붙잡고 책을 다 읽었으니 더 사 달라고 귀찮게 했다. 언제 도착할지 모르는 새 책들이 오기 전까지는 같은 책을 읽고, 또 읽었다. 내가 사는 현실과 다른 세계에서 사는 사람들의 이야기들이 신기하고 흥미로웠다.

엄마께서는 한때 그 당시 유행하던 '책 대여점'을 운영하신 적이 있다. 책을 좋아하던 나에겐 그곳이 천국이나 다름없었다. 학교가 끝나면, 엄마도 있고 책도 가득 찬 가게로 향하는 게 그렇게나 행복했다. 책 향기가 풀풀 나는 그곳이 좋았다. 보고 싶은 책들을 마음껏 꺼내 볼 수 있는 특권이 좋았다.

그러다가 엄마가 책 대여점을 그만두게 되었다. 나는 그 누구보다도 아쉬워했다. 그때부터였던 것 같다. 수백 권의 책들로 빼곡한, 책 향기로 가득한 나만의 공간을 갖고 싶다는 꿈이 생긴 것은. 지금도 여행을 갈 때면 책 향기가 가득한 서점들을 먼저 찾게 된다. 향기는 사람 뇌의 깊은 곳에 가라앉아 있는 희미한 추억들을 떠올리게 한다. 마찬가지로 책 향기는 순수했던 나의 어린 시절로 돌아가게 해 주고, 마음의 안정을 찾아 준다.

나는 고등학교를 졸업한 후부터 부모님과 떨어져 기나긴 자취생활을 해 왔다. 작은 도시에서 지내다가 꿈에 그리던 서울에서 하는 자취생활은 진정 꿈만 같았다. 하지만 촌뜨기 여대생에게 서울생활은 그 무엇보다 치열했다. 부모님의 반대를 무릅쓰고 서울의 대학에 진학한 터라 그 부담이 그야말로 컸다. 서울에서 지내면 지낼수록 성공하고 싶다는 생각이 간절해졌다.

세상에 우리 부모님처럼 딸을 지극정성으로 키우신 분들은 없을 것이다. 나는 철이 없어도 너무 없고 눈치도 없는 못된 큰딸이다. 난 사업을 하시는 부모님의 경제사정을 잘 몰랐다. 사업을 하다 보면 항상 좋을 수만은 없는데. 부모님께서는 절대 집에서는 힘든 내색을 하시지 않았다. 그래서 나는 우리 집이 잘사는 줄로만 알았다. 서울의 대학에 진학하는 걸 반대하신 이유도 당시 사업이 어려워서 뒷바라지하기가 힘드셨기 때문이었던 것 같다.

서울로 딸을 보내려면 원룸에, 학비며, 식비며 뒷바라지해야 하는 부모님의 부담을 전혀 생각지 못한 것이다. 시도 때도 없이 학교를 자퇴하겠으니 캐나다로 유학을 보내 달라고 눈치 없이 굴었다. 무조건 서울의 대학에 진학해야겠다고 하는 꿈 많은 딸을 실망시키지 않으려고 부모님은 어떻게든 방법을 찾으셨던 것 같다. 나는 그렇게 부모님의 도움으로 내가 그토록 원했던 서울의 대학 진학과 유학생활을 모두 끝마쳤다. 항상 뛰어나지는 않았지만, 뚜렷하게 보이지 않는 성공을 향해 그 누구보다 치열하게 살았다.

바쁘다는 핑계로 욕심만큼 많은 책을 읽지는 못했다. 하지만 읽지도 않는 책이 쌓여만 가도 내 방 책장에 책이 하나하나 꽂히는 게 그저 기뻤다. 보통 여자들을 옷을 쇼핑하면서 힐링을 한다. 하지만 나에게는 돈이 생길 때마다 하는 '책 쇼핑'이 힐링이었다. 책으로 힐링을 경험했던 어린 시절 덕분일까. 책을 읽으면 온전히 평화로워졌다.

내 방에 책을 잔뜩 쌓아 놓고 뿌듯하고 있던 어느 날, 책을 쓴 작가들이 참 대단하다는 생각이 들었다. '나도 성공해서 책을 읽는 독자가 아닌 책을 쓰는 작가가 되어 보는 건 어떨까?'라고 막연하게 생각했다. 나라고 못 할 것 같지 않았다. 그때 당시 나의 결론은 책을 쓰려면 일단 성공해야 한다는 것이었다.

성공의 정의도 정확히 모른 채, 나는 끊임없이 성공을 부르짖었다. 하지만 당당히 내 책을 쓸 수 있는 작가가 될 만큼 크게 성공할 수 있는 일을 찾는 건 쉽지 않았다. 그럼에도 불구하고 언젠가는 꼭 성공의 그날이 올 거라는 막연한 믿음을 갖고 늘 자기계발을 게을리하지 않았다. 배우고 체험할 수 있는 일이라면, 망설이지 않고 도전했다.

20대 때는 특히나, 학기 종강이 다가올 때면, 늘 방학 때 할 일을 미리 계획하느라 바빴다. 잠깐의 짬이라도 허비하는 것이 너무나도 아까웠다. 책을 쓸 만한 성공에 다가가기 위해서는 일분일초가 아까웠다. 틈틈이 읽은 책들을 통해서 나의 꿈은 더더욱 견고해졌다. 자기계발 도서들을 통해 매일 성장하는 내 모습을 상상했다. 그러면서 하루하루 더 성장해 나가겠노라 다짐했다.

책이 삶에 미치는 영향력은 정말 막대하다. 책을 통해 인생이 바뀌었다고 말하는 이들을 주변에서 많이 보았을 것이다. 나 또한 책을 통해서 촌구석을 벗어나 서울이라는 큰 도시로 가야겠다는 꿈을 키웠다. 인생에서 견딜 수 없을 정도로 힘든 순간들을 이겨낼 수 있는 힘을 주는 것도 바로 책이다.

20대 때의 성공하겠다는 막연한 다짐들을 발판으로 30대가 되어서도 수없이 시행착오와 도전을 경험했다. 그러던 중에 우연히 김태광 작가의 《성공해서 책을 쓰는 것이 아니라 책을 써야 성공한다》를 읽게 되었다. 이 책은 책 쓰기가 자기계발의 시작과 끝이며 책을 써야 성공한다는 내용을 담고 있어 당시 나에게 꽤나 충격으로 다가왔다. 특히 상상하지 못할 정도의 역경과 고난을 이겨 내면서 책을 200여 권이나 출간한 작가의 성공스토리는 큰 감동을 주었다. 읽는 내내 눈물을 멈출 수가 없었다.

책을 쓰는 것이야말로 최고의 자기계발 방법이다. 주변 사람들에게 선한 영향력을 미칠 수 있는 가장 빠른 방법이다. 나는 현재 내 인생을 바꿔 줄 최고의 책 쓰기 코치인 김태광 대표 코치를 만났다. 아직은 시작 단계지만 내 책을 쓰기 위한 여정은 이미 시작되었다. 아직 성공의 근처에도 다다르지 못한 이 시점, 내가 책을 쓰게 되리라는 건 상상조차 하지 못했다. 책을 써 나가고 있는 지금, 나는 하루하루 설레는 삶을 살고 있다.

《메신저가 되라》의 저자인 브렌든 버처드는 세계에서 가장 영향력 있는 메신저로 손꼽힌다. 저자는 경험과 지식을 나누며 평생 성장하는 법을 책을 통해 알렸다. 나 또한 책을 통해 나만의 인생 경험과 그 과정에서 얻은 지식들을 토대로 다른 사람들을 도울 수 있는 메신저가 되고 싶다.

나는 다양한 직업을 돌고 돌아 현재는 필라테스 스튜디오를 운영 중이다. 대부분의 고객들이 아픈 몸을 치료하기 위해, 아름다운 몸을 만들기 위해 나를 찾아온다. 한두 번 레슨을 하다 보면 대부분이 결국 마음의 병으로 인해 몸이 아프다는 것을 알게 된다. 또한 그로 인해 잃은 몸의 아름다움을 치유하고자 필라테스를 선택한 경우가 많다.

나는 필라테스 강사로서 그들을 만난다. 하지만 레슨 중에 참 많은 대화를 나누게 된다. 레슨 도중에 "오늘 운동은 여기까지만 하고, 선생님이랑 얘기 좀 더 나눠도 될까요? 상담하고 싶은 게 있어요."라고 하시는 분들도 종종 있다. 아마도 무용이나 체육 전공이 아니라 디스크 환자였던 내가 가르치는 필라테스에는 그들을 향한 나의 진심이 담겨 있어서일 것이다. 때론 그들 인생의 상담자로서의 역할에 더 감사할 때가 있다. 몸이 점차 아름답고 건강해지면서 더 맑고 밝아진 그들의 얼굴을 볼 때면 참으로 행복하다. 이런 선한 영향력을 더 많은 사람들에게 전해 줄 수 있는 메신저가 되고 싶다.

책은 인생에서 힘든 순간을 마주하게 될 때 절망하지 않고 희망을 품게 해 준다. 시행착오들을 간접적으로 경험하게 함으로써 더욱 윤택한 삶으로 안내해 준다. 내가 그러했듯, 나의 경험과 지식들이 어느 누군가에게는 큰 희망과 용기가 될 거라 믿는다.

내가 지금까지 겪은 인생의 경험과 지식들뿐만 아니라, 앞으로 채워질 더 많은 인생의 경험을 전달하기엔 책 한 권으로는 부족할 것이다. 나를 위해서도, 더 많은 사람에게 선한 영향력을 미치기 위해서라도 매년 두 권씩 책을 꾸준히 출간할 것이다. 중간 중간 우여곡절은 있었지만 결국은 내가 20대 때부터 간절히 꿈꿔온 일들이 모두 이루어졌다. 이제는 내 이름으로 된 개인저서가 곧 출간될 것이다. 드디어 내가 세상에 선한 영향력을 미칠 수 있는 발판이 하나씩 만들어지고 있다. 나는 이로 인해 크게 성장할 기회를 만나게 될 것이다.

세상 모든 여성들의
아름다운 삶을 위한 메신저 되기

나는 과연 행복한 삶을 살고 있는가? 여성으로서 가장 아름다운 삶이란 어떤 모습일까? 동화전집을 읽고 또 읽으며 꿈꿔 오던 나의 미래와 지금까지 걸어온 나의 인생을 돌이켜 보며 질문하게 된다.

10대의 나는 '현모양처'의 뜻도 제대로 이해하지 못한 채, 나중에 크면 현모양처가 되어 사랑받는 아내로, 행복한 엄마로 살아야겠다는 막연한 꿈을 꾸었다. 난 가부장적인 가정에서 자라지도 않았으며, 오히려 자유로운 환경에서 자랐는데도 말이다. 부모님께서는 늘 충분히 사랑을 베풀어 주셨다. 그럼에도 불구하고 맞벌이하시는 부모님 밑에서 자라다 보니, 언제든 곁에 엄마가 있는 친구들이 내심 부러웠다. 그때 당시에는 더 잘살아 보겠다고 아등바등 돈 버는 일에만 전념하는 우리 부모님보다는, 전업주부인 친구들의 어머니가 훨씬 더 예쁘고 평온하게 사는 것처럼 보였다.

그 때문인지 난 10대 때부터 일할 필요가 없는 부유한 가정에서 육아와 남편의 내조에 전념하는 평온한 삶을 꿈꾸었다. 친한 친구들도 늘 그랬다. "우리 중에 네가 제일 먼저 시집갈 거야. 묻고 따질 필요도 없는 질문이지!"라며 한 치도 의심하지 않았다. 나 역시 내가 제일 잘할 수 있는 일이 현모양처라고 믿었다. 자연스레 나의 인생 목표도 훌륭한 남편을 만나서 결혼하는 것이 되었다.

목표가 있었으니, 10대엔 공부를 열심히 했다. 그 결과 서울에 유학까지 와서 대학을 다녔다. 하지만 20대에 이런저런 경험을 하는 동안 현모양처의 꿈은 흔적도 없이 지워졌다. 결국 30대 중반까지도 꿈 많고 철없는 처녀로서 결혼 압박 스트레스를 어마어마하게 겪어야 했다. 어느 날은 '평범한 여자들처럼 적당한 나이에 결혼해서 적당히 평범한 삶을 살지 못하는 내가 이상한 건 아닐까' 하는 고민에 휩싸인 적도 있었다.

결혼 압박 스트레스는 굉장했지만, 그것 빼고는 꿈 많은 30대 싱글로 사는 나의 삶은 분명 행복했다. 왜? 꿈을 향해 달려가고 온전히 나에게 집중하며 하루하루를 사는 것이 마냥 즐거웠기 때문이다. 이와 달리 이미 결혼한 지인 중에 행복해 보이는 이는 단한 명도 없었다. 물론 그때 당시의 나의 성급한 결론이긴 했다. 하지만 결혼만이 행복해질 수 있는 해답이 아니라는 사실을 일찍이 깨닫게 된 것이다. 결혼이라는 현실에 맞닥뜨려 '나'를 잃어 가는 많은 지인들을 보면 늘 안타까웠다. 주변에서 결혼에 대해 부정적인 것들을 보고 듣는 게 많아질수록, 나의 삶의 방향은 결혼과 멀어져만 갔다. 결혼한 친구들은 늘 싱글인 나를 부러워했다.

"나는 네가 참 부럽다. 나도 뭔가 하고 싶긴 한데 내 처지에 뭐 가당키나 하겠니. 이제 사회로 다시 뛰어들기도 두렵고… 그냥 살아야지 뭐."

본인의 현재 상황을 한탄하며, 최대한 결혼을 늦게 하라고 조언할 뿐이었다. 그들은 연애 때와는 너무나도 달라진 남편으로 인해 상처받고, 내 뜻대로 되지 않는 육아로 인해 상처받으며 매일 '나 자신'을 잃어 가고 있었다. 처지를 탓하고 상황을 한탄하면서 아름다웠던 몸과 마음을 스스로 망치고 있었다.

나는 현재 필라테스 운동을 가르치며, 많은 여성들을 만난다. 대부분 치료 목적이거나, 흐트러진 몸의 보디라인을 회복하고자 나를 찾아온다. 몇 차례 레슨을 진행하며 대화를 나눠 보면 대부분의 여성들의 자존감이 매우 낮다. 육아에 집중하던 엄마들은 거울 속의 자신을 마주하는 것조차 낯설어하고 어려워한다. 심지어 한창 혈기 왕성하고 아름다울 20대 미혼들조차, 직장에서 모욕당하며 하루하루 낮아지는 자존감 때문에 아름다움을 잃어 간다. 필라테스 운동을 배우는 목적은 다 다르다. 하지만 공통적으로 '나를 찾고 싶어요'라는 메시지를 뿜어낸다.

주변에서는 나를 자존감이 높고 하고 싶은 일은 다 하면서 천하태평 하게 사는 부러운 여자라고들 한다. 그렇다. 어떻게든 목표하는 일들을 하나하나 성취해 내고 이루어 낸 것은 맞다. 하지만 쉽게 얻은 것은 단 하나도 없다. 따지고 보면 대단한 것들을 이루지는 않았다. 하지만 지금까지 성취한 것들은 나로서는 기를 쓰고 이루어 냈다고 해도 과언이 아니다.

나도 한때 자존감이 매우 낮았던 적이 있었다. 숫기도 없고 대인기피증이 심한 소심한 사람이었다. 10대 땐 조용히 혼자 책 보며 시간을 보내는 것에 익숙했다. 조용히 있어서 손해 볼 일이 사실 별로 없었다. 오히려 어딜 가도 얌전하고 여성스럽다는 칭찬을 더 많이 들었다. 그럴수록 난 더욱 입을 닫았다.

그런데 대학이라는 새로운 환경을 맞이하면서 즐거워야 할 하루하루가 힘들고 지치기만 했다. 부모님의 울타리를 벗어나 사회에 내던져지자, 나를 표현할 줄 모르는 나는 하루하루가 힘들 수밖에 없었다. 그저 부모님과 학교 선생님의 꼭두각시로 사회성이 매우 떨어지는 얌전한 아이로만 성장했기 때문이다.

나는 여우상이라고 할 정도로 착하게 생기지 않은 외모에 표현까지 서툴고 말수가 적었다. 그러니 연예인도 아니면서 항상 이런저런 소문들에 휩싸여 연예인 못지않은 피곤한 삶들을 살아야만 했다. 겉으로는 멀쩡해 보였을지 몰라도, 나는 여태껏 네 번이나 심각한 자살충동을 느끼기도 했다. 다행히 이겨 내고 현재는 누구보다 행복한 삶을 살고 있다. 하지만 나를 상처투성이로 만든 원인은 남들이 아닌 '나 자신'에게 있었다.

남들에게 휘둘리는 자신을 증오하게 되자, 내가 변하지 않으면 내 인생은 불행의 연속이라는 생각이 들었다. 이 세상에서 살아가려면 어떻게든 나만의 방식대로 '나 뜯어고치기 프로젝트'를 실행해야만 했다. 사실 현재까지도 실행 중이다. 10년 넘게 진행 중인 프로젝트라 할 수 있다. 어떻게 보면 이 프로젝트를 통해서 누군가는 나를 대단하다고 치켜세우는 그러한 것들을 성취해 낸 것 같다.

'말'이라는 매개체로 나를 표현하는 게 어려우니, 그렇다면 몸으로 표현해 보는 건 가능하지 않을까 싶어 춤을 배웠다. '말'이 아닌 '몸'으로 표현하는 시간을 통해 나 스스로 치유됨을 느낄 수 있었다. 나는 표현을 하지 않는 사람이 아니라, 표현에 목말랐던 사람이었다.

대인공포증을 이겨 내고 싶어서 경험도 없는 스물세 살 어린 나이에 쇼호스트 아카데미도 수강했다. 유명한 쇼호스트가 되고 싶어서가 아니라, 내가 감히 할 수 없는 일에 도전해 보고 나를 이겨 내고 싶었기 때문이다. 외국어를 배워서 외국이라는 새로운 환경으로 가면 좀 달라질 수 있을까 싶어서, 매일 저녁 중국어 학원, 영어 학원으로 출근했다. 틈틈이 일부러라도 낯선 사람들이 모이는 스터디 모임에도 나갔다. 그렇게 공부해 자격증을 취득했다. 완벽하게 영어를 하지는 못했지만 한 달간 해외 배낭여행도 갔다. 또한 자기계발서라면 닥치는 대로 사서 읽으며 위로를 받았다. 그러곤 현실을 이겨 낼 수 있었다. 그렇게 잠시도 쉬지 않고 끊임없이 어떤 목표를 향해 달려야만 나를 지킬 수 있었다.

그런데 어린 나이에 너무나도 지독하게 살았던 걸까? 먹고사는 데 급급했던 1960년대에 사는 것도 아니면서, 20대 초반부터 영양실조며, 폐결핵까지 앓는 등 지독한 시간을 보냈다. 득이 있으면, 실이 있는 걸까? 다행히도 나는 잃어 버렸던 자존감을 회복할 수 있었지만, 건강을 잃어 가고 있었다. 나를 바꾸겠다는 프로젝트로 인해 나는 '나 자신'을 또 한 번 잃어 가고 있었다.

감사하게도 한때 건강을 잃었던 것을 계기로, 나를 위한 프로젝트 모토를 "아름답게, 건강하게, 행복하게"로 수정했다. 사회성이 결여되어 자존감이 낮고 소심한 나를 바꾸려 했던 20대 때의 목표가 나를 악착같이 살게 했다. 이런 작은 습관들이 지금의 나를 만들었고, 덕분에 많은 것들을 성취할 수 있었다. 앞으로도 더 큰 꿈을 꿀 수 있게 해 줄 것 같다. 물론 지금도 나를 지키기 위해서 진정한 행복의 길이 무엇인지 매일 고민하고 또 수정한다. 다행히도 이제는 결코 나를 미워하지 않는다. 어떤 상황에서도 나를 먼저 지키고 사랑하는 방법을 알고 있다.

과거엔 증오할 정도로 싫어했던 나 자신을, 지금은 세상에서 가장 뜨겁게 사랑한다. 매일같이 거울을 보면서 나에게 "예쁘다, 예쁘다." 하며 사랑을 표현한다. 사랑이라는 물을 더 많이 뿌리면 뿌릴수록, 나는 하루하루 더 아름답게, 건강하게, 행복하게 성장해 간다. 지금도 어디에선가 과거의 나처럼 자신을 증오하고 미워하며 불행한 삶을 사는 이들이 있을 것이다. 그러면서 본인의 소중한 가치를 잃어 가고 있을 것이다.

나는 그들의 얼굴에서 언젠가는 충만했을 행복한 에너지를 마음껏 뿜어내게 하고 싶다. 나는 많은 여성들이 잃어 가고 있는 본연의 소중한 가치들을 되찾아 주고, 더 큰 성장으로 이끌어 주는 메신저가 되기로 결심했다. 10여 년에 걸쳐 수정하고 또 수정하며 해 온 나만의 프로젝트. 그것을 통해 개선된 나의 스토리가 어느 누군가에게는 희망이 되었으면 한다. 더 많은 여성들이 용기를 얻고, 그들만의 아름다운 세계에 당차게 맞서 나가길 바란다.

몸과 마음이 섹시한
베스트셀러 작가 되기

영양실조, 성인여드름, 폐결핵, 퇴행성 경추디스크, 퇴행성 요추디스크 그리고 대인기피증, 우울증, 폭식증….

모두 내가 지난 10여 년에 걸쳐 겪었던 질환들이다. 가장 건강하고 아름다울 20대의 나이에 나의 몸과 마음은 병들어 가고 있었다. 늘 몸이 불편하고 기력이 없었다. 그러니 항상 신경이 예민하고 사람들과 부대끼는 것이 참 피곤했다. 건강과 거리가 멀어질수록, 피부 트러블도 심해졌다. 그와 함께 점차 나의 자존감도 바닥을 향해 추락해 갔다. 그럼에도 불구하고 말수도 적고 여우같이 착해 보이지 않는 외모 때문에 많은 사람들은 날 여전히 도도하고 당당한 여자라 여겼다. 물론 남들이 정의하고 기대하는 '나'

로 충분히 포장하며 살 수 있었다. 나는 남들의 시선에 맞게 그런 척 살고 있었다. 그렇게 내 속은 썩어 가는 줄도 모르고 말이다.

나는 무엇이든 참는 것에 강한 편이다. 아프면 아프다고 말을 잘 못한다. 아파 죽을 때까지 버티고 버티다가 참을 수 없을 때가 되어서야 "좀 아픈데 병원에 가 봐야 할 것 같아."라고 말하는 게 바로 나였다. 내가 아파서 누군가가 귀찮아지는 것이 싫기 때문이다. 나는 떨어져 지내는 부모님께서 걱정하실까 봐 아프다는 내색을 하지 않는 데 익숙했다. 그래서 우리 집에서는 내가 아프다고 말하는 순간이면 비상이 걸렸다. 내 입에서 아프다는 말이 나왔을 때면, 정말 심각한 상태라는 걸 알기 때문이다.

대학교 4학년 때, 어학연수를 떠나기 위해 설레는 마음으로 신체검사를 받던 중이었다. 검사 도중 분위기가 심각해졌다. 그러더니 나를 진료실로 불러서는 조심스레 추가 정밀검사가 필요하다고 알렸다. 검사 결과 폐결핵이었다. 이른바 '빈곤병'이라고 불리는 폐결핵 진단이라니. 2004년에 폐결핵이 웬 말인가. 담당 의사 선생님께서는 자취생활로 끼니를 제대로 챙겨 먹지 못해 면역력이 많이 떨어진 상태라 했다. 다행히 초기에 발견했기 때문에 약물치료만 성실히 잘 따라오면 충분히 완치될 수 있다는 희망적인 소견이었다. 그저 스트레스 받지 않고 쉬면서 편안한 마음으로 약물치료를 꾸준히 해야 빨리 회복될 수 있다고 하셨다.

난 당시 경제학과 4학년으로, 금융업계 쪽으로 취업을 준비하고 있었다. 그때 당시에는 이례적으로 취업면접에 영어면접이 전면적으로 도입되었다. 영어 울렁증이 심했던 나에게는 더 큰 노력이 필요한 중요한 시기였다. 이 때문에 졸업을 미루고, 어학연수를 위해 설레는 마음으로 캐나다로 떠날 준비를 하고 있었다. 그날도 학생비자를 받는 절차 중의 하나로 신체검사를 받던 중이었다. 당연히 학생비자를 받아 떠나는 것은 수포로 돌아갔다. 그 실망감을 어찌 말로 표현하랴. 병원 입구에 서서 하늘을 보며 서럽게 울었던 기억이 지금도 생생하다.

내 의지와 상관없이 모든 계획을 멈출 수밖에 없었다. 어학연수를 가기 위해 이미 휴학계를 신청해 놓았기 때문에 어찌 되었건 쉬어야 할 타이밍이었다. 부모님은 당장 본가로 오라고 하셨지만 몇 주만 더 다니면 학기가 마무리될 시기였다. 결국 나는 무리해서 학교를 계속 나갔다. 하지만 어느새 학교 친구들 사이에 내가 폐결핵을 앓고 있다는 소문이 돌았다. 혹시 전염이라도 될까봐 친구들이 한두 명씩 나를 멀리하기 시작했다. 그로 인해 내 마음의 상처는 하루하루 깊어만 갔다. 당연히 컨디션도 하루가 다르게 급격히 나빠져만 갔다.

당장 누군가의 보살핌이 필요한 상황이 되어 버렸다. 버티고 버티다가 종강하자마자 부모님의 보살핌을 받을 수 있는 본가로 내려갔다. 처음엔 서울에서 치열하게 살다가 조용한 본가로 내려와서 지내니 숨통이 트여서 좋았다. 대학을 다니는 내내, 나는 그 누구보다도 바쁘게 살았다. 방학은 물론이고 주말에도 자기계발을 핑계로 늘 바쁘게 움직였다. 한 시간이면 갈 수 있는 거리에 본가가 있었음에도 불구하고 명절 때가 아니고는 잘 가지 않았다. 그래서 항상 부모님의 원성을 들었다. 결국 건강을 잃고서야 본가로 돌아온 셈이었다. 그래도 오랜만에 집에서 편안하게 부모님의 사랑을 오롯이 받는 기분이 꽤 좋았다.

하지만 그런 기분은 잠시였다. 시간이 지날수록 여기저기에서 들려오는 친구들의 취업 소식이 날 불안하게 했다. 서울을 떠나와 환자가 되어 먹고 자고를 반복하는 내 신세가 처량하게 느껴졌다. 매일 먹어야 할 약은 어찌나 많던지. 한 번에 먹어야 하는 개수만 해도 한 움큼이 될 정도였다. 나는 평소에도 알약을 잘 삼키지 못한다. 어린아이처럼 가루약으로 제조해 달라고 해서 먹거나 그렇지 않으면 겨우 하나씩 하나씩 어렵게 삼킨다. 그런 내가 하루에 세 번이나 식후마다 그 많은 알약을 챙겨 먹으려니 정말 곤욕이었다. 독한 약을 버텨 내려면 입맛이 없어도 세 끼는 꼭 챙겨 먹어야 했다. 어머니께서는 몸에 좋다는, 영양가 높은 식단으로 계속 나를 먹였다.

그럼에도 불구하고 처방받은 약들이 어찌나 독하던지 나는 하루하루 야위어 갔다. 그렇게 순식간에 체중이 10킬로그램이나 빠졌다. 거울 속 내 모습은 마주하기 싫을 정도로 뼈만 앙상했다. 그런 모습으로 사람들을 만나는 일이 점점 두려워졌고, 삶의 의욕도 점차 잃어 갔다. 집 밖에도 나가지 않고 꼼짝 않고 지냈다. 매사에 짜증만 나고, 하고 싶은 일도, 꿈도 없어져 갔다.

그때 뼈저리게 깨달았다. 건강을 잃으면, 할 수 있는 게 아무것도 없다는 것을. 어느 날, 한결같이 나를 간호하시는 어머니를 보니, 하루빨리 건강해지고 싶은 마음이 간절해졌다. 건강을 되찾고 예정대로 어학연수를 떠나야겠다는 꿈을 그렸다. 반복되는 무료한 일상이 힘겨웠지만, 목표가 생겼고 최대한 회복하는 일에만 집중했다. 그리고 매일 캐나다로 떠나는 상상을 했다.

나의 간절함이 하늘에 닿은 걸까? 나는 두 달 만에 거의 완치되었다는 소견을 받았다. 그러곤 어렵사리 캐나다 어학연수를 떠날 수 있었다. 물론 그 여정이 순탄치만은 않았다. 폐결핵이 전염병으로 분류되기 때문에 입국심사에서부터 애를 먹은 건 당연지사였다. 게다가 '유학원 사기'를 당해서 비용을 모두 지불했음에도 낯선 땅에서 당장 하룻밤 잘 숙소가 없었다. 첫 일주일은 그야말로 악몽 같은 시간을 보내야만 했다. 급하게 준비하고 떠난 터라 신중하게 알아보지 않았던 나의 불찰이었다. 여전히 약물치료 기간이었기 때문에, 계획한 일정대로 영어공부를 하는 것도 처음엔 체력적으로 많이 버거웠다. 그럼에도 불구하고 난 1년이라는 시간 동안 영어보다 더 값진 것들을 배웠다.

캐나다 어학연수 경험은 내 인생에서 큰 의미가 있다. 원래 계획대로 어학연수를 순탄하게 다녀왔다면 큰 의미가 없었을지도 모른다. 건강을 잃고 아무것도 할 수 없을 거라고 처절하게 좌절했던 시기에 만난 터닝 포인트였다. 하루하루 바쁘게 돌아가는 서울 생활에 비해 캐나다의 삶은 여유로움이 넘쳐 났다. 다시금 힘차게 일어나서 삶을 재정비할 수 있게 해 준 시간이었다.

나는 내가 체질적으로 허약하니까 몸이 자주 아팠다고 믿었다. 그러나 지금 와서 돌이켜 보면, 결국 건강하지 않은 내 마음 때문에 몸이 아팠던 것이다. 나를 인정하지 못하고, 나를 사랑하지 못했기 때문에 스스로를 바꾸겠다고 늘 자신을 괴롭혀 왔다. 보다 나은 내일을 준비하며 오늘을 살아야 하는 것은 맞다. 하지만 현재의 나 자신을 돌보지 못하고 불행한 내일을 만나서는 안 된다는 것을 깨달았다.

나는 대학교수라는 타이틀과 꿈을 과감히 포기했다. 그러곤 '필라테스 강사'라는 직업을 선택했다. 그것은 필라테스 창시자인 조셉 필라테스의 가치관에 반해서였다. 그는 저서 《리턴 투 라이프》에서 몸을 만드는 것은 마음이며, 몸의 완벽한 통제를 통해 마음까지 지배하도록 해 주는 것이 필라테스 운동법이라고 했다. 나는 필라테스를 통해 몸과 마음을 통합적으로 컨트롤하는 법을 배웠다. 그리고 이로 인해 내 삶도 하루가 다르게 풍요로워졌음을 느낀다.

나는 현재 나의 경험과 지식을 세상의 더 많은 사람들과 나누기로 마음먹고 개인저서를 준비 중이다. 디스크 질환이 있는 나에게는 글을 쓰기 위해 오랜 시간 책상 앞에 앉아 있는 것조차 쉬운 일이 아니다. 물론 이 여정이 결코 쉽지 않을 것을 잘 알고 있다. 하지만 글을 쓰는 이 시간들마저 감사히 여기며 즐기려고 한다. 나는 몸과 마음을 건강하게 잘 유지해서, 섹시한 몸과 마음을 가진 작가가 되고 싶다. 책상 앞에 오래 앉아서 일한다는 핑계로 흐트러진 몸이 아닌, 멋진 몸을 가진 섹시한 베스트셀러 작가가 될 것이다. 몸이 아프거나, 마음에 상처가 있다는 이유로 꿈조차 꾸지 않는 사람들에게 희망이 되고 싶다.

월세로 1억 원 버는 빌딩주 되기

누구나 한 번쯤 혼자 사는 삶을 꿈꾼다. 나는 현재 결혼해서 남편과 함께 살고 있다. 하지만 작년에 결혼하기 전까지 혼자 살아온 것만 15년이나 되는 자취생활 베테랑이다. 고등학교 졸업 후, 꿈에 그리던 서울에 있는 대학에 진학했고, 먼 통학 거리 때문에 자취를 시작했다. 처음엔 부모님 곁을 떠나 살아야 한다는 두려움보다는, 큰 도시에서의 새로운 삶에 들뜬 마음이 더 컸다. 하지만 나의 자취생활이 꿈꾸던 것만큼 아름답게 시작되지는 않았다.

우리 아버지께서는 학업에 관해서는 누구보다 지지해 주시는 분이셨다. 하지만 막상 서울의 대학을 가게 되자 기뻐하시기는커녕 아버지답지 않게 집 근처에 있는 대학에 가라고 하셨다. 여자가 혼자 자취하며 사는 것이 위험하다고 하셨다. 서울에서 손꼽히는 3대 대학이 아니고서야 굳이 서울까지 갈 필요가 없다고 하셨다. 이상해도 너무 이상했다. 그동안 그렇게 대학은 서울로 가야 한다고, '공돌이가 아닌 훌륭한 남편'을 만나려면 공부를 열심히 해야 한다고 귀에 딱지가 앉도록 말씀하셨던 분이 말이다. 그때 난 무조건 서울로 가야겠으니 서울에 원룸을 구해 달라고 떼를 얼마나 썼는지 모른다. 그제야 아버지께서는 어렵게 말씀을 꺼내셨다.

"당연히 아빠도 우리 딸이 서울에서 편하게 대학 다닐 수 있게 뒷바라지해 주고 싶지. 그런데 지금 형편이 그렇지 못해. 집 근처 대학을 가면 졸업할 때까지 장학금 받으며 다닐 수 있다고 하니, 그것도 한번 생각해 봐라."

그날 저녁, 나는 입이 삐쭉 나와서는 이불을 뒤집어쓰고 얼마나 울었는지 모른다. 서울에 있는 대학을 가기 위해서 그토록 애썼는데, 집 근처 대학을 가라 하시니 아버지가 무척이나 원망스러웠다. 아버지께서는 그때 당시 하시던 사업이 갑자기 부도나면서 어려움을 겪고 계셨던 모양이었다. 사업이란 게 워낙 오르락내리락하는 건데, 부모님께서는 집안 사정을 한 번도 내색하신 적이 없으셨다. 생각지도 못한 아버지의 말씀에 어린 나이에 울면서 수많은 생각을 했던 것 같다. 그리고 집안이 어려우니 큰딸인 내가 더더욱 서울로 가서 성공해야겠다고 마음먹었다.

나는 끝까지 고집을 부렸고, 결국 부모님께서도 두 손 두 발 다 들고 말았다. 학교 기숙사도 알아봤지만, 기숙사 거주 조건에도 해당되지 않았다. 당장은 집을 구해 줄 형편이 안 되니, 일단 집에서 고속버스로 등·하교를 하라고 하셨다. 그렇게 난 서울에 있는 대학에 입학했다. 첫 학기에는 새벽부터 고속버스터미널로 가서 버스를 타곤 지하철을 갈아타는 긴 여정 끝에 등교했다.

그렇게 몇 달을 다니던 어느 날 같은 경로를 밟아 집에 돌아왔다. 그런데 매일 장거리를 다니느라 피곤했는지 코피가 났다. 뭐가 그리 서러웠는지 난 그 자리에서 펑펑 울었다. 그 모습에 부모님께서는 마음이 아프셨던 모양이다. 어느 날 어디서 어떻게 돈을 마련해 오셨는지, 서울에 집을 알아봐 놨으니 한번 가 보자고 하셨다.

그렇게 나의 첫 자취생활은 서울 약수동의 허름한 작은 원룸에서 시작되었다. 쾌적하진 않았지만, 서울 땅에 내가 잘 수 있는 공간이 생긴 것만으로도 꿈만 같았다. 지하철만 타면 금방 학교에 도착하니, 새벽부터 나가지 않아도 되어서 좋았다. 무엇보다 막차 시간에 구애받지 않고 학교 친구들과 시간을 보낼 수 있다는 기쁨이 컸다.

보통 전세나 월세로 1년 또는 2년 주기로 계약했었고, 매번 더 나은 조건을 찾아서 이사하곤 했다. 부모님께서 넉넉하지 않은 형편에 무리해서 집을 구해 주신다는 것을 알기 때문에 나는 늘 아르바이트를 해서 용돈벌이를 할 수밖에 없었다. 서울에서 부모님과 함께 살면서 학교에 다니는 친구들이 그렇게 부러울 수가 없었다. 적어도 거주비용은 절약되니까 말이다. 그러다가 캐나다로 가서 4년 정도 거주한 적도 있다. 캐나다에서도 매달 지출되는 주거비에 대한 부담은 한국에서 지낼 때와 크게 다를 게 없었다. 그때그때마다 기숙사, 홈스테이, 셰어하우스, 룸 렌트 등 좋은 조건의 거주 형태를 찾아 살았다.

15년의 자취생활 동안 서러운 일도 많았다. 분명히 계약을 하고 돈을 지급하고 사는데도 집주인이라는 명목으로 '갑질'을 하기 일쑤였다. 세입자라는 이유로 무시하는 건 고사하고, 집주인 아저씨로부터 성희롱을 당해서 계약 기간이 끝나기도 전에 이사를 간 적도 있었다. 늘 내 집이 있었으면 좋겠다고 생각했지만, 실현 불가능한 일이라고만 여겼다. 매달 나가는 월세도 어찌나 아까웠는지 모른다.

그럼에도 불구하고 왜 나는 일찍이 내 명의로 된 집을 사야겠다는 생각을 단 한 번도 하지 않았을까? 15년이란 시간 동안 충분히 작은 집 한 채라도 살 수 있었을 텐데 말이다. 15년 동안 집세로 지출된 돈만 해도 정말 어마어마할 것이다. 아마도 못 되어도 억대는 되지 않을까? 실제로 서른 살이 되기도 전에 오피스텔

주인이 되어 월세를 받으며 사는 친구를 옆에서 부러워만 했던 나 자신이 부끄럽다.

나는 돈 모으는 법을 몰랐고, 돈이 생기면 항상 쓰기 바빴다. 나를 꾸미거나 성장시키는 일이라면 아끼지 않고 투자해야 한다는 명목으로 한 치의 고민도 없이 돈을 써 버리곤 했다. 게다가 난 가방끈이 쓸데없이 길어도 너무 길어서 경제적 독립을 다른 사람들보다 한참 늦게 했다. 주변에서 이젠 결혼 좀 하라고 할 때도 난 오직 커리어에만 집중하며, 싱글 라이프를 마음껏 즐겼다. 그러던 어느 날 갑자기, 통장 잔고를 보며 미래에 대한 막연한 두려움을 느꼈다. 그제야 '내 명의로 된 집 하나만 있다면 완벽한 싱글 라이프일 텐데…'라는 생각이 들었던 것 같다. 하지만 쥐꼬리만 한 시간강사 월급으로 생활비를 겨우 감당하는 게 현실이었다. 어떨 땐 월세를 내는 것조차 빠듯해서 부모님께 손을 벌리는 처참한 신세였다.

난 서른다섯에 철없는 나와는 너무나도 다른 지금의 남편을 만나서 결혼했다. 그는 뼛속부터 근검절약이 몸에 배어 있는 사람이다. 난 남편을 만난 지 한 달 만에 상견례를 하고 바로 결혼 날짜를 잡았다. 남편은 결혼 전부터 이미 투자를 시작해 아파트 2채를 보유한 사람이었다. 솔직히 그 사실이 결혼을 결심하는 데 큰 작용을 했다 해도 과언이 아니다. 어디에 있는 얼마짜리 가치의 아파트인지는 전혀 상관없었다. 15년 동안 세입자로 살아온 나로서는 월세를 받는 그 남자가 정말 대단해 보였다. 게다가 부모님 도움 하나 없이 본인의 노력으로 이룬 것이라 더욱 존경스러웠다.

남편을 만난 후, 나의 경제 개념 및 가치관에도 많은 변화가 있었다. 결혼 후, 남편의 목표는 뚜렷했다. 최대한 빠른 시간 내에 아파트 10채를 소유하고, 은퇴 전에 빌딩 한 채를 소유한다는 계획이었다. 처음엔 옷 쇼핑하듯 집을 매매하겠다는 남편이 어이가 없었다. 게다가 대출도 능력이라며 대출을 받아서 투자하겠다고 하니 나로서는 미치고 팔짝 뛸 노릇이었다. 카드 한 번 사용한 적 없이 현금만 쓰던 나로서는 빚을 지면서까지 투자를 하겠다는 남편을 도저히 이해할 수 없었다.

난 사기결혼을 당했다면서 이혼하겠다고 나설 정도로 신혼 초부터 이로 인해 남편과 다툼이 잦았다. 여전히 난 세입자 마인드였던 것이다. 성실하게 저축해서 돈이 생겨야 투자할 수 있다는 생각이었다. 너무나도 다른 생각을 하는 나를 남편은 매일 설득해야만 했다.

그리고 2년 정도 지난 지금 난 남편과 이혼하지도 않았고, 투자에 대한 시각이 많이 달라졌다. 사실 내가 15년간 월세를 내고 살던 집주인들은 모두 은퇴 후에 여러 채의 집을 보유하고 월세를 받는 사람들이었다. 일하지 않고 월세를 받으며 노후를 즐기는 사람들이었다. 돈을 열심히 저축하고 모아서, 비로소 투자해야겠다고 생각하면 이미 늦다. 현재 나의 목표도 내 남편의 목표와 같다. 아니, 오히려 나의 목표는 하루하루 더 커지고 있다. 최근에는 개인저서를 쓰는 것을 목표로 〈한책협〉에서 책 쓰기 코칭을 받고 있다. 그리고 작가, 강연가, 코치 등의 1인 창업으로 억대 자산가가 된 김태광 대표 코치를 만났다. 그 후 나의 의식 및 가치관의 변화로 인해 더 큰 목표가 생긴 것이다.

프리랜서로 오랫동안 일하면서, 어떤 이유에서든 내가 일을 못하는 상황이 오면 즉시 수입이 중단될 수밖에 없는 시스템에 큰 갈증을 느껴 왔다. 내가 일하지 않아도 수익이 창출되는 시스템과 환경을 만들고 경제적 자유로움 속에서 남편과 함께 보다 가치 있는 일을 하며 살고 싶다. 현재 우리는 아파트 8채를 소유하게 되었다. 남편은 직장을 다니면서도 매일 부동산 관련 정보를 수집하고 공부하느라 바쁘다. 언젠가부터 우리 부부의 주말 데이트는 아파트, 빌딩을 보러 다니는 일이 되었다. 우리 부부는 10년 안에 꼭 빌딩 월세로 1억 원을 벌 것이다. 여행을 좋아하는 우리 부부가 돈 걱정 없이 언제든 떠날 수 있는 날을 매일 꿈꾼다. 도움의 손길이 필요한 곳에서 남편과 함께 봉사하며 크게 웃고 있을 그 날을 꿈꾼다.

매년 가족과 함께 여행하기

스물세 살, 30박 31일 일정으로 10대 때부터 단짝이었던 친구와 단둘이 유럽으로 배낭여행을 떠났다. 그때 나는 대학생활에서 표현하기 어려운 갈증을 느낄 무렵이었다. 여느 때처럼 그 친구를 만나서 차 한 잔을 하며 대학생활의 무료함을 이야기하고 있었다. 그 당시 친구는 미대에 재학 중이었는데, 더 많은 영감을 받기 위해 여행을 떠나고 싶어 했다. 그러다가 우린 누가 먼저라고 할 것 없이, 여행 계획을 짜기 시작했다. 그리고 바로 실행에 옮겼다.

일단 여행 일정을 대략 짜고 나서, 숙소와 항공권을 당장 예약했다. 여행경비야 어떻게든 마련될 거라는 생각이었다. 배낭여행은 말 그대로 호화스러운 여행은 아니었기 때문에 두려울 것이 없었다.

한 달 여정의 유럽 배낭여행은 그렇게 무모하게 시작되었다. 일단 일부터 저질렀으나, 부모님들의 반대가 심했다. 여자 둘이서 하루 이틀도 아니고 한 달 일정으로 여행을 떠나겠다고 하니 말이다. 여자 둘이서 배낭여행이 웬 말이냐며, 차라리 가이드가 있는 패키지 상품으로 일주일 정도 관광을 다녀오라고 하셨다.

지금이야 해외여행도 대중화되었고, 인터넷이 되는 곳이라면 세계 어디에서든 누구에게나 소식을 전할 수 있다. 하지만 그때는 지금처럼 언제 어디서나 연락할 수 있는 환경이 아니었다. 한국에 연락을 취하려면, 국제전화카드 한 장만이 유일한 방법이었다. 게다가 그때까지 난 비행기 한 번 탄 본 적이 없었다. 그런 내게 한 달 여정의 유럽 배낭여행은 부모님 눈에는 큰 모험이었다. 게다가 친구도 나도 영어가 유창하지 않았기 때문에 부모님 입장에서는 반대하는 것이 너무나도 당연했다.

그러나 친구와 나는 결코 포기할 생각이 없었다. 자세한 여행 경로와 숙소 이름 등 대략적인 여행 계획을 부모님께 보여 드리고 끈질기게 설득했다. 그 결과 우리는 계획했던 일정대로 뜨거운 여름, 7월에 유럽으로 떠났다. 한 달 동안 무사히 유럽의 9개국 14개 도시를 여행하고 돌아왔다.

그 후로 10여 년이 지난 지금도 여행 동안 있었던 모든 일들이 순간순간 생생하게 그려진다. 내 생에 비행기를 타고 떠난 첫 해외여행이었기 때문에 비행기에 오른 순간부터 얼마나 설레었는지 모른다. 그때는 해외여행이 처음인지라 촌스럽게 무조건 더 많은 국가와 도시에 가야 한다고 욕심을 부렸다. 그래서 더 머무르고 싶은 곳이 있어도 일정에 끌려다녔던 게 매우 아쉽다. 특히 스위스는 다음 일정에 맞춰 이동하기 싫을 정도로 잊지 못할 곳이었다. 어떤 말로도 형용할 수 없는 그 아름다운 광경 앞에 서서 나는 결심했었다. 죽기 전에 스위스에 사랑하는 사람과 꼭 다시 오겠노라고.

30박 31일 동안 많이도 웃고 많이도 울었다. 그 추억들과 여행지에서 만난 소중한 인연들은 결코 잊지 못할 소중한 보물들이다. 물론 책이나 사진으로만 봐 왔던 유럽의 아름다운 광경들을 보며 참 행복했었다. 하지만 관광하며 눈이 즐거운 것 이상으로 나는 더 소중한 많은 것들을 배웠다. 여행은 모든 선택과 결정을 스스로 해야 하는 순간들의 연속이다. 부모님이라는 단단한 울타리를 떠난 여정 속에서 나 스스로 단단해짐을 느꼈다. 그때 나는 여행이 주는 대단한 힘을 가슴 깊이 느꼈다. 그리고 앞으로 기회가 되면 꾸준히 여행을 계획하고 실행하며 살아야겠다고 결심했었다.

그다음 해에 나는 캐나다 토론토로의 어학연수 및 여행을 계획하고, 실행에 옮겼다. 토론토에서 1년 정도 머무르면서 캐나다 동부와 뉴욕을 여행했다. 그리고 연수 일정을 마치고 한국을 돌아올 때도 여행 일정을 미리 잡았다. 바로 캐나다 서부와 미 서부,

일본을 거쳐 한국으로 돌아가는 나 홀로 여행이었다. 그때는 캐나다, 미국에 다시는 못 올 것만 같았다. 한국 땅에서 멀리 떨어진 이곳에 내가 언제 다시 올 수 있을까, 라는 생각에 미친 듯이 여행을 다녔다.

나는 어느 순간 이른바 '여행중독'이란 것을 경험하게 되었다. 나 홀로 여행을 해 보고 나서부터였던 것 같다. 나 홀로 여행이 주는 의미는 기대 이상으로 컸다. 일정에 구애받지 않고, 더 머물고 싶은 곳엔 더 머무르며 더 깊이 그곳을 느낄 수 있었다. 무엇보다도 바쁜 일상을 떠나 누구에게도 방해받지 않는 자유로운 시간이 좋았다. 혼자만의 시간은 내가 진정으로 원하는 것들에 더 귀 기울일 수 있게 해 준다. 나 스스로에게 오롯이 집중할 수 있는 시간이기 때문이다.

그 후로도 나는 여행을 끊임없이 다녔다. 결혼하기 전까지는 나의 여행 파트너는 주로 여동생이었다. 운이 좋게도 다시는 가지 못할 것만 같았던 캐나다 동부와 뉴욕을 동생과 또다시 여행할 수 있었다. 그때 나로 인해 동생마저 '여행중독'을 경험했다. 그 후로도 동생과 나는 일본의 도쿄, 필리핀의 보라카이 그리고 홍콩, 이렇게 3개국을 함께 여행했다.

나는 고등학교 졸업 이후, 본가를 떠나 항상 따로 살았기 때문에 동생과 함께하는 시간이 적었다. 가족이지만 떨어져 지내는 동안 각자의 삶을 살다 보니, 서로에 대해서 몰라도 너무 몰랐다. 우리는 함께하는 여정 동안 다투기도 많이 다투었다. 서로 너무나도 다른 삶을 살아온 두 사람이 24시간 함께하면서 부딪치는 것은 어쩌면 당연할지도 모른다. 하지만 티격태격한 그 시간 동안 우리는 그동안 못다 한 소통을 할 수 있었다. 그리고 그 모든 것들이 소중한 추억이 되었다. 자매가 함께한 여행을 통해 가족의 소중함을 깨닫게 된 것만은 분명하기 때문이다.

그 후 뒤늦게 여행의 참맛을 본 내 동생은 지금도 끝없어 보이는 그녀만의 여행을 즐기며 자유롭게 살고 있다. 아쉬운 점이 있다면, 결혼 전에 부모님과 함께 여행을 다녀오지 못한 것이다. 그동안 바쁘다는 핑계로 부모님과 더 많은 추억을 만들지 못한 것이 못내 아쉽다.

나는 신혼여행 또한 남들 다 가는 흔한 루트로 다녀오고 싶지 않았다. 남편과 나는 색다른 허니문 일정을 원했다. 일정을 최대한 맞춰 보니 보름 정도 가능했다. 남편은 항상 남미여행과 크루즈여행을 꿈꿔 왔다고 했다. 나는 당시 너무나도 바쁜 일정을 소화하며 일중독자로 지내던 터라, 그저 푹 쉴 수 있는 휴양여행을 원했다. 우리는 서로 타협해서 마이애미에서 시작되는 짧은 일정의 크루즈여행을 계획했었다. 그러나 안타깝게도 미국과 쿠바의 국교 문제로 인해 크루즈여행 일정이 불가능하다는 여행사 측 통보를 받았다. 여행사 측에서도 혹시 모르니 보름만 기다려 보자고 했지만, 결국 우리의 크루즈여행은 수포로 돌아가고 말았다. 그렇게 기다리고 기다리다가 아쉬운 대로 마이애미-키웨스트-칸쿤 일정으로 변경해야만 했다.

물론 우리의 허니문은 기대 이상으로 행복한 시간이었다. 사실 어디를 가더라도 상관없었다. 둘이 함께하는 것만으로도 충분했으니까. 게다가 나의 일정 때문에 결혼식을 올리고 한 달이나 지난 후에야 신혼여행을 떠날 수 있었다. 결혼식 준비로 이미 지쳐 있을 대로 지쳐 있었지만, 결혼식 다음 날에도 나는 출근해야만 했다. 그래서 허니문 여행은 두 사람 모두가 하루하루 손꼽아 기다렸던 여행이기도 했다.

우리 부부는 만난 지 1년도 채 되지 않는 짧은 연애 기간을 거쳐 눈 깜짝할 사이에 결혼식을 올렸다. 그래서 서로에 대해 알아 가는 시간이 많이 부족할 수밖에 없었다. 연애하는 동안 푸껫으로 함께 여행을 떠난 적이 있었다. 그런데 그 소중한 시간에 우리는 얼마나 다퉜는지 모른다. 서로에 대해 몰라도 너무 몰랐다. 나는 하루 24시간을 함께하며 새롭게 발견하는 그의 모습을 있는 그대로 받아들일 준비가 전혀 되어 있지 않았었다. 하지만 그 안에서 서로에 대한 사랑을 더 발견했고, 더 가까워지는 계기가 되기도 했다.

그런 의미에서 우리가 보름간 함께한 허니문은 서로에 대해 더 깊이 이해하고 알아 가는 값진 시간이었다. 그 여정이 곧 우리의 인생과도 같았다. 길을 같이 헤매어도 보고, 우연히 만나는 예상치 못한 상황들에 울고 웃기도 했다. 너무나도 아름다운 광경 앞에 서서 이 순간, 사랑하는 사람과 함께하고 있음에 그저 감사하기도 했다. 그 후로도 우리 부부는 계획도 없이 어디든 자주 떠나곤 한다. 여행이 주는 기쁨을 너무나도 잘 알기 때문이다.

어린 시절 나는 비교적 부족함 없이 자랐다. 독립하기 전까지는 부모님 곁에서 온실 속의 화초처럼 곱게 자란 편이다. 그런 나에게, 여행은 지금까지의 그 어떤 교육보다도 더 의미 있는 배움의 기회를 주었다. 여행했던 순간들이 지금의 나를 만들었다 해도 과언이 아니다. 여행하는 동안의 그 시간은 나를 순수하게, 그러나 강하게 만들었다. 많은 사람들이 여행을 꿈꾼다. 하지만 시간이 없어서, 돈이 없어서, 라고 변명하며 끝없이 미루곤 한다. 그러나 내가 여행을 통해 깨달은 것은, 일단 저질러야 배움이 따른다는 사실이다.

나 역시 부모님을 모시고 다 같이 떠나는 해외여행과 남편과 함께하는 크루즈여행을 항상 꿈꾼다. 하지만 똑같은 변명으로 미루곤 했다. 이번 기회에 이 꿈을 나의 버킷리스트에 담아, 꼭 실행에 옮길 수 있도록 해야겠다. 빌딩 월세 1억 원을 받아 매년 최소한 번은 가족과 여유롭게 해외로 떠나는 상상을 해 본다. 그 여정 속에서 더 많은 것들을 경험하고 더 크게 성장해 나갈 것이다.

버킷리스트 14

경제부동산 분야
책 출간하고
경제적 자유 실현하기

· 정광주 ·

정광주 '한국부동산투자연구소' 대표, 주식회사 강남산업개발 대표, 공인중개사, 건축기사,
부동산 투자개발 전문가, 강연가

해군사관학교를 졸업하고 해병대 중대장으로 전역했다. 그 후 식품제조업과 도·소매업을 하며 사업가의 길을
걸었다. 타고난 근면함과 집요한 승부욕으로 부동산업에서 성공을 거듭해, 현재는 연간 거래액이 200억 원이
넘는 공인중개사로 활동하고 있다. 또한 '한국부동산투자연구소'의 대표로서 부동산 투자 노하우를 공유하고
있으며, 부를 전파하는 부동산 재테크 강연가, 부동산 멘토로도 활동 중이다.

- Email 2010456@naver.com
- C·P 010.8524.0100
- Blog blog.naver.com/2010456
- Instagram real_estate_mentor_

'한국부동산투자연구소'를
통해 경제적 자유 실현하기

부동산 투자를 통해 부자가 되어 경제적 자유를 누리고 싶은 사람들이 모인 네이버 카페 〈한국부동산투자연구소(이하 한부연)〉가 있다. 이곳에서는 모두가 함께 부자가 되어 간다.

누구나 부자가 되고 싶어 한다. 하지만 자신의 꿈은 부자라고 구체적으로 말하지 않는다. 막연히 부자를 동경만 할 뿐이다. 부자가 되기까지 필요한 노력에는 투자하지 않는다. 〈한부연〉은 이러한 부자준비생들에게 꿈을 실현하는 방법을 알려 준다. 그리고 부자가 되어 가는 과정에 함께한다. 부자가 되는 노하우를 공유하며 함께 상생하는 공간인 것이다.

부동산 부자가 되어 경제적 자유를 누리기 위한 첫출발은 무엇일까? 바로 부자가 되기로 결심하고, 부자처럼 행동하는 것이다. 〈한부연〉에 들어오는 순간 당신은 외치게 된다. "나는 행복한 부동산 부자다!" 이렇게 부자가 되겠노라, 외치는 다짐은 매우 중요하다.

〈한부연〉은 부동산 부자의 설계도를 그리는 대한민국 최고의 전문 연구소다. 〈한부연〉에는 대한민국 전체의 택지 시장에 대한 정보, 모든 토지의 거래에 관한 데이터, 인구의 증감과 시대의 변화에 따른 부동산 예측 등 당신이 부동산 부자의 설계도를 그려나가는 데 필요한 모든 준비가 되어 있다. 또한 구체적으로 설명하고 토론하며 함께 그림을 그려 나갈 최고의 전문가들이 준비된 곳이다.

여기에서 당신이 원하는 좋은 이미지를 찾아라. 나만의 멋진 저택, 월세가 꼬박꼬박 나오는 상가, 가족들의 행복한 생활상까지 하나도 빠짐없이 당신의 꿈을 그려 넣어라. 당신의 예쁜 꿈을 담아 지갑 속에 간직하라. 매일매일 설계도를 보듯, 꿈이 담긴 사진을 보며 건물을 지어 가라.

나는 다가구주택을 많이 건축했다. 나와 가족의 이름으로 직접 건축한 집도 있고, 중개를 통해 건축과정을 세심하게 관리·감독한 경험도 많다. 사람들은 집을 한 채 지으면 30년은 늙는 것처럼 힘이 든다고들 한다. 나 역시 다가구주택을 지으며 300년은 늦은 것 같다. 하지만 이제는 다가구주택 건축과정이 무척 쉽게 느껴진다.

내가 알고 있는 모든 노하우를 설계도에 반영한다. 설계 당시에 풍부한 상상력을 통해 머릿속에 이미지화를 해서 건축 이후에 발생할 수 있는 문제점들을 미리 예상해 사전에 제거한다. 실제 건축 후에 발생하는 하자의 대부분은 설계 당시에 미리 발견한다면 예방 가능한 것들이다. 그리고 이 문제점들은 설계 시에 미리 고치지 못하면 아예 고칠 수 없는 것들이기도 하다. 다가구주택 건축은 설계단계에서 이미 끝난다고 해도 과언이 아니다.

부동산 부자의 꿈에 대한 목표 설정, 설계도를 완성했다면 당신은 경제적 자유를 누릴 충분한 자격을 갖추었다. 드디어 착공이다. 이제부터는 부동산 부자가 되어 경제적 자유를 이뤄 나가는 과정이다. 지금부터는 정말 재미있는 과정이다. 전혀 어렵지 않다. 왜냐하면 우리에게는 최고의 설계도가 있기 때문이다. 〈한부연〉에는 같은 부동산 부자의 꿈을 이뤄 가는 수많은 꿈 친구들이 함께한다. 서로 응원하고 격려하며, 정보도 공유한다. 그리고 부동산 분야에서 가장 발 빠르고 전문성을 갖춘 최고의 코치진이 존재한다. 이러니 어떻게 부자가 되지 않겠는가?

설계도가 완벽하다면 시공은 설계도를 따라 꼼꼼하게 확인만 하면 끝이다. 실제 현장에서도 설계도를 하루에 열 번 이상 확인한다. 당신 역시, 부자 설계도를 하루에 열 번씩 확인한다면 부자의 꿈은 반드시 설계도와 같이 이루어진다. 당신의 설계도는 당신이 보기 좋은 곳마다 탑재, 전시되어 있다. 그 설계도는 〈한부연〉 카페에도 있을 것이고, 당신의 책상 위에도 올려져 있을 수 있다. 하루에 열 번이 아니라 스무 번, 서른 번 보아도 좋다. 그리고 수시로 점검하자. 진행 중인 공정이 설계도와 동일하게 진행되고 있는지 살펴보는 것이다.

자재는 KS(한국산업규격, 표준인증) 인증을 받은 자재를 사용해야 한다. 인증받지 않은 자재를 사용하는 것은 언제 어떻게 생길지 모르는 하자를 안고 지내는 것과 같다. 물론 시공하면서 생길지 모르는 하자를 체크하는 일은 〈한부연〉의 코치진이 꼼꼼하게 챙겨 준다. 부동산이라는 전문분야에서 경험을 공유해 주고 미리 알려 주는 멘토가 있다면 시행착오를 줄이고 쉽게 성공할 수 있다. 이것은 〈한부연〉의 설립 취지이기도 하다. 바닥 공사부터 1층, 2층, 3층… 서서히 당신의 건물이 완성되어 가는 것을 바라보며 이 모든 과정에서 행복을 느낄 수 있다. 5층까지 올릴지 10층까지 올릴지는 선택 사항이다. 1층부터 3층까지 단계별로 건축을 해 본 사람이라면 10층까지 건축하는 것도 문제없을 것이다. 단, 100층까지 건축하기 위해서는 별도의 공법과 과정이 필요하다. 이 또한 〈한부연〉에는 준비되어 있으니 걱정하지 않아도 된다. 당신에겐 더 크고 정밀한 설계도, 그리고 지금까지와 같은 확신과 습관화된 힘만 있으면 된다.

건축마감은 고급스러워야 한다. 왜냐하면 한 번 시공하면 최소

10년 이상 사용할 건물이기 때문이다. 20년, 30년 사용하기 위한 건물인데 고작 10~20퍼센트의 비용을 절약하려 하지마라. 절약한 비용보다 더 큰 아쉬움이 당신의 마음속에 남을 것이다. 그럼에도 굳이 비용을 절약하고 싶다면 이것도 반드시 전문가와 상의해야 한다.

나는 지금까지 수많은 건축과정을 직접 담당했고, 관리자의 역할도 했다. 그동안 10억 원짜리 건물을 지으면서 2~3,000만 원을 아끼기 위해 마이너스 옵션을 선택하는 사람들을 봤다. 이들 대부분은 건물의 준공 시점에 다시 시공해 달라고 요청했다. 마이너스 옵션을 선택할 당시에는 그 부분이 눈에 보이지 않았지만, 막상 건축이 완료되고 가시화가 되면 다시 선택을 바꾸고 싶은 것이다. 하지만 이때는 이미 선택을 바꿀 수 없는 시기다. 바꿀 수 있는 부분이 있다 하더라도 절약한 비용의 2배, 3배를 지불해야 하는 경우가 생긴다.

모든 사업, 투자, 공부, 삶이 마찬가지다. 우리는 보이지 않는 것을 추구할 때 수익을 창출할 수 있다. 보이지 않는 것을 추구하기 위해서는 강력한 신념이 있어야 한다. 그리고 습관화된 힘과 이를 지속할 수 있는 뚝심이 있어야 한다. 이 꿈을 이루는 과정을 함께할 친구가 있다면 정말 힘이 날 것이다. 그리고 자신의 꿈에 대해 이야기하고 코칭해 주는 멘토가 있다면 당신은 누구보다 쉽게 당신의 꿈을 이뤄 갈 것이다.

나는 현재 공인중개사 사무실을 운영하고 있다. 그리고 이곳 사무실을 찾는 손님들에게 항상 부에 대한 이러한 의식과 부자를 준비하는 과정을 강조해 왔다. 그리고 부자가 되기 위해 보이지 않는 것들을 손님들에게 보여 주기 위해 무척 노력했다. 수많은 사진을 제시하고 수많은 사례를 가지고 설명했다. 이제는 〈한부연〉이다.

〈한부연〉에는 수많은 사진들과 성공사례들이 집대성되어 있다. 부동산 부자가 되어 경제적 자유를 얻고 싶은 사람이라면 누구나 〈한부연〉에 들어와 사진을 공유하고 성공사례를 학습할 수 있다. 단, 확신을 갖고 꾸준히 설계도에 맞게 시공할 수 있는 힘을 가진 사람이어야 한다. 하루에 10번 이상 설계도를 확인하며 성실하고 꾸준히 자신의 꿈을 향해 나아가야 한다. 〈한부연〉의 꿈 친구와 코치진이 함께할 것이다.

부동산 부자가 되고 싶은가? 경제적 자유를 얻고 싶은가? 최고의 의식을 갖춘 부동산 전문가와 꿈 친구들이 함께하는 〈한부연〉으로 오라. 〈한부연〉에서 당신은 당신이 원하던 부동산 부자가 되어 경제적 자유를 얻을 것이다.

10억 원대 부자 1,000명,
100억 원대 부자 100명 만들기

나는 〈한부연〉을 설립하면서 구체적인 목표를 설정했다. 바로 '10억 원대 부자 1,000명, 100억 원대 부자 100명 만들기'다. 목표를 설정하며 이상보다 실현가능성에 초점을 두었다는 생각이 들었다. 사실 10억 원대 부자 1,000명을 만드는 것은 어려운 일이 아니기 때문이다. 왜냐하면 누구나 10억 원대 정도의 부자는 될 수 있기 때문이다. 또한 10억 원대 부자가 1,000명이 생기면 그중에 100억 원대 부자로 갈 수 있는 사람이 100명은 충분히 있을 것이라고 판단한다.

부동산은 평범하게 살아온 사람들이 부자로 접어드는 첫 번째

관문이다. 많은 사람들이 직장생활을 통해 모은 돈을 수익형 부동산 상품에 투자한다. 이러한 투자 고객은 주로 40~50대로, 대부분 1~3억 원 정도의 자금을 부동산에 투자하고자 한다. 내가 부동산 중개업을 처음 시작한 것은 서른두 살 때였다. 연세가 많으신 손님들 중에는 젊은 중개사의 말을 신뢰하지 않는 분들이 많았다. 아무리 좋은 물건을 추천해 드리려 해도 설득하기가 쉽지 않았다. 나는 그런 손님들께 적극적이고 열정적인 보습을 보여 드리려 노력했다. 그리고 남들과 차별화된 물건을 권해 드렸다.

가장 기억에 남는 고객은 울산에 사시는 김 사장님이다. 김 사장님은 포항지역의 원룸 중 노후한 건물을 매입했다. 겉보기엔 낡고 초라해도 수리하면 수익을 극대화할 수 있는 다가구주택이었다. 나는 김 사장님과 함께 건물을 리모델링했다. 큰 공사는 아니었다. 오래된 싱크대와 옵션 품목을 새것으로 교체하고, 도배와 바닥을 수리하는 정도였다. 하지만 김 사장님은 1년 후, 2억 원이 넘는 차익을 남길 수 있었다. 매도 시점의 양도소득세 부분까지 철저히 고려해 계약을 하고 공사를 진행한 덕분에 양도소득세를 대폭 절약해 드릴 수 있었다.

초보 중개사 시절, 힘들게 계약을 성사시켜 드려 지금까지 좋은 인연을 맺고 있는 분들이 많다. 그분들은 하나같이 나에게 이렇게 말씀하셨다. 젊은 사장이 뭘 모를 거라 생각했는데, 자신을 설득해 주어서 고맙다고. 좋은 매물을 추천해 줘서 고맙고 계약부터 건물 관리까지 깔끔하게 처리해 줘서 고맙다고 하셨다. 이때 나와 거래하셨던 분들은 지금 대부분 10억 원대 정도의 부자가 되어 있다.

이미 나는 수십 명의 10억 부자를 만들었다. 물론 그분들이 부를 이루는 데 있어 내가 모든 역할을 한 것은 아니다. 하지만 나를 통해 시간이 단축된 것은 맞다. 나는 그분들이 가고자 하는 길에 긍정적인 영향과 실질적인 도움을 주었다. 간접적으로 영향을 준 사람을 포함하면 그 숫자는 훨씬 많을 것이다. 그러니 지금보다 훨씬 체계적이고 폭넓게 활동한다면 1,000명의 10억 원대 부자 만들기는 앞으로 3년 안에 달성할 수 있을 것이다. 그리고 이어서 100명의 100억 원대 부자 만들기를 달성하고자 한다.

"해 보기나 해 봤어?"

고(故) 정주영 회장의 유명한 말이다. 정 회장은 당시 선박 수주를 반대하던 직원들에게 이렇게 일갈했다. "해 봐. 되는 방법을 찾아 최선을 다하면 분명히 돼. 그렇게 되더라고. 내가 해 보니까 그렇게 돼."라고. 정 회장의 결단에 현대조선소는 크게 성장할 수 있는 발판을 마련했다. 나는 정 회장의 이런 투지를 항상 본받고자 했다. 당신도 두려움을 떨치고 우선 도전하라. 당신이 상상하는 것은 어떤 것이든 이루어질 수 있다고 믿으면서 말이다.

"이봐! 10억 원대 부자가 되려고 노력해 봤어? 지금부터 해봐! 안 되었어도 다시 해 봐! 모르겠으면 〈한부연〉에 물어봐! 물어보니까 되더라고."

내가 해병대에서 복무하던 시절이었다. 태양이 작열하는 8월의 포항 도구해수욕장에서는 연대가 전투수영 훈련 중이었다. 전투수영 훈련장에서는 중대대항 씨름경기가 한창이었다. 연대장님은 웃으시며 중위계급의 참모진들에게 "나가서 씨름 한번 하고 와."라고 지시하셨다. 연대장님의 지시를 받은 장교들은 명령을 농담처럼 받아들였다. 명령을 따르지 않는 것이었다. 연대장님의 지시를 몇몇 후배들이 사양하는 바람에 나에게까지 순서가 돌아왔다. 후배들의 안일한 태도가 마음에 들지 않았던 터라, 나는 1초의 망설임도 없이 훈련장으로 뛰어나갔다.

나는 씨름경기 심판을 맡고 있는 중대장에게 경기에 넣어 달라고 했다. 그런데 아주 건장한 상대 팀 대원을 경기 상대로 붙여주었다. 마치 다윗과 골리앗의 대결처럼 느껴졌다. 하지만 해병대 장교의 자존심이 걸린 승부 아니던가. 게다가 상대는 한참 어린 부하다. 운동 경기지만 쉽게 질 수는 없었다. 상대의 건장한 체구에 살짝 기가 눌렸지만, 나는 경기를 지켜보고 있을 후배들에게 무언의 가르침을 주고 싶었다.

건장한 체격의 20대 초반 해병대원과 한판 승부가 시작되었다. 상대는 힘으로 나를 밀어붙였다. 나보다 10cm는 더 컸기에 위에서 누르는 힘이 묵직했다. 나는 빠른 몸놀림으로 이리저리 공격을 피하다가 상대방의 빈틈을 발견하고 일격을 가했다. 결국 나의 승리였다. 순간 모래판에 환호성이 일었다. 연대장님께서 지휘 천막에서 나와 물과 수건을 건네주셨다. 그 순간을 잊을 수 없다. 이때 나는 다시 한 번 느꼈다. 해 보지도 않고 안 된다고 하는 것처럼 바보 같은 일은 없다는 것을.

나보다 덩치가 큰 친구를 씨름에서 이길 때 나는 별 생각이 없었다. 그냥 이기고 싶었을 뿐이다. 〈한부연〉도 보다 많은 친구들과 함께 부자가 되고 싶은 마음에 설립한 것이다. 〈한부연〉이 없었다면, 나는 그저 평범한 부동산 업자에 그쳤을 것이다. 그리고 혼자서 100억 원대 부자가 되겠다고 열심히 살았을 것이다. 그러나 나는 〈한부연〉을 설립한 이후로 보다 크고 명확한 꿈을 꾸고 있다. 내 안에서 성공을 향한, 행복을 향한 열망이 끓어오를 때 우리는 충분히 성공과 행복을 이룰 수 있다.

나는 해병대 장교에서 이제는 회사의 대표가 되었다. 나에게 명령하는 사람은 없다. 이제 스스로 명령을 내리고 행동한다. 스스로 명령하다 보니, 점점 명령의 기술이 좋아짐을 느낀다. 이제는 〈한부연〉의 코치들에게 구체적인 명령을 내리며 회사의 목표를 하나씩 이루어 간다.

10억 원대 부자 1,000명 만들기, 100억 원대 부자 100명 만들기는 이미 시작되었다. 내 휴대전화에는 5,000여 명에 이르는 고객의 전화번호가 저장되어 있다. 물론 원룸을 구하시던 고객부터 10억, 20억원 대의 투자를 문의한 고객의 번호까지 모두 저장한 것이다. 한 분 한 분 소중한 인연이다. 전화번호를 저장하면서 마음속으로 되뇐다. 전화 주셔서 감사합니다. 저는 당신에게 반드시 도움을 주는 사람입니다. 만약 당신의 전화번호가 내 휴대전화에 저장된다면, 당신은 부자가 될 매우 좋은 환경에 놓인 것이다. 〈한부연〉이 당신에게 부자로 가는 지름길에 대한 정보를 꾸준히 알려 줄 것이기 때문이다.

5년, 10년 후 나의 모습을 지켜봐 주었으면 좋겠다. 나와 함께하는 많은 10억 원대 부자친구, 100억 원대 부자친구들과 행복한 세상을 만들고 나누는 모습을 보여 주고 싶다.

어린이와 학생들을 위한
부동산 교과서 집필하기

    나는 네 살, 일곱 살 두 아들을 둔 아빠다. 아내가 직장에 다니는지라 오랜 기간 내가 육아를 전담했다. 그래서 아이들과 높은 친밀도를 형성했다. 아이들은 어린이집, 유치원, 태권도장을 마치면 아빠의 부동산 사무실로 하원한다. 자연스럽게 아빠가 하고 있는 일에 호기심을 가지게 되었다. 지도를 가지고 서로 이야기하면서 놀기도 한다. 아이들은 아빠의 직업적인 영향을 많이 받아 지리적인 호기심과 상가, 건축 등에 관심이 많다. 일하고 있는 나에게 계속 이것저것 물어본다. 그래서 아이들 눈높이에 맞는 책으로 부동산에 대한 기초 교육을 해야겠다고 마음먹었다.

    바쁘다는 핑계로 아이들과 많이 놀지 못한다. 매일 밤 12시 퇴근은 기본이다. 심지어 새벽에 퇴근하는 경우도 많다. 바쁜 와중에도 짬을 내어 아들 두 녀석과 함께 블루마블 게임을 한다. 블루마블 게임은 주사위를 굴려 세계를 여행하며 토지를 매입하고 호텔, 빌딩, 별장을 건축해 임대료를 받는 게임이다. 블루마블 게임을 하면서 나는 가끔 놀라기도 한다. 내가 해결해야 하는 과제의 해법을 단순한 게임 속에서 찾기도 하기 때문이다. 그리고 게임 속에 놀라운 부동산의 원리들이 많이 담겨 있다. 예를 들어 보자.

- 토지가 비싸더라도 동일한 기간에 수익이 많이 나는 토지를 매입하는 것이 좋다.
- 서울은 두말할 필요도 없다.
- 우주항공권을 이용해 빠르게 이동할 경우 원하는 땅을 정확하게 매입할 수 있다.
- 현장에 가지 않고서는 그 땅을 살 수도 없고, 사서도 안 된다.
- 게임판을 한 바퀴 돌때마다 주는 월급의 의미는 무엇인가?

이렇게 블루마블 게임에는 쉽고 재미난 이야기들이 많이 들어 있다. 이러한 내용들을 엮어 어린이들이 쉽게 부동산을 접하고 생활경제를 알아 갈 수 있는 책을 집필할 것이다.

우리 아이들은 독서를 참 좋아한다. 특히 《Why》라는 책을 자주 읽는다. 역사, 문화, 과학 등 초등학교 교과서에 실린 내용들을 쉽고 재미있게 만화로 그린 책이다. 폭넓고 때로는 깊숙한 내용을 쉽게 다루기도 한다. 나는 이 《Why》와 같은, 어린이들을 위한 부동산 교과서를 쓰고자 한다. 아직 우리나라에 어린이들이 볼 만한 부동산 서적은 없다. 심오한 우주와 과학, 철학 등에 관한 어린이용 서적은 많은데 당장 삶과 맞닿아 있는 어린이 부동산 서적이 없다는 현실이 안타깝다. 청소년용 부동산 책 또한 10년 전에 집필된 책 한 권이 전부다. 그렇기 때문에 나는 어린이와 청소년을 위한 부동산 서적을 집필하기로 마음먹었다.

시중 서점에 가 보면 부동산 투자 교과서라고 하는 대중서들이 참 많다. 자신의 책을 교과서처럼 활용하라는 의미에서 제목을 부동산 교과서라고 붙인 것들이다. 나 또한 제목을 보고 몇 권 구매해서 읽은 적이 있다. 대부분 투자의 방법에 대해 다루고 있었다. '땅은 어떤 땅을 사라, 어느 지역의 아파트가 가격이 오를 것이다…' 등 교과서와는 맞지 않는 내용이 너무 많다. 적어도 교과서라면 시대적 상황과 경제적 환경을 막론하고 보편적인 내용을 담아야 한다고 생각한다. 단순하고 일시적인 사례를 담으면서 부동산 투자 교과서라 이름 붙이는 것은 부적절한 것 같다.

부동산 중개업을 하면서 다양한 계층의 손님을 상대한다. 그중 20대 초·중반의 사회 초년생 손님이 월세를 알아보러 부동산 사무실을 방문하는 경우가 많다. 그럴 때면 나는 평소보다 많은 노력을 할애해 손님에게 충분한 부동산 기초 교육을 해 준다. 적은 중개 보수임에도 임대차 보호법, 계약의 법적 효력, 금융업무의 순서와 원리 등을 잘 이해하도록 최대한 쉽게 설명한다. 부동산에 대해 하나씩 이해시켜 주고 나면 손님의 얼굴이 환해진다. 그리고 나에게 고맙다는 말을 잊지 않는다. 이럴 때, 한 건의 계약을 성사시켰다는 성취감보다 한 사람의 인생 첫 계약, 첫 경험을 쉽게 이해시키고 정리시켜 줬다는 데서 오는 보람이 더 크다.

때로는 고객이 계약 전에 부모님께 허락을 받는 상황도 종종 있다. "아빠, 여기 부동산 공인중개사 사장님이 등기부등본하고 건축물대장 확인시켜 주셨어. 그리고 집주인의 신분증도 확인했고, 통장도 확인했어. 계약금 100만 원 먼저 입금하고, 말일에 잔금 400만 원 입금하고 입주하면 된대." 전화를 끊은 고객은 아버지가 알아보고 전화를 주시기로 했다며 10분을 더 기다려 달라고 한다.

이제 이 고객의 아버지는 지인에게 전화해서 물어보고 확인할 것이다. 이들 부모님의 특징은 사람을 절대 믿지 않는다는 것이다. 심지어 자신의 아들, 딸까지 믿지 않는다. 이러한 부모들에게는 내가 다시 전화로 세세하게 일러 주어야 한다. 임대차보호법을 출력해서 보여 줘도 믿지 않는 사람도 있다. '아휴, 답답해. 이런 식으로 어떻게 수십 년을 살아왔나?' 하는 답답함마저 든다. 물론 나쁘기만 하다는 것은 아니다. 하지만 성인이 된 자식에게 믿음을 주고 자립심을 주지 않는다면 어떻게 자녀가 나중에 큰일을 할 수 있을까, 라는 의문이 들게 한다.

부동산 교과서가 필요한 이유는 부동산에 대한 지식수준에 국한되지 않는다. 부동산을 알기 위해서는 계약에 대해 알아야 한다. 계약은 직장생활, 사업 모든 영역에 걸쳐 광범위하게 이루어지는 일상이다. 기초적인 생활경제의 내용이 포함된다. 주거와 관련된 내용, 상업과 관련된 내용이 포함된다. 학교에서는 가르쳐 주지 않지만 살아가는 데 꼭 필요한 지식들이다.

대학교에서도 부동산 교과서를 활용한 수업을 해야 한다. 왜냐하면 아직까지 부동산에 대해 무지한 대학생들이 많기 때문이다. 청년창업과 도전을 꿈꾸는 대학생들이 임대차계약서를 써 본 적이 없다. 계약을 하더라도 자신에게 어떤 법적 효과가 어떻게 발생하는지 알고 있는 대학생은 정말 드물다. 자신만의 창업 공간은 어떻게 마련할 것이며, 자신의 창작품의 매출은 어떻게 발생하는지, 거래계약서는 어떻게 작성해야 하는지 등 꿈을 이루어 가는 과정에 필요한 절차와 법률 행위에 대한 교육이 필요한 것이다.

심지어 벤처사업을 하려는 대학생 중에는 사업자 등록을 어떻게 하는지, 왜 하는지 모르는 친구들도 많다. 물론 누구나 겪는 첫 경험일 수 있다. 하지만 학교에서 미리 한 번쯤 배웠었더라면 모든 일을 훨씬 더 쉽게 처리했을 것이다.

청소년들의 장래희망 1순위가 '건물주'라는 충격적인 조사 결과가 있었다. 나는 이 대목에서 심하게 안타까움을 느꼈다. 그것은 청소년들이 건물주가 되어 가는 과정은 떠올리지 않고 막연하게 '건물주'라는 허상만 좇고 있다고 생각이 들어서였다. 지금 건물주로서 부를 누리는 사람들의 대부분은 젊은 시절 치열한 삶의 현장을 인내하며 건물주라는 열매를 맺었을 것이다. 자신의 꿈을 위해 노력하는 과정에서 부의 한 부분으로 부동산을 소유하게 되었으면 한다. 나의 부동산 교과서를 통해 어린이와 학생들이 보다 쉽게 세상을 바라보고 도전할 수 있으면 좋겠다.

부동산 교과서를 통해 아이들과 학생들에게 살아가는 데 필요한 현실적인 지식과 지혜를 알려 줄 것이다. 수학, 과학, 영어 등의 과목보다 당장 생활하는 데 필요한 과목을 공부하게 할 것이다. 그리고 건물주가 되기 위해서는 어떤 과정과 직업을 갖고 어떤 꿈을 꾸고 살아가야 하는지 말해 주고 싶다. 어쩌면 부동산 교과서를 집필하는 것이 우리의 자녀들과 국가의 꿈나무들을 위해 내가 가장 우선적으로 해야 될 일이 아닌가 싶다. 나는 반드시 어린이와 학생들을 위한 부동산 교과서를 집필할 것이다.

경제부동산 분야
베스트셀러 작가 되기

어르신들께서는 흔히 "내 삶을 책으로 쓰면 무조건 베스트셀러다."라는 말을 하신다. 이 말에는 본인의 이야기를 책으로 써보고 싶었다는 욕망이 담겨 있다. 이렇듯 누구나 한 번쯤 작가의 꿈을 꾸었을 것이다. 나는 〈한책협〉과 김태광 대표 코치를 만나 작가의 꿈을 이루었다. 이미 공동저서를 두 권 집필했고, 몇 달 후에는 부동산을 주제로 한 개인저서가 출간된다. 이렇게 쉽게 꿈을 이루다니! 먼저 꿈을 이룰 수 있게 멘토가 되어 주신 김태광 대표 코치님, 임원화 수석 코치님 이하 코치님들께 감사드린다.

나는 왜 작가가 되고 싶었을까? 내가 알고 있는 것들을 타인과 나누고 싶어서였다. 그리고 그 과정에 부도 얻을 수 있기 때문에 작가가 되고 싶었다. 나는 일찍부터 작가로서의 재능을 보였다. 중·고교 시절 백일장에서의 장원을 비롯해 다수의 입상 경험이 있다. 고등학교와 사관학교 시절에는 학보사 기자로 활동하면서 글쓰기를 손에서 놓지 않았다. 이때의 작은 소망과 노력들이 모여 나를 작가가 되게 했다.

기억에 남는 에피소드가 있다. 중학생 때 국어 선생님께 크게 칭찬을 받은 적이 있다. 국어 선생님께서는 사춘기 소년들에게 '사랑'을 한 줄 문장으로 표현해 보라고 하셨다. 그때 내가 쓴 문장을 20년이 지난 지금도 생생히 기억한다. "사랑받는 이는 사랑하는 이의 희망이고, 사랑하는 이는 사랑받는 이의 거울이다."라는 짧은 문장이었다. 내 글을 읽으신 선생님께서는 여러 번 입으로 읽으시면서 중학생이 이런 글을 지어 내는 것이 정말 놀랍다고 칭찬해 주셨다. 이때의 칭찬이 나에게 작가가 되겠다는 꿈을 처음으로 갖게 해 주었다.

작가의 꿈은 현실이 되었다. 이제 보다 높은 꿈을 설정해야 한다. 왜냐하면 나는 꿈을 먹고 사는 또라이니까. 지금부터 나는 경제부동산 분야의 베스트셀러 작가란 꿈을 꾼다. 베스트셀러 작가는 일반 작가와 다르다. 달라야만 한다. 사람들은 나에게 먼저 찾아와 나의 이야기를 기다릴 것이다. 나의 책은 출간과 동시에 놀라운 속도로 판매되고, 전국 주요 서점 가장 좋은 곳에 진열될 것이다.

작가가 되었다는 것은 성공자의 계단에 진입했다는 것이다. 베스트셀러 작가가 된다는 것은 정상에 서는 것을 의미한다. 정상에서 세상을 내려다보며, 내가 줄 수 있는 모든 것을 주고 싶다. 어린 시절 가족이나 학교로부터 부자가 되는 법, 부동산을 활용하는 법을 배우지 못한 사람들에게 부자가 되고 부동산을 활용하는 법을 가르쳐 줄 것이다. 이것이 내가 베스트셀러 작가가 되어야만 하는 이유다.

앞으로 나는 베스트셀러 작가가 될 것이고, 강연, 강의, 투자 활동을 통해서 많은 부를 축적할 것이다. 나는 충분히 잘해낼 수 있는 능력과 열정을 지닌 사람이다. 나는 〈한부연〉을 통해 더욱 많은 부자친구들을 만들고 싶다.

나는 부동산 개발업에 종사하고 있는 사업가다. 지금은 소규모 다가구 주택을 주로 건축하고 있다. 내가 지은 다가구 주택은 쉽게 말해 베스트셀러 건물이다. 사용 승인 후, 한 달도 채 되지 않아 모든 방들이 임차인으로 채워진다. 임차인들에게 촘촘하게 다가가고 소통하고 배려하기 때문이다. 머지않아 100세대, 200세대 규모의 오피스텔을 건축할 것이다. 또한 머지않아 1,000세대, 2,000세대의 아파트 단지를 개발할 것이다. 나의 베스트셀러 유전자는 여기에서 빛을 발할 것이다. 다른 디벨로퍼(developer, 부동산 개발 기획부터 마케팅까지 총괄하는 책임자)들은 보지 못하는 세세한 감성까지 개발할 줄 아는 진정한 디벨로퍼가 될 것이다.

작년에는 부동산 분야 도서가 가장 많은 판매량을 기록했다. 전년 대비 약 67퍼센트가 증가해 재테크 분야를 누르고 점유율 1위를 차지했다. 작년 한 해는 국내 금리가 역대 최저를 기록하는 등 부동산의 호재가 많았던 시기였다. 올해 역시 작년에 비해 조금 낮아진 수치이긴 하지만 작년보다 부동산 도서 판매량이 증가했다. 즉, 국민들은 부동산을 통해 부자가 되고 안정적인 삶을 살아가길 원한다. 나는 전문적이면서도 대중적인 책을 펴내 독자들에게 다가가기 위해 노력하고 있다.

나의 두 번째 저서는 어린이와 청소년을 대상으로 한 부동산 교과서가 될 것이다. 전국의 각 초·중·고등학교의 권장도서로 선정되어 학생들이 방학 때 꼭 읽어야 하는 책이 되는 게 목표다. 부모들이 아이와 함께 읽기 좋은 책임은 말 할 것도 없다. 아빠로서 아들에게 들려주고 싶은 삶의 지혜가 부동산에 투영될 것이다. 아빠와 아들 사이의 비전 징검다리 역할을 하는 책이 탄생하는 것이다. 하지만 정작 나는 일을 핑계로 밤늦게 퇴근하느라 아이들과 함께해 준 시간이 부족했다. 아이들의 호기심을 충분히 함께 나누지 못했다. 좋은 책을 써서 아들들에게 선물하고 싶다.

지금까지 청소년만을 위해 출판된 부동산 서적은 단 한 권뿐이다. 이 책을 읽어 보자 저자의 고심이 느껴졌다. 다른 나라도 경제 교과서가 부동산을 중심으로 쓰인 사례는 극히 드물 것이다. 이는 내게 우리나라에서 경제 교과서가 부동산 중심으로 쓰일 필요가 있다는 화두를 던져 주었다. 물론 내가 추구하는 바이기도 했다. 우리가 살고 있는 땅과 집에 대한 이야기와 상가와 생활경제 등에 대한 이야기를 묶어 의미 있는 부동산 교과서를 탄생시킬 것이다.

나의 세 번째 저서는 전국 각지에 있는 부동산 스터디 그룹과 투자 동호회의 바이블이 될 것이다. 실전 부동산 투자에서 입문부터 결심과 성과 획득에 이르는 전 과정을 정광주만의 시각으로 이해하기 쉽게 풀어 쓸 것이다. 시중에는 흔한 정보만을 담고 있는 얕은 책들이 많다. 나는 부동산 멘토로서 독자들에게 진정한 부동산 투자의 지혜를 심어 주고 싶다. 그들로 하여금 스스로 배우고, 실천해 성과를 내는 첫발을 떼도록 도움을 주고 싶다.

지금도 나는 컴퓨터 앞에 앉아 밤새워 글을 쓰고 있다. 지금 내가 걷는 이 길이 나를 정상으로 인도할 것이다. 나는 명확한 꿈과 끊임없는 노력으로 베스트셀러 작가가 될 것이다.

임대소득 월 1억 원 달성하기

우리가 살아가는 데 꼭 필요한 물질들은 정해진 가격이 없거나 매우 저렴하다. 예를 들면 물, 빛, 공기 등이 그러하다. 하지만 토지와 건물은 예외다. 우리가 살아가는 데 꼭 필요한 것이지만 비교적 비싼 돈을 지불해야 사용할 수 있다. 때로는 엄청난 비용을 지불하며 토지와 건물을 이용한다.

건물을 임차해 사업을 하고 있는 사업주들과 자주 소통한다. 이들은 대부분 월세가 비싸다고 말한다. 왜 비싼 것일까? 대체 가능한 저렴한 상품이 없기 때문에 비싼 것이다. 땅은 유일하게 신께서 창조하신 것이다. 인간의 힘으로 더 이상 만들어 낼 수 없다. 다이아몬드는 과학기술로 만들 수 있지만, 땅은 만들어 낼 수 없다. 이러한 성질이 부동산을 비싼 상품으로 만드는 것이다.

임대소득으로 월 1억 원을 받으면 어떤 느낌일까? 당신의 월급이 500만 원이라고 가정하자. 그렇다면 당신과 똑같은 사람 20명이 밥도 먹지 않고 옷도 입지 않고 오로지 당신을 위해 일하는 것과 같다. 상상만 해도 기분이 좋아진다. 나는 그들이 벌어다 주는 돈을 이용해 의미 있는 소비를 하고, 하고 싶은 일에 더욱 몰두한다. 어쩌면 이것이 임대소득을 희망하는 모든 이들의 꿈일 것이다.

주변의 공인중개사 대부분은 임대 사업으로 수익을 얻는 것을 선호한다. 사업 지연에 따라 자금 회수 및 확보가 되지 않기 때문에 임대소득을 선호하는 것이다. 개발 사업의 어려움이 크다는 것을 보여주는 증거다. 나 또한 개발 사업에 투자를 하기보다는 과감하게 임대소득을 먼저 추구하라고 조언한다.

부동산 투자를 상담하러 오는 고객은 정말 각양각색이다. 희망사항도 다양하다. 쉽게 A(시세차익)형과 B(임대소득)형이 있다고 하자. A형은 부동산 매입 후 10년, 20년 후의 막대한 시세차익을 기대하는 사람이다. B형은 매월 월세를 받기를 원하는 사람이다. 나는 단연 임대소득형을 먼저 권한다. 꾸준히 양호하게 임대수익이 발생하면, 수익 증가분의 시세차익 확보가 충분히 가능하기 때문이다.

부동산에 투자해 임대소득이 발생한다는 것은 현금흐름이 좋아졌다는 뜻이다. 미래의 가치는 부동산에 내재되어 성숙되고, 동시에 현재의 가치가 임대소득으로 발생하는 것이다. 현금흐름이 좋아졌다는 것은 '나'라는 기업의 재무구조와 수익구조가 좋아졌다는 뜻이다. 당연히 현금흐름이 좋아진 기업이 지속 발전할 것이다. A형 투자자가 운이 좋아 대박이 나 충분한 시세차익을 얻을 수도 있을 것이다. 그렇다 하더라도 B형 투자자처럼 10년 동안 꾸준히 발전하는 것이 훨씬 행복하고 크게 성장하는 길이라 확신한다.

60대 신 회장님과는 상업용 토지 거래의 고객과 중개사로 만났다. 회장님은 젊은 사장인 나를 좋게 보고 나의 멘토가 되어 주셨다. 회장님은 젊은 시절부터 건설노동을 하셨던 분이다. 젊은 시절 모으신 돈으로 본인의 집을 직접 지으셨다고 한다. 첫 번째 집을 짓고 나니 두 번째 집을 더 잘 짓고 싶다는 욕심이 생겨 집을 또 한 채 지으시게 되었다. 그로 인해 집이 두 채가 되니 자연스레 한 채는 임대를 놓게 되었다. 그리고 좋은 땅이 나올 때마다 토지에 투자했고, 한 채, 두 채 계속 건축을 거듭한 끝에 다가구주택 20여 동을 소유하게 되었다. 거기에 상가빌딩 여러 동을 임대하고 있다.

회장님께서 설명해 준 논리는 단순했다. 집값이 오르는데, 땅 사서 집 짓는 일을 안 할 이유가 없었다고 한다. 같이 현장에서 일하던 동료들은 주어지는 급료를 가지고 소비생활을 했고, 자신은 받는 급료를 모아 조금씩 땅을 사서 집을 지었다고 하셨다. 땅을 조금씩 사면서 부동산 공부를 저절로 할 수 있었다는 것이다. 한 채가 두 채가 되는 데 1년이 걸렸다면 두 채가 네 채가 되는 데도 1년밖에 걸리지 않았다는 것이다. 당시 함께 일했던 동료들 중 몇몇은 부자가 되었지만, 신 회장님처럼 큰 부자는 되지 못했다고 한다.

임대소득 1억 원을 벌기 위해 처음부터 많은 돈이 필요한 것은 아니다. 신 회장님이 그러했듯 처음에는 집 한 채로 시작하면 된다. 이미 집 한 채로 200~500만 원대의 월세 수입을 얻는 부동산 투자가들은 꽤 많을 것이다. 하지만 이분들 중 90퍼센트는 작은 월세 수입에 안주하고 있을 것이다. 나머지 10퍼센트는 조금 더 큰 목표를 향해 끊임없이 노력하고 있을 것이다. 나는 월세 1억 원을 목표로 설정했기 때문에 내 꿈에 맞게 행동하려 한다.

평범한 사람이 1억 원이라는 돈을 벌려면 적어도 1년 이상의 시간이 걸린다. 좀 더 뛰어난 사람은 수개월 만에 1억 원을 벌 수 있을 것이다. 탁월한 사람은 1억 원이라는 돈을 버는 데 한 달도 채 걸리지 않을 것이다. 하지만 탁월하지 않더라도 주어진 기회를 잘 잡으면 단기간에 금전적 수입을 끌어올릴 수 있다. 주변의 부동산 흐름을 읽을 수 있는 능력과 관심이 있다면 스쳐 가는 현상들이 기회로 다가올 것이다. 이렇게 주어진 기회를 잘 잡았을 때 부자로 가는 지름길이 열리는 것이다.

나는 지금 월세 300만 원짜리 사무실을 쓰고 있다. 월세가 비싸다고 해서 공간이 매우 넓지는 않다. 전용 15평의 평범한 부동산 중개사무소의 크기다. 부모님께 드리는 용돈은 고작 30만 원인데, 건물 임대료로 월 300만 원을 지출한다는 것이 안타깝게 느껴진다. 한평생 자식을 키워 준 사랑보다 건물 한 칸의 가격이 더 비싸단 말인가? 나는 부모님께 300만 원 이상의 용돈을 드리는 아들이 될 것이다.

해군사관생도 시절에 헨리에트 앤 클라우저의 《종이 위의 기적, 쓰면 이루어진다》라는 책을 만났다. 책을 읽은 뒤 나는 무릎을 탁 쳤다. 그리고 종이 위에 썼다. '대통령상! 사관생도 정광주'라고. 아쉽게도 종이 위에 적은 꿈을 실현하지는 못했다. 15년이 지난 지금 나의 소원이 이루어지지 않은 이유를 깨달았다. 나의 멘토이신 김태광 대표 코치님과 임원화 수석 코치님처럼 이루어질 때까지 쉼 없이 종이 위에 소원을 적고, 시각화해야 보다 정확하게 이룰 수 있다는 것을 말이다.

지금 나는 임대소득 월 1억 원의 꿈을 조금씩 이루어 가고 있는 중이다. 처음에는 100만 원부터 시작했다. 처음 5년 동안은 임대소득 월 2,000만 원에 도달할 것이고, 이후 5년 동안은 월 1억 원의 임대소득의 꿈을 향해 달릴 것이다. 당신의 버킷리스트에도 '임대소득으로 경제적 자유 실천'이라는 문구가 있는가? 그렇다면 함께 가자. 같은 꿈을 갖고 함께 달린다면 훨씬 쉽고 빠르게 꿈에 도달할 것이다.

당신도 임대소득을 통한 경제적 자유를 원하는가? 그렇다면 적은 임대소득부터 시작하자. 그리고 임대소득을 활용해 '나'라는 기업에 재투자하고, 부동산에 다시 투자하자. 부동산에 투자하면서 관련 정보를 공부하고 멘토로부터 조언을 받으면 좋겠다. 월세 1억 원은 나의 꿈에 그치지 않는다. 우리 모두의 꿈이 되어 함께 이룰 수 있을 것이다.

버킷리스트 14

대한민국 최고의
창업 멘토 되기

· 권 태 호 ·

권태호 '한국세일즈연구소' 대표, 영업 코치, 영업 컨설턴트, 자기계발 작가, 강연가, 동기부여가

15년간의 현장 경험을 바탕으로 영업 교육에 관해 코칭하면서 선한 영향력을 끼치는 메신저로서 살아가고 있다. 다양한 세일즈 경력을 바탕으로 20~30대 젊은 직장인들에게 실전 영업 노하우를 체계적으로 가르치고 있으며, 국내외 대기업 영업부 직장인을 대상으로 영업에 대한 컨설팅을 진행 중이다. 저서로는 《나를 세우는 책 쓰기의 힘》, 《꼭 이루고 싶은 나의 꿈 나의 인생2》가 있다.

- Email can_messenger@naver.com
- C·P 010.2582.8505
- Facebook Happytaeho
- Blog cantaeho.blog.me
- Instagram cantaeho

대한민국 최고의
세일즈 연구소 창업 코치 되기

내가 영업을 시작한 지도 어느새 10년이 되어 간다. 기업교육 영업과 제약영업을 하며 수많은 고객들을 만났다. 대학교 3학년, 취업도 하기 전에 기업교육 전문기관 한국리더십센터에 인턴으로 입사했다. 나는 기업과 학교, 기관에서 교육이 필요한 이유와 중요성에 대해 프레젠테이션을 했고 고객 관리와 영업을 함께 진행했다. 또한 회사에서는 나에게 리더십, 영업 마케팅 분야에 대한 값비싼 교육을 들을 수 있는 기회를 제공했다. 짧은 기간이었지만 참 많은 경험을 할 수 있었던 소중한 시간이었다.

당시의 교육을 통해 사람이 어떤 목표를 달성하는 데는 많은 부분들이 요구된다는 것을 알게 되었다. 하지만 기본적으로 내 안에 잠재되어 있는 동기를 불러일으키는 것이 무엇보다 중요하다는 점 또한 알게 되었다. 그리고 팀을 이끌기 위해서는 리더십이 중요하다는 것과 모든 것의 시작은 영업 마케팅이라는 깨달음도 얻을 수 있었다.

지금이야 세상이 많이 변했지만 당시만 해도 기업 강사가 되기 위해서는 연륜이 경쟁력이었다. 때문에 나는 시간을 벌고, 기업 현장을 직접 경험하면서 나의 지식을 무장하기로 했다. 그래서 나는 인턴 종료 시점에 팀장님에게 받은 입사 제안을 정중히 거절할 수 있었다. 그러다 우연히 서점에서 발견한 《제약영업의 기술》이란 책을 읽은 후부터 제약회사와 제약영업에 대해 관심을 가지게 되었다. 이렇게 나의 꿈을 이루기 위한 첫 여행을 국내 제약회사 영업부에서 시작할 수 있었다.

대한민국 최고의 기업 강사가 되기 위해서는 기업 현장 경험은 필수라는 생각으로 업무에 임했다. 그러다 보니 현장에서 만나는 모든 고객이 나의 스승이었다. 일상이 스토리였고 누구보다 열심히 그리고 즐겁게 일할 수 있었다. 이는 남들보다 두 배로 일하는 원동력이 되었다. 밤낮 가리지 않고 일한 결과 입사 6개월 만에 200퍼센트의 성장을 이루었다. 나는 사장님과 전국의 영업사원이 모이는 자리에서 성공사례를 발표했다.

입사 1년이 되던 해, 고객의 소개로 외국계 제약회사 영업부에 대해 알게 되었다. 그러곤 입사 1년 2개월 만에 이직에 성공했다. 외국계 회사는 국내 회사와 다른 점이 많았다. 기본적으로 연봉, 복지는 우수한 편이었다. 서로를 존중해 주는 분위기, 문화도 좋았다. 하지만 이직하고 1년 동안은 회사 시스템에 적응하느라 정신없이 시간을 보냈다.

나는 누구보다 자신감이 넘치는 직원이었으며, 무엇이든 결과를 만들어 냈다. 결국 'PSR of the Year' 영업에서 1등을 했다. 서재 옆에 위치한 선반 위의 트로피를 볼 때면 입가에 미소가 저절로 번진다. 집중적이고 몰입적인 세일즈를 통해 남들이 부러워할 만한 성과를 빠른 시간 내에 이루었다. 경제적으로 많은 여유가 생겼고, 결혼도 하고, 자녀도 3명이나 선물 받았다. 이건 축복이다.

나는 여러 SNS를 운영 중이다. 회사에 소속되어 있다 보니 100퍼센트 리얼하게 나의 상황을 업데이트하지는 못한다. 기업 현장에서 직접 영업, 마케팅, 교육 업무를 진행하면서 느낀 점이나 생각을 가끔 올리고 있는 수준이다. 내가 올리는 콘텐츠에 반응을 보이는 유저들이 있다. 그들은 나에게 쪽지와 메일로 주로 다음과 같은 문의를 해 온다.

"영업은 할 만한가요?"

"제약영업은 어떤가요?"

"외국계 회사로의 이직은 어떻게 성공하셨어요?"

"영업에서 활용하는 직원교육을 배우고 싶어요."

얼마 전, 브렌든 버처드의 《메신저가 되라》라는 책을 본 적이 있다. 메신저란 자신이 가진 경험과 지식을 메시지로 만들어 다른 이들에게 전달하는 사람을 말한다. 백만장자 메신저는 나만의 메시지로 사람들의 영감을 불러일으키며 세상을 위해 큰 가치를 만들어 내는 메신저다. 나는 무릎을 탁 쳤다. 바로 이거다. 브렌든 버처드는 말했다.

"누구든 인생을 살아가면서 다른 사람들보다 뭔가를 먼저, 혹은 뛰어나게 성취한 경험이 있다. 그 과정에서 배운 교훈은 다른 사람들에게 도움이 되며 소중하다는 점을 항상 기억하라."

대학을 졸업하기도 전에 인턴으로 입사한 기업교육회사에서 일한 경험, 국내와 외국계 회사 영업부에서 근무하면서 깨달은 부분, 대학교 때부터 읽었던 영업마케팅과 관련한 수많은 책들, 직장생활을 하며 끊임없이 세미나에 참석해 배운 것 등 나의 경험과 지식을 필요로 하는 사람들에게 나누어 주는 것이다.

나는 현재 〈한국세일즈연구소〉를 운영하고 있다. 책, 강연, 프로그램 과정을 준비하여 많은 사람들에게 도움을 주고 싶다. 이미 나의 머릿속에는 어떤 형태의 플랫폼으로 구축할 것인가에 대한 그림이 다 그려져 있다. 10년간의 나의 소중한 경험을 바탕으로 영업에 대한 책을 집필 중이며 책의 주제와 관련한 강의도 기획 중이다. 블로그와 SNS를 활용해 홍보, 마케팅을 펼칠 것이다. 또한 온라인 카페를 개설하고 세미나와 프로그램 과정을 열어 수익을 창출할 것이다.

창출된 수익을 다시 배움에 재투자해 그 내용을 다시 필요로 하는 사람들에게 나누어 주는 선순환 구조를 구축하는 것이 나의 단기적인 목표다. 지금 나는 《상상의 힘》의 저자 네빌 고다드의 책들을 주로 읽고 있는데 핵심은 '상상이 현실을 창조한다'는 것이다. 그의 말에 따르면 상상을 현실로 만드는 방법은 간단하다. 첫째, 잠들기 전의 편안한 상태에서 원하는 모습을 상상하며 실제로 그 모습이 되었다는 느낌을 가지는 것이다. 둘째, 그 느낌이 익숙해질 때까지 습관처럼 꾸준히 상상을 반복하는 것이다.

"내면의 상태가 변화되지 않는 한 외적인 변화는 아무런 의미가 없다. 성공은 성공한 사람들의 외적인 행동을 모방해서 얻을 수 있는 것이 아니라 올바른 내면의 행동과 대화를 통해서 가능한 것이다."

나는 네빌 고다드의 이 말을 믿는다. 곧 일어날 나의 찬란한 미래를 생생하게 상상하고 이미 이루어진 것처럼 생각하고, 말하고, 행동하는 것이다.

〈한국세일즈연구소〉를 찾는 모든 사람들에게 그들이 원하는 지식과 기술 그리고 나의 노하우를 적극적으로 전달할 것이다. 이러한 과정들을 통해 아이디어를 얻고, 문제를 해결하는 사람들이 늘어날 것으로 본다. 결국 나는 대한민국 최고의 세일즈연구소 창업 코치로 성공할 것이다. 나는 이미 이루어졌다고 믿고 행동한다. 네빌 고다드의 음성이 귓가에 들려온다.

"듣는 자가 아닌 실천하는 자가 되세요."

영업 전문가로서
사람들의 멘토 되어 주기

내가 영업으로 경험을 쌓은 지도 10년이 넘었다. 그동안 기업 교육, 제약영업을 경험했다. 뿐만 아니라 대학교 1학년 때는 레크리에이션 강사 가방을 들고 기업, 기관에 레크리에이션 수주를 하러 다녔다. 그 과정에서 교육 담당자를 설득하는 요령들을 함께 배울 수 있었다. 1년 동안 실제 현장에서는 눈에 보이지 않는 레크리에이션이라는 지적자산상품을 정리하고, 설득, 제안하는 과정 속에서 많은 부분들을 경험할 수 있었다.

당시 나는 학교 수업을 이어 가기 위해 돈을 벌어야 하는 상황이었다. 우연히 알게 된 레크리에이션 강사를 통해 나의 첫 영업 아르바이트가 시작되었다. 내가 맡은 일은 레크리에이션 강사 보조였다. 강사 보조로서 강사가 무대 위에서 청중들과 소통할 때 그 옆에 앉아서 음향을 도와주며, 진행이 매끄럽게 흘러갈 수 있도록 매의 눈으로 살폈다.

나는 새벽에 일어난다. 간단히 세수하고, 책상에 앉아 영업과 마케팅에 관련된 책들을 읽는다. 〈한국세일즈연구소〉에서 진행할 세미나, 프로그램에 적용할 중요한 아이디어가 떠오르면 나의 영업 비법 노트에 메모하고, 기억해 둔다. 가끔 책을 읽다 보면 문득 그때 생각이 난다. 돈을 벌기 위해 했던 나의 첫 아르바이트 말이다.

군 입대 전까지 나는 레크리에이션 강사 보조 아르바이트를 했다. 운전병으로 입대한 나는 15톤 덤프트럭을 운전했다. 이제와 생각해 보면 정말 나랑 안 어울린다. 그때는 큰 차량을 운전하니 괜히 어깨에 힘도 들어가고, 왜 그렇게 멋있게만 느껴졌는지 모르겠다. 하지만 나의 운전 실력은 형편없었다. 완전 사고뭉치였다. 운전면허를 취득하자마자 입대해 운전 경험이 없다 보니 작은 접촉 사고를 자주 냈다. 자연스럽게 동기보다 뒤처지는 기분이 들었다. 운행이나 장거리 파견은 나와는 먼 이야기였다.

일병 때 동기들이 운행을 나가면 나는 혼자 차량 정비소에 남아 청소를 하고, 정비하는 상병 선임들을 도와야만 했다. 15톤 덤프트럭을 몰고 운행을 나가는 동기들을 뒤에서 지켜 볼 때면 부럽고 쓸쓸한 마음에 나도 모르게 울컥했던 적도 많았다. 이제와 생각해 보면 점 하나처럼 작은 부분인데 그때는 왜 그렇게 크게만 보였는지 웃음이 난다.

상병으로서 군 생활에 적응되어 갈 때쯤 부대로 공문이 내려왔다. 공문에는 '군 장병 아나운서 모집'이라고 적혀 있었다. 나는 운전은 못해도 장병들 앞에서 말하는 걸 무척이나 좋아했고, 즐겼다. 망설이지도 않고 부대장님께 보고하고 소대장님과 면담해 허락을 받았다. 그러곤 서류 심사와 면접을 거쳐 최종 합격의 영광을 누릴 수 있었다.

이런 경험을 하며 나는 한 가지 철학을 발견할 수 있었다. 내가 하고 싶은 일과 잘하는 일 중 선택해야 하는 상황이 온다면 뒤도 돌아보지 말고 잘하는 일을 선택해야 한다는 것. 사실 운전병은 내가 하고 싶어서 지원한 것이었다. 하지만 군 장병 아나운서MC는 내가 잘하는 일이었다. 군 장병 아나운서로서 수많은 장병들을 직접 만나 인터뷰하며 그들의 삶을 엿볼 수 있었다. 또한 작가, 기획, 연출 등 방송의 모든 부분들을 발로 뛰며 몸으로 경험할 수 있었다. 내가 잘하는 일 덕분에 포상휴가 및 특별휴가도 여러 번 다녀올 수 있었다.

결국 나는 군대에서도 영업을 한 셈이다. 군 장병 아나운서로서 많은 장병들을 만나 인터뷰, 섭외하는 일련의 과정들이 다 영업이니까. 방송이 잘되길 바라며 내가 원하는, 그리고 다수에게 도움이 되는 방향의 콘셉트를 정하기 위해 열심히 노력했다. 이런 모든 과정들이 너무 재밌었다. 다른 사람들은 국방부의 시계는 멈춰 있는 것 같다고 했다. 하지만 나는 내가 좋아하고, 잘하는 일을 하다 보니 국방부의 시계가 너무 빠르게 가는 것 같았다. 군 생활은 시간이 지날수록 내겐 행복이었다.

제대 후 나는 학교 수업과 병행해 돈을 벌기 위해 일을 해야만 했다. 입대 전 경험한 레크리에이션 강사 보조 아르바이트와 군 장병 아나운서의 경험을 활용해 직접 레크리에이션 강사로서 무대에 서기로 결심했다. 학생임에도 레크리에이션 강사 명함을 제작했다. 그러곤 내가 다니는 학교부터 시작해 주변 학교를 찾아가서 직접 발로 뛰는 영업을 했다.

생각보다 기회는 빨리 찾아왔다. 내가 다니고 있는 학교 축제 MC를 봐 줄 수 있느냐는 것이었다. 나는 뛸 듯이 기뻤다. 제대로 레크리에이션을 배운 적이 없는 만큼 제안을 받은 그날부터 '어떻게 하면 대학교 축제를 잘 진행할 수 있을까?'만 생각하고 집중했다. 그러다 레크리에이션 수업에 참여하기로 했다. 2박 3일 동안 숙박하며 배운 덕에 레크리에이션 1급 강사 자격증을 취득할 수 있었다.

또한 주변에서 일어나는 다양한 행사나 이벤트를 찾아다녔다. 그러면서 사회자의 멘트, 의상, 자세 등 모든 면을 최대한 많이 보고, 연습하고, 따라 하려고 노력했다. 대전 방송국 MC와 연락이 닿아 허락을 구한 후, 행사장에 직접 찾아가서 배우기도 했다. 내가 주로 집중해서 관찰했던 부분은 말하는 법, 멘트, 자세 그리고 그 MC만의 색깔과 특징은 무엇인지였다.

드디어 학교 축제 행사 당일, "하늘은 스스로 돕는 자를 돕는다."라는 말처럼 나의 노력에 하늘이 감동한 듯했다. 나는 무대 위에서 날아다니며 제대로 즐길 수 있었다. 무엇보다 함께하는 청중들의 즐거워하는 모습에 저절로 힘이 솟아났다. 이러한 모든 일이 영업활동의 일환이었다. 이때부터 나는 학교의 대내외적인 모든 행사의 전문MC로 활약할 수 있었다.

학교를 졸업하기 전부터 나는 기업에서 영업 업무를 경험해 보기로 결정했다. 어느 회사인지는 나중이었다. 서점에서 우연히 발견한 《제약영업의 기술》이란 책을 읽고, 제약회사 영업부에 입사하게 되었다. 하지만 영업 업무를 알기 전에 조직을 먼저 이해해야만 했고, 구성원들 간의 관계를 먼저 생각해야만 했다. 여러 시행착오를 겪으며 나는 나의 일에 몰입했다. 그렇게 일에 집중한 결과 괄목할 만한 성과를 낼 수 있었다.

이처럼 영업은 나에게 상당 부분 많은 것을 주었다. 아니 어쩌면 내가 영업을 통해 얻고자 하는 명확한 목적과 목표가 있었기 때문에 많은 혜택들을 받을 수 있었다고 생각한다. 단순히 시간이 지나면 익히게 되는 영업의 기술적인 부분이나 스킬이 중요한 것이 아니다. 근본적으로 현재 '내가 왜 영업을 하는가?', '이 영업을 통해 5년 뒤 나의 모습은?'이라는 질문에 명확한 자신만의 답을 내릴 수 있어야 한다. 대부분의 영업사원들은 현실에 안주해 정확한 방향 없이 단순히 생계유지 목적만으로 영업을 하고 있다.

매슬로우의 욕구 5단계 중 인간의 기본 욕구인 생리적 욕구를 해결하기 위한 영업은 지양해야 한다. 대신 자신의 일을 사랑하고 존중하는 자아 존중, 인정의 욕구 그리고 자신을 알고 행동하는 자아실현의 욕구를 충족하는 영업을 해야 한다. 현재가 아니라 미래를 위해 영업을 해야 행복하고 성공한다.

나는 영업에 관심 있는 사람들의 멘토가 되고 싶다. 그러기 위해서 내가 할 수 있는 일은 정해져 있다. 지금까지의 많은 경험을 토대로 쌓아 온 지식과 노하우들을 그들에게 알려 주는 것이다. 영업을 시작하려는 취업준비생과 현직에서 영업 업무를 수행하고 있는 신입사원, 영업을 하고 있지만 성과가 잘 나지 않는 사람 등 영업에 관련 있는 모든 사람들의 멘토가 되고 싶다.

1년에 두 번 해외여행 다녀오기

나는 학창시절 그다지 행복하지 않았다. 가장 예민한 고등학교 시절 나의 부모님은 거의 매일 다투셨다. 술에 취해 주정하던 아버지, 고래고래 소리를 지르며 싸우던 어머니의 모습이 아직도 생생하다. 결국 두 분은 내가 고등학교 3학년 때 이혼하셨다.

나는 어린 시절 부모님과 여행을 가 본 적이 별로 없다. 생계를 위해 매일 바쁘게 사시는 부모님으로 인해 가족여행은 나에게 사치였다. 부모님과 여행을 떠나는 친구들을 볼 때면 부러움에 눈물을 삼켰던 적이 한두 번이 아니었다. 그렇다 보니 어렸을 때 부모님과 여동생 그리고 내가 함께하는 해외여행은 생각조차 할 수 없었다.

결혼 초, 우리 부부는 서로에게 원하는 목표 10가지를 적고 공유했다. 공통적인 것 중 한 가지는 1년에 한 번 이상 가족 해외 여행을 가는 것이다. 첫째 아들 우주가 태어났고, 우린 돌잔치 대신 돌 해외여행을 가기로 한 서로의 약속을 지켰다. 이것저것 신경 쓰고, 준비해야 할 일들이 많았다. 하지만 아들과 함께하는 첫 돌 기념 가족 해외여행은 그 자체만으로 감사와 행복이었다.

둘째 우진이가 태어났고, 우린 전국 방방곡곡 안 가 본 데가 없을 정도로 돌아다녔다. 우리 아들들이 나와 똑같은 학창시절을 보내게 하기 싫었다. 사진을 남기고, 기록으로 남기기 위해 글을 썼다. 아이들이 좀 더 컸을 때 함께 보며 그때의 순간을 기억해 내기 위해서다.

나는 유럽, 독일, 호주, 싱가포르, 베트남, 말레이시아, 태국, 중국 등을 가 봤다. 대부분 대학생 때 기업 후원을 받아 무료 해외 탐방으로 다녀왔다. 비좁은 책걸상 대신 탁 트인 공간으로 나와 국적이 서로 다른 청년들이 공동생활을 하며 유수한 세계 역사의 이모저모를 관찰하는 즐거움 그 자체가 나에게는 '살아 있는 공부'였다.

존 F. 케네디 미국 대통령은 "변화는 삶의 법칙이다. 과거나 현재만 바라보는 사람은 미래를 놓치게 된다. 변화의 비밀은 구태의 연한 틀 속에 안주하는 것이 아니라 새로운 길에 놓인 기회를 찾고자 몰두하는 것이다."라고 말했다. 여행을 통해 제대로 된 공부를 할 수 있다는 의미다.

공부에는 머리로 하는 공부, 몸으로 하는 공부, 머리와 몸으로 하는 공부가 있다. 대학시절 나는 주로 머리와 몸으로 하는 공부, 즉 여행을 통한 지혜와 경험 그리고 깨달음을 통해 더 크게 성장할 수 있었다. 반면 지식과 정보, 기술에 의존하는 공부는 오래가지 못한다. 우리 아이들이 긍정적이고 행복할 때 친구들에게 선한 영향을 미칠 수 있다. 그래야 스스로 당면한 문제를 발견하고 주도적으로 해결해 나갈 수 있다. 그게 바로 머리와 몸으로 하는 공부다. 나는 대학교 1학년 때 처음으로 비행기를 타고 여행을 갔다. 구름 위를 나는 비행기에 몸을 싣고 떠났던 그때의 순간을 지금도 잊을 수가 없다.

여행에 대한 좋은 기억으로 인해 내가 사랑하는 가족들과 함께 여행하며 좋은 추억을 부지런히 기록으로 남기고 있다. 요즘 짧은 글과 그림으로 여행 후기를 작성해 SNS에 포스팅하고 있다. 아이들과 함께 웃으면서 그것을 들여다보는 기분은 느껴 보지 못한 사람들은 알 수 없는 행복감이다.

최근에 셋째 아이 우빈이가 태어났다. 세상 빛을 본 지 100일이 채 되지 않았다. 당분간은 비행기를 타고 여행을 다니기가 쉽지 않을 것이다. 하지만 우리 부부는 1년에 두 번 이상은 사랑하는 가족과 함께 해외여행을 떠나는 상상을 해 본다. 상상은 곧 현실이 되리라 본다.

내가 지금도 잊을 수 없는 곳은 독일이다. 오랜 역사, 거대한 규모를 자랑하는, 유럽 3대 크리스마스 마켓 중 하나인 독일 뉘른베르크에 약 한 달 동안 여행을 다녀왔다. 내 인생의 터닝 포인트로 꼽히는 〈기아글로벌워크캠프〉라는 해외탐방형 공모전에 선발되어서였다. 난 기대 반 설렘 반으로 비행기에 올랐다. 그곳에서 나는 'Geiza'라는 청소년놀이센터 건물을 개축·보수하고 환경 정리하는 업무를 맡게 되었다. 이는 다양한 국적의 친구들과 함께 즐겁고, 진지하게 작업하면서 교실에서만 배웠던 다양성을 직접 몸으로 경험한 굉장한 기회였다. 아시아 친구들과 유럽 친구들의 작업 스타일은 너무나도 달랐다. 아시아 친구들은 재빠르고 부지런하게 일했다. 반면, 여유롭게 일을 즐기는 유럽 친구들의 모습은 아주 인상적이었다.

여행이 내게 주는 깨달음과 지혜는 삶이라는 요리의 양념 같은 존재라는 사실을 잘 알고 있다. 사랑하는 가족과 함께 1년에 두 번 이상 해외여행을 다니고자 하는 이유이기도 하다. 최근에는 거제도 여행을 다녀왔다. 미리 계획한 것은 아니었다. 하지만 우리 가족은 1박 2일간의 짧은 일정 속에서 긴 여운을 남기는 추억을 만들었다. 답답했던 속이 뻥 뚫리는 듯한 기분이 들었다. 이것이 바로 여행의 맛이다.

나는 혼자 가는 여행도 좋아한다. 하지만 세 자녀의 가장이 되다 보니 가족과 함께하는 여행이 더없이 행복하고 좋다. 여행지에서 나누는 우리 부부의 이야기 속에서 나는 힘을 얻고, 에너지를 충전한다. 해맑게 웃는 아이들의 얼굴을 보면 세상만사가 행복하다. 가족과 함께 경험하고, 체험하는 것이 얼마나 행복하고, 감사한 일인지 깨닫게 된다.

삶에 지쳐 있을 때 여행은 꼭 필요하다. 시간과 순간의 행복은 돈을 주고 살 수 있는 것이 아니다. 여행은 새로운 시각으로 '다름'을 바라보는 소중한 경험을 얻을 수 있게 해 준다. 이를 통해 가족의 소중함과 끈끈함을 더 느낄 수 있다. 이러한 이유로 현장을 직접 발로 뛰어 살피는 것만큼 효과적인 공부는 없을 것이다. 거기에다 다른 나라 사람들의 생활습관, 의식주, 문화, 가치관 등을 생생하게 느낄 수 있는 현장감까지 더하면 나의 인생공부는 살아 있는 게 되는 것이다.

여행이란 내가 살고 있는 장소로부터 다른 곳으로의 단순한 이동이 아닌, 내가 가지고 있던 생각과 편견을 바꾸어 주는 것이라고 생각한다. 또한 모든 여행의 시작은 기대감이다. 앞으로의 가족여행이 더 기대되는 이유이기도 하다. "진정한 여행은 새로운 배경을 얻는 것이 아니라 새로운 시야를 갖는 것이다."라는 말이 있다. 나는 훗날 작가, 강연가, 코치, 컨설턴트가 될 것이다. 그래서 수입이 많아지면 1년에 두 번 이상, 아니 한 달에 한 번 이상 가족과 함께 해외여행을 갈 것이다. 아내와 아이들에게 더 많은 경험을 선물하고 싶기 때문이다. 한 살이라도 젊을 때 성공해 사랑하는 가족과 함께 여행을 다니는 상상을 한다.

《상상의 힘》을 쓴 네빌 고다드는 책에서 이렇게 말했다.

"상상을 통해서 어떤 상태에 집중하고 그 상태에서 세상을 바라봐야 합니다. 결말의 관점에서 생각한다는 것은 소망이 이루어진 세상을 강하게 인식하고 있다는 것입니다. 소망이 이루어진 상태의 관점에서 생각하는 것이 바로 창조적인 삶입니다."

언젠가 내가 상상하는 모든 것들이 현실에서 이루어질 날을 손꼽아 기다린다.

우리 가족만의 별장 짓기

아내는 현재 어린이집의 원장으로 근무하고 있다. 학교를 졸업하고, 약 15년간 어린이들과 함께하고 있다. 교사로 10년을 지낸후 지금은 큰 어린이집 원장으로서 더 많은 아이들에게 희망을 선물하고 있다. 우린 마흔다섯 살이 되기 전에 공기 좋은 곳에 가족만의 별장을 짓자고 다짐했다. 아이들이 마음껏 뛰어놀 수 있는 넓은 마당이 있는 곳. 그곳에서 잠시 휴식을 취할 수 있었으면 좋겠다는 마음에서 꿈은 시작되었다.

각자의 위치에서 열심히 일하다 보니 서로 시간을 내어 여행가기가 쉽지 않은 게 현실이다. 백만장자는 아니지만 마음만은 부자다. 이미 백만장자 마인드로 생활하고 있다. 그러니 곧 우리의 바람이 현실이 될 것이라는 확신으로 준비하고 있다. 이런 목표가 있어 우린 오늘도 행복하다.

《믿음으로 걸어라》의 저자 네빌 고다드에 푹 빠져 그의 책을 모조리 읽은 적이 있다. "당신의 믿음이 당신의 미래를 결정한다." 라고 말하는 그의 책을 통해 난 한 가지 깨달음을 얻을 수 있었다. 원하는 바를 명령하면 이루어진다는 것이다. 언제나 나의 세상에서 명령했던 것이 과거에 나타났고 지금 명령하는 것이 현재에 나타나고 있다. 명령하지도 않았는데 스스로 모습을 드러낸 것은 없다.

그렇다. 가만히 생각해 보자. 자신이 과거에 선포했던 것들이 과거에 나타났고, 지금 선포하고 있는 것들은 현실에서 모습을 드러내고 있는 중이다. 선포를 하기 위해 말할 필요도, 목소리를 크게 낼 필요도 없다. 공허하게 말만 반복하는 것은 지금 주장하는 것의 반대편에 자신이 서 있다는 증거밖에 되지 않는다. 선포는 의식 안에서 완성된다. 즉, 사람들 모두 자기 스스로에 대해 선포했던 대로 자신을 인식하게 되는 것이다.

나는 하루를 25시간처럼 쓴다. 그만큼 매일 바쁘게 움직인다. 매일 아침 5시에 기상해서 간단히 세수하고 2시간 동안 집중해서 책을 읽는다. 그다음 아이들을 깨우고 아침식사를 준비한다. 둘째는 어린이집, 첫째는 유치원에 보내고 출근한다. 요즘은 책 읽기,

글쓰기 등으로 더욱 바빠졌다. 정말 성실히 살고 있다고 자부한다. 영업을 하다 보니 자기관리, 시간관리가 너무 중요하다. 거의 하루를 분으로 쪼개어 업무에 집중하고 있다. 매일 외부 거래처를 다녀야 하는 일이다 보니 가끔 카페에 가서 휴식을 취하거나 마음의 정리를 할 시간이 필요하다. 그 시간에 거래처 분석이나 데이터 확인을 하기도 한다. 직업병이라고 할 수 있다.

퇴근하고 집에 가면 가족들과 시간을 보낸다. 이런 일상이 축복이며 기적이라는 생각이 든다. 이런 마음과 달리 아파트의 가장 높은 층에 살고 있는 만큼 아이들이 뛰는 것으로 인해 스트레스를 받기도 한다. 이럴 때면 아이들을 가까운 우리만의 별장으로 데려가 마음껏 뛰어놀게 해 주고 싶다는 마음이 강하게 든다.

우리 가족만의 공간에서 다른 사람들을 의식하지 않고 아내와 차 한 잔을 나누며 일상의 소소한 행복을 느끼고 싶다. 상쾌한 공기를 마시며, 새소리와 바람소리를 듣는 상상을 하는 것만으로도 힐링이 되는 기분이다. 가족별장 생각만 하면 가슴이 두근거리며 기대감과 설렘이 온몸을 감싼다. 수백 평대 대지를 원하는 것은 아니다. 아담하더라도 우리 가족이 일상에서 벗어나 언제든 휴식을 취할 수 있는 공간이면 충분하다.

10년 전, 영어 학원을 운영하는 한 원장님의 초대로 그분의 별장에 간 적이 있다. 별장에 들어서자 휴식을 취할 수 있는 쾌적

한 공간과 넓은 마당이 보였다. 순간 미래의 내 모습이 떠오르며 가슴이 쿵쾅거렸다. 그 순간을 아직도 기억한다. 별장 앞마당에는 주변 숲의 나무들이 마치 한 폭의 그림처럼 드리워져 있었다. 거기에 맑은 공기를 들이켜며 새소리를 들으니 몸과 마음이 날듯이 가벼워졌다. 우리는 시원한 바람을 맞으며 마당에서 바비큐 파티를 했다. 그러면서 너도나도 가까운 미래에 이런 별장 하나 꼭 가지자고 다짐했다. 그렇게 1박 2일을 보냈다. 그곳은 지금도 나의 로망이다. 대저택은 아니었지만 우리 가족별장 모델로 그 정도면 충분하다는 생각이 들었다.

나는 유난히 가족여행을 좋아한다. 평소에 아내와 아이들과 함께할 수 있는 시간이 많지 않다 보니 온전히 가족과 함께 보내는 시간이 너무도 좋다. 시간의 여유가 있는 사람들은 원할 때마다 여행을 떠날 수 있을 것이다. 하지만 우리 부부처럼 일하느라 바쁜 사람들은 서로의 시간을 맞추어 어딘가로 떠나는 것이 쉽지만은 않다.

그래서 나는 꼭 가족별장을 갖고 싶다. 그곳에서 〈한책협〉을 통해 발견한 나의 가치와 미래를 생각하며 가족들과 함께하는 시간을 갖고 싶다. 낮에는 가족들과 함께 시간을 보낸다. 그리고 저녁 늦게 혹은 새벽에는 온전히 나만의 시간을 낸다. 그러곤 행복의 기준이 된 글쓰기에 전념한다. 그러면 매일이 기적이고 축복일 것이다. 지금부터 우리 가족은 더 건강하고, 행복하며 경제적으로도 풍요로워질 것이다. 꿈으로만 그치지 않고, 상상을 현실로 만들 것이다. 세상에서 가장 소중한 나의 아내와 세 자녀들에게 잊지 않고 반드시 선물을 줄 것이다. 우리 가족만의 별장을 가지게 되는 그날이 빨리 오길 바란다.

1인 창업에 성공해
월 1억 원 벌며 풍요로운 삶 살기

10년 전, 나는 강연가가 되겠다는 원대한 목표를 품었다. 하지만 어떤 과정을 통해 강연가가 되는지 알지 못했다. 알아본 바로는 기업의 인사·교육부서에 입사해 경력을 쌓아야만 내가 기대했던 강연가가 될 수 있었다. 인터넷을 통해 알아본 바 강연가가 되는 또 다른 방법이 있었다. 강사아카데미 과정을 수료하게 되면 기업교육회사에 취직해 강연가가 될 수 있다는 것이었다.

하지만 나는 왠지 두 가지 방법 모두 끌리지 않았다. 우선은 비좁은 책상에 앉아 하루 종일 업무를 보는 것에 자신이 없었다. 그리고 강사아카데미 과정을 수료한다고 해도 '과연 살아 있는 강연을 할 수 있을까?'라는 의구심이 들었다.

기회가 되어 대학교를 졸업하기도 전에 기업교육회사인 한국리더십센터 인턴으로 근무하게 되었다. 거기엔 유명한 강연가분들이 많이 계셨다. 그런데 그분들의 이력을 살펴보니 한 가지의 공통점을 발견할 수 있었다. 바로 기업 현장에서 영업과 마케팅을 경험했다는 것이었다. 본인의 경험에 이론을 더해 강의를 하면 더욱 높은 강연료를 받을 수 있다는 것을 알았다. 강연료가 높게 책정되어 있다는 것은 그분만의 가치가 제대로 평가된다는 의미이기도 하다.

결국 나는 영업을 선택했다. 서점에서 우연히 발견한 《제약영업의 기술》이란 책을 통해 제약회사와 제약영업에 대해 알게 되었다. 그렇게 나는 영업 현장에 투입되었다. 한국리더십센터의 인턴으로서 배운 교육영업과 국내와 외국계 제약회사의 영업 경험을 합치면 10년이 넘는다. 10년이면 강산도 변한다고 하는데 긴 시간 영업과 함께해 오고 있는 것이다.

나는 현재 〈한국세일즈연구소〉를 운영하고 있다. 이를 통해 책, 강연, 프로그램 과정을 준비해 많은 사람들에게 도움을 주고 싶다. 현재 나는 10년간의 소중한 경험을 바탕으로 영업에 대한 책을 집필 중이다. 또한 책의 주제와 관련한 강의도 기획 중이다. 그리고 블로그와 SNS 마케팅을 배워 온라인 카페를 개설하고 세미나와 프로그램 과정을 열어 수익을 창출할 것이다.

얼마 전, 《SNS마케팅이면 충분하다》의 저자 신상희 작가를 만나 컨설팅을 받은 적이 있다. 그녀가 세일즈 경력 8개월 만에 억대 연봉을 달성한 것은 20대 때였다. 지금은 많은 사람들이 자신만의 스토리나 콘텐츠를 이용해 성공할 수 있도록 마케팅 코칭과 교육에 열정을 쏟고 있다.

그녀는 SNS의 중요성과 필요성에 대해 "작가, 강연가, 코치로 활동하고자 한다면 SNS 마케팅은 더 이상 선택 사항이 아니다. 내가 어떤 사람인지, 어떤 마인드를 가지고 교육을 진행하는지, 앞으로 어떤 사람을 만나고 싶은지 SNS에 반복적으로 표현해야 한다. 사람들은 내가 누군지도 모르며, 나의 SNS가 남들과 어떻게 다른지도 알 길이 없기 때문이다."라고 말한다.

또한 브렌든 버처드는 자신의 책 《메신저가 되라》에서 "누구든 인생을 살아가면서 다른 사람들보다 뭔가를 먼저, 혹은 뛰어나게 성취한 경험이 있다. 그 과정에서 배운 교훈은 다른 사람들에게 도움이 되며 소중하다는 점을 항상 기억하라."라고 말한다. 나는 이 책을 통해 메신저에 대해 알게 되었다. 메신저란 자신이 가진 경험과 지식을 메시지로 만들어 다른 이들에게 전달하는 사람이다. 백만장자 메신저란 나만의 메시지로 사람들에게 영감을 불러일으키며 세상을 위해 큰 가치를 만들어 내는 메신저다.

나는 강연가, 즉 백만장자 메신저로 살아갈 것이다. 10년 전 발견한 나의 꿈을 위해 현재 영업도 하면서, 글도 쓰고 있다. 뿐만 아니라 강연가가 되기 위해 배워야 할 프로그램, 세미나가 있으면 돈을 들여서라도 직접 가서 배우고 있다. 이러한 과정들이 훗날 1인 창업해 월 1억 원 이상 버는 백만장자 메신저가 되는 데 밑거름이 될 것이라는 확신이 생겼다.

나는 돈을 좋아한다. 많은 돈을 벌어 풍요로운 삶을 살고 싶다. 하지만 월급만으로는 절대로 부자가 될 수 없다고 생각한다. 인정하기 싫지만 현실이다. 나에게 있어 직장생활은 인생의 성공을 위해 거치는 중간 과정일 뿐이다. 나는 반드시 1인 창업해서 성공할 것이다. 뚜렷한 목표가 생겼으니 이미 절반은 이룬 셈이나 다름없다.

최정훈 작가는 그의 저서 《1인 지식창업의 정석》에서 "지식창업이란 직장생활을 하며 지식과 경험을 쌓고 그것을 통해 진짜 내 일을 찾아 창업하는 것이다. 월급이 주는 안정을 이용해 '진짜 나'를 찾는 자기계발을 해 나가자. 이러한 과정을 통해 자신에게 맞는 창업 아이템을 찾고, 월급쟁이에서 벗어나 부자가 되겠다는 목표를 세우는 것이다. 창업해 성공한다면 누구든 부자가 될 수 있다."라고 말한다.

즉, 모든 것을 자신이 선택할 수 있다는 것이다. 물론 쉽지 않은 과정임에 틀림없다. 그래서 더 철저히 준비해야 한다. 창업 실패의 원인은 구체적인 미래 계획 없이 허투루 보내는 시간에 지배

당하기 때문이다. 직장생활에서 쌓은 경험은 은퇴 후 창업을 준비하는 사람에겐 값진 자산이 된다. 그렇기 때문에 직장생활을 하고 있는 지금 내가 맡은 업무를 누구보다 잘 수행해야 한다. 그리고 이러한 과정들을 기록으로 남겨 놓아야 한다.

나는 교육영업, 제약영업을 하면서 영업에 대한 공부를 지속적으로 해 왔다. 지금도 하고 있고, 앞으로도 할 것이다. 그래서 영업과 관련해 쌓은 나의 지식과 경험을 활용해 1인 창업을 할 것이다. 그리고 내 지식과 경험을 필요로 하는 모든 사람들에게 전달할 것이다. 내가 좋아하는 일, 잘하는 일을 하면 돈은 자연스럽게 따라오게 된다.

10년 전에 발견한 나의 꿈을 이루기 위해 나는 누구보다 치열하게 살고 있다고 자부한다. 원하는 꿈이 있기에 행복하고 감사한 마음이다. 그 과정에 일어나는 일들은 훗날 강연의 스토리에 더없이 소중한 자료가 된다. 매 순간마다 내가 진심으로 사람을 대하려고 하고, 모든 일에 열정적으로 노력을 기울이는 이유이기도 하다.

지금의 아내와 첫 데이트를 할 때 나는 이러한 나의 꿈, 목표, 비전을 정리해 들려줬었다. 그때 아내는 '뭐 저런 남자가 다 있어? 좀 이상한 것 같은데'라고 생각했다고 했다. 하지만 시간이 점차 흘러 내가 말한 대로 하나씩 이뤄 나가는 모습을 보며 아내는 '살면서 내가 잘한 것 중 하나는 바로 이 사람을 만난 거야'라고 생각하게 되었다고 한다.

　사랑하는 아내와 함께하고, 세 자녀들과 화목한 가정을 이룰 수 있어 더없이 기쁘고, 감사하기만 하다. 1인 창업으로 성공해 풍요로운 삶을 살고자 하는 이유 중 가장 큰 부분을 차지하는 가족과 함께할 수 있어 나는 나의 꿈이 반드시 이루어지리라 믿는다.

버킷리스트 14

육아책 출간하고
워킹맘의 멘토 되기

· 이 수 경 ·

이수경 '행복육아연구소' 대표, 육아 멘토, 부모성장 멘토, 자기계발 작가, 동기부여 강연가

워킹맘으로서 누구보다 바쁜 삶을 살고 있다. 그러면서도 끊임없는 자기계발을 통해 육아 멘토, 부모성장 멘토, 자기계발 작가, 동기부여 강연가로서 제2의 인생을 준비 중이다. 세 아이를 키운 경험을 바탕으로 아이와 엄마 모두가 행복해지는 육아법을 전하고자 한다. 부모에게 상처 입은 아이와 육아에 지친 엄마를 위로하기 위한 개인저서를 집필 중이다.

· Email soo5684@naver.com   · C · P 010.5409.5684

남편에게 벤츠 선물하기

남편은 나에게서 벤츠를 선물로 받고 싶어 한다. 어느 날인가 부터 내가 벤츠를 사 줬으면 좋겠다고 종종 말하곤 했다. 왜 그러한 소원을 갖게 되었는지는 잘 모르겠다. 아마도 아내가 돈을 많이 벌어 왔으면 하는 의중이 벤츠라는 대상에 투영된 것 같다.

우리는 벤츠, BMW, 그랜저, 카니발, 에쿠스 등 많은 차를 타왔다. 남들이 보기에 '저 사람들은 뭐 하는 사람들이기에 차를 저렇게 자주 바꿀까?'라는 의구심을 가질 정도로 말이다. 남편은 차를 무척 좋아한다. 그래서 자동차 평가사라는 직업을 가졌는지도 모르겠다.

영화 관람을 무척이나 좋아하는 우리는 자주 영화를 보러 다닌다. 나는 영화의 스토리를 따라가기 바쁜데 남편은 멋진 자동차가 나올 때마다 나에게 속삭인다. 저 차는 어느 브랜드의 어떤 모델이고 가격은 얼마인지 성능은 어떠한지 말이다. 그때마다 나는 남편의 해박한 지식에 놀라기도 하고 신기해하기도 한다. '도대체 얼마나 좋아해야 보기만 해도 차에 대한 정보를 줄줄이 쏟아낼 수 있는 걸까?' 하고 말이다. 아마 남편은 웬만한 차들을 다 타봤을 것이다.

어느 영화에선가 수십 대의 자동차를 소유한 아랍의 갑부가 등장했다. 그 갑부는 단지 매일 자동차를 바꿔 타기 위해서 그 많은 자동차를 소장한 것이었다. 그 장면에서 나는 듣고 말았다. "아, 부럽다."라는 탄식과도 같은 남편의 말을. 사실 대부분의 사람들도 그 장면에서는 부러운 마음을 가질 것이다. 하지만 차를 무척이나 사랑해 마지않는 남편의 저 말에는 깊은 진심이 담겨 있었다. 그 심정을 알기에 안타까운 마음이 들었다.

사실 우리 형편에 고가의 벤츠를 산다는 것은 정신 나간 짓이다. 경제적 기반도 튼튼히 마련하지 못했고 하던 사업도 잘되지 않아 고전을 면치 못하는 이 상황에서는 더더욱 말이다. 더군다나 아이들은 셋이나 있다. 저 아이들 뒷바라지하는 것만 해도 버거운 게 사실이다. 게다가 남편은 장남이기 때문에 봉양해야 할 부모님이 계시다. 앞으로 아이들은 더 자랄 테고 자라면 자랄수록 아이들에게 필요한 돈은 기하급수적으로 늘어날 것이다. 나는 어디에서 생활비를 줄여야 할지 밤마다 가계부를 앞에 놓고 고민하고 있는 내 모습을 그리 어렵지 않게 떠올릴 수 있다. 남편도 그 사실을 잘 알고 있기 때문에 벤츠를 사 달라는 말은 아마도 진심이 아닐지도 모른다. 하지만 내 입장에선 남편 소원 하나 들어주지 못하는 못난 아내가 된 것 같아 기분이 좋지만은 않았다.

내가 〈한책협〉의 〈책 쓰기 과정〉에 등록했을 때 남편은 내게 이렇게 말했다. "내가 마누라에게서 벤츠를 얻어 탈 일은 영원히 없겠구나."라고. 나는 지금의 일 대신에 꿈을 좇고 싶다고 남편에게 말했다. 정말 좋아하는 일을 하고 싶다고 말이다. 남편은 마지못해 승낙을 하면서도 돈도 안 되는 일을 하려고 하는 나를 이해할 수 없다고 했다.

나는 어릴 적부터 작가의 꿈을 갖고 있었다. 20대 초반엔 전자책도 출간한 적이 있는, 엄연한 작가다. 하지만 큰돈은 만질 수 없었다. 나는 늘 글을 쓰고 싶었고 꿈을 이루고 싶었고 성공하고 싶었다. 누군가 나보고 4차원에서 사는 소녀 같다고 말했다. 현실을 직시하며 열심히 살아야 하는데 꿈꾸듯 허황된 말을 한다고 말이다. 아마 이런 내가 남편이 보기엔 너무도 답답했을 것이다. 지금의 일을 꾸준히 하면 돈을 만질 수 있는데 그런 일을 내팽개치고 돈도 안 되는 글이나 쓰려고 하니 말이다.

하지만 나는 돈을 좇아 살고 싶지는 않다. 하기 싫은 일, 억지로 해야 하는 일에서 벗어나 진정으로 좋아하고 행복한 일을 하며 살고 싶다. 나이 마흔이 되도록 좋아하는 일을 열정적으로 한 적이 없는 나. 그런 내가 지금 10대인 나의 아이들에게 어떻게 말해야 할지 막막하기만 하다. 아이들에게 돈을 벌기 위해, 성공하기 위해 공부를 열심히 해야 한다고 말해야 할지, 꿈을 이루기 위해 열심히 공부해야 한다고 말해야 할지 말이다. 나는 아직도 고민 중이다.

오늘 오랜만에 친구와 통화했다. 친구는 현재 두 아이를 키우고 있다. 그런데 경제적 상황 때문에 단절된 경력을 살려 취업해야 할지 고민하고 있었다. 사실 몇 년 전에는 나도 친구와 같은 고민을 하며 밤에 잠도 제대로 이루지 못하던 적이 있었다. 결혼하고 임신한 뒤 육아에 매여 정신없이 달려왔다. 아이들이 크고 나자 이제 조금 숨 돌릴 만하니 이번엔 경제적 상황이 받쳐 주지 않았다. 그래서 등 떠밀리다시피 다시 취업 전선으로 뛰어들어야 했다. 생각할수록 여자의 삶은 참으로 고달프고 애달픈 것 같다.

당시 나의 해법은 파트타임 잡(job)으로 일을 하는 것이었다. 여자들의 경우에는 육아로 경력이 단절되고 나이가 많아지면 재취업을 하는 게 쉽지 않다. 뿐만 아니라 나이 어린 사람들에게 치여 제대로 된 직장에 취직을 할 기회도 놓쳐 버린다. 그러니 아이도 챙기면서 돈은 벌기에는 파트타임 잡이 제격인 것이다. 하지만

이 파트타임 잡도 결코 쉬운 일은 아니었다. 해 보지 않은 낯선 일인 경우가 대부분이고 아이들이 유치원이나 학교에 가 있는 짧은 시간을 이용해서 하는 일이라 시급도 적었다. 하지만 아이들 학원비라도 벌어 가정경제에 보탬이 되고자 했다. 그리고 아이들이 돌아올 시간에 집에서 아이들을 반겨 줄 수도 있었다. 그러다 보니 약간의 부당한 취급을 받더라도 꾹 참고 다녀야 했다.

그렇게 정신없는 얼마의 시간을 보내고 나면 자존감은 바닥을 친다. '내가 이러고 살아야 하나' 하는 자괴감마저 든다. 하지만 그런 생각마저 사치일 정도로 일상은 반복되고 교육비, 카드 값, 생활비 등은 나를 옥죄어 온다. 다람쥐 쳇바퀴 돌 듯 답답한 생활은 끝나지 않을 것 같았다.

"생각하는 대로 살지 않으면 사는 대로 생각하게 된다."라는 말이 있다. 그 당시의 나는 정말 사는 데 딱 맞춰진 틀 안에서만 생각했던 것 같다. 옆을 돌아볼 새도 없이 그저 앞만 보고 달렸다. 하지만 그런 나에게 돌아온 것은 '잘했다, 수고했다'라는 격려가 아니었다. 생각보다 적은 급여와 피곤해서 제대로 하지 못해 밀린 집안일에 대한 비난뿐이었다.

나는 지금 누구를 원망하기 위해 이 글을 쓰는 것이 아니다. 그동안 힘들게 살아온 나를 칭찬해 주고 앞으로도 열심히 살아갈 나를 격려해 주기 위함이다. 나에겐 잘했다, 수고했다, 앞으로도 잘할 거야, 힘내! 라고 나를 다독이는 시간이 필요하다.

제목은 '남편에게 벤츠 선물하기'인데 왜 이런 이야기를 적고 있는지 궁금한 사람도 있을 것이다. 나는 남편에게 벤츠를 사 주기 위해서는 나의 이 쥐꼬리 같은 월급으론 안 된다고 생각했다. 그 월급을 모아 어느 천년에 벤츠를 사겠는가. 검은 머리 파뿌리 될 때쯤? 나는 남편에게 벤츠를 선물하기 위해서라도 내 꿈을 이룰 것이다. 나는 올해 내 이야기를 담은 책을 쓰고 1인 창업에 성공할 것이다. 그래서 남편이 나에게는 결코 받을 수 없을 것이라고 말했던 벤츠를 남편에게 당당하게 선물할 것이다.

우선 책 쓰기부터 시작해 작가가 되고 나의 진솔한 이야기를 함께 나누는 강연가가 될 것이다. 누구보다 열정적이고 행복하게 내 일을 좋아하고 사랑하는 내가 될 것이다. 1인 창업을 해서 나를 필요로 하는 이들에게 선한 영향력을 끼치며 긍정의 에너지를 전파할 것이다. 그리하여 힘들어하는 여성들에게 꿈과 희망을 심어 줄 것이다.

생각하는 대로 살기 위해 나는 버킷리스트를 적었다. 처음엔 무엇을 적어야 할지 몰라 여백이 너무나 넓게 느껴졌다. 그런데 하나, 둘 목록을 채우다 보니 나중엔 내 꿈을 모두 적기에는 종이가 작다는 생각이 들었다. 나는 내가 버킷리스트에 적은 소망들이 모두 이루어질 거라고 생각하기로 했다. 가장 이루기 쉬운 일부터 하나씩 적고 생각하니 그 일들을 이루기 위해 내가 어떻게 행동해야 할지 다음 일들이 그려졌다. 순차대로 하나씩 생각하고 실행하다 보면 내 버킷리스트의 소원들은 하나, 둘 이루어질 것이다.

내가 적은 버킷리스트 중에는 이미 이루어진 일도 있다. 아무생각 없이 살 때는 '그냥 이렇게 살아지는구나' 했다. 그런데 생각을 하고 목표를 정하고 실행하니 정말 소원이 이루어지기 시작했다. 꿈은 마음속에만 저장하는 게 아니다. 꿈은 종이에 적고 소리 내어 말하고 실행해야 이루어진다.

"나는 남편에게 벤츠를 선물하겠다!"

나는 이렇게 되뇐다. 그리고 그 약속을 지키기 위해 치열하게 노력할 것이다. 남들이 보기엔 우스워 보일지 몰라도 나는 지금 그 어느 때보다 진지하다. 나는 남편의 소원을 이뤄 주기 위해 열심히 달릴 것이다. 남편의 꿈은 곧 내 꿈이고 이루어질 꿈이다. 나는 지금 내 꿈과 만나러 간다.

1년에 두 번, 해외로 가족여행 가기

"엄마, 우리는 다른 나라에 언제 가요?"

아이의 질문에 하던 일을 멈추고 아이를 바라봤다.

"누구랑 누구도 일본 다녀왔대요. 우린 일본에 언제 가요?"

해맑은 얼굴로 아이가 내게 묻는다.

"너도 일본 가고 싶니?"

"음… 꼭 일본이 아니더라도 괜찮아요. 누구는 캐나다, 누구는 미국에 가 봤대요. 저도 다른 나라에 가 보고 싶어요."

개학하고 얼마 되지 않은 날, 학교에 다녀온 딸아이는 친구들의 여행담을 듣고 내게 이렇게 이야기했다. 아이의 말에 드디어 올 게 왔다는 생각이 들었다. 안 그래도 지인으로부터 개학 후 친구들의 여행담을 듣고 아이가 해외여행을 가자고 조른다는 말을 들은 터였다. 우리 때만 해도 해외여행은 신혼여행이 처음인 경우가 많았다. 그런데 지금은 어린아이들도 해외여행을 많이 한다. 친구들의 여행담을 듣고 부러운 마음이 앞선 딸아이가 내내 벼르고 있다가 퇴근한 나를 보자마자 이야기한 것이었다.

"엄마가 생각해 볼게."

대답을 피해 보자는 생각에 이렇게 말하자 아이가 빤히 나를 바라보며 묻는다.

"언제까지 생각하실 건데요?"

아이의 눈에 담긴 간절함이 보인다.

"아빠와 상의해 볼게. 우리가 어디로 갈지."

"와, 그럼 우리도 다른 나라 가는 거예요? 신난다!"

기뻐하는 아이의 모습과는 다르게 나의 마음은 점점 무거워졌다. 성인 두 명에 아이 셋이니 여행경비가 많이 들 것이다. 나는 머릿속에서 계산기를 마구 두들겼다. 물가가 저렴한 동남아를 간다고 하더라도 적잖은 돈이 필요할 것이다. 그 예산을 어디서 마련할지 고민했다.

퇴근한 남편에게 이야기를 꺼내니 너무도 흔쾌히 "그럼 가자."라고 한다. 말은 쉽지만 나는 걱정이 앞섰다. 그런 나의 걱정과는 달리 엄청난 추진력을 자랑하는 남편은 최저가 항공권을 검색하고 저렴하고 깨끗한 숙소를 찾아내는 등 재빠르게 움직였다. 각종 후기를 찾아서 갈 곳과 뺄 곳을 정하고 세세한 일정을 짰다. 처음엔 걱정만 하던 나도 남편의 추진력에 동화되어 함께 준비했다. '갈 수 있을까?'라는 의문이 '갈 수 있겠다!'라는 확신으로 바뀌는 순간이었다.

나의 생활 신조는 "안 되면 되게 하라!"다. 하지만 아이들을 키우며 나의 의지에 반하는 일들에 밀려 어느 순간 그 신조는 사라진 것만 같았다. 그런데 남편과 여행 계획을 짜며 그 신조가 다시 모습을 드러냈다. 나도 어느새 그 설렘에 동참했다. 그렇게 마음먹자 여행 준비는 더욱더 빠르게 진행되었다. 아이들 학교와 유치원에 체험학습신청서를 제출했다. 직장에 휴가를 내고 여권을 새로 만들었다. 할 일이 많았지만 그런 분주함마저도 정말 기뻤다.

2004년, 신혼여행으로 처음 해외에 갔을 때의 설렘이 또다시 느껴졌다. 생전 처음 타 본 비행기. 그 비행기에 오를 때 누군가 우스갯소리로 신발을 벗고 타야 한다고 했다면 나는 정말 그렇게 행동했을지도 모른다. 그 당시에는 신혼여행지로 제주도가 인기였다. 하지만 나는 늘 외국을 동경했기에 신혼여행지로 해외를 고집했다. 그때가 아니면 갈 수 없을 것 같은 생각이 들었기 때문이다. 나는 외국에 갈 생각에 몰입해 결혼식을 어떻게 올렸나 기억이 잘 나지 않는다. 처음 비행기가 이륙할 때의 그 느낌. 무언가 두렵지만 설레고 흥분되는 그 느낌. 심장을 마구 뛰게 하는 그 느낌이 너무나 좋았다. 그 느낌을 몸이 기억하고 있는지 다시 심장이 두 근거렸다. 분주한 날이 가고 드디어 디데이가 다가왔다.

여행을 떠나기 전 가장 걱정이 되었던 것은 지금은 열한 살, 일 곱 살이지만 당시엔 아홉 살, 다섯 살이었던 아이들이었다. 그중 에 특히 막내가 걱정이었다. 하지만 나의 우려와는 다르게 용감 하게 잘 따라와 줬다. 4시간의 비행도 잘 버텨 주었고 칭얼대거나 짜증을 내지도 않았다. 쌍둥이들도 마찬가지였다. 목적이 있으니 모두 잘 이겨 낸 것 같다. 4시간의 비행과 차로 한 시간 반 정도 이동하는 와중에도 아이들은 달라진 환경을 감상하며 좋아했다. 한국이 아닌 낯선 곳은 아이들의 호기심을 자극하기에 충분했다.

숙소에 도착해 짐을 풀자 안도의 한숨이 새어 나왔다. 그제야 마음을 놓을 수 있었다. 3박 5일 동안 우린 세부에서 휴양도 하 고 레저스포츠도 즐기며 무척 달콤한 시간을 보냈다. 세부의 유 적지에 가서 사진도 찍고 유명한 성당도 구경했다. 역사를 알고 체험하고 느끼며 우리는 마음과 귀를 열었다. 그리고 모두 받아들 였다. 그냥 좋았다. 처음 해외여행을 했던 신혼여행 때도 좋았지만 가족들과 함께하는 여행은 더욱 좋았다. 우린 다섯 명이 똘똘 뭉 쳐 행복한 시간을 만들어 갔다.

그 후 1년에 한 번씩은 어떤 상황이 생기더라도 가족여행을 간다. 남편과 부부싸움을 했어도, 회사를 쉬지 못할 상황이 생겼어도, 저축해 놓은 돈이 없어도 우린 여행을 1순위로 생각하고 모든 상황을 정리해 나갔다. 사람이 목표가 생기면 그 일을 하기 위해 다른 일들을 정리하고 해결해 나간다. 우리 가족에겐 여행이 그 목표였다. 여행을 위해 우리 가족은 그때만큼은 단결하고 화합했다. 툭탁거리던 아이들도 그때만큼은 서로 양보하고 배려했다. 우리는 여행으로 하나가 되었다.

1년에 한 번인 짧은 여행을 위해 우린 설렘을 안고 살아간다. 한국에 돌아오는 비행기를 타는 순간부터 벌써 여행이 그리워진다. 1년을 버티게 하는 힘은 여행을 다시 떠난다는 기대감이 아닌가 싶다. 이러한 여행은 신기루같이 느껴져 '내가 정말 여행을 다녀왔나?' 생각할 정도로 실감이 나지 않는다. 그곳에서 영원히 살 순 없지만, 더 오랜 기간 머무르고 싶다. 1년에 한 번이어도 좋지만 두 번이면 더 좋지 않은가. 이왕이면 더 길게 머무르면 좋겠다. 아이들은 여행을 다녀온 후 마음의 키가 더 자라는 것 같다. 아이들뿐만 아니라 나 자신도 성숙되는 것 같다. 그게 여행의 힘이다. 그 여행의 힘을 1년에 한 번만 느낀다는 것은 조금 억울하다. 더 많이 느끼고 싶다. 지루한 일상에서 벗어나 탁 트인 자연에서 마음을 내려놓고 편하게 쉬다 오고 싶다. 아마도 빠르게 돌아가는 일상에 내가 너무 지친 것일 수도 있겠다.

내년의 여행을 생각해 본다. 내년에는 어디로 갈지, 누구와 갈지, 가서 무엇을 할지를. 그런 생각만으로도 마냥 행복하다.

요즘 트렌드는 '낯선 곳에서 한 달 살아 보기'라고 한다. 사실 나에겐 1년에 한 번의 해외여행도 꿈같은 일이다. 그런데 무려 한 달 동안 산다고 상상하니, 놀랍기도 하고 부럽기도 하다. 하지만 마냥 부러워만 하지 않을 것이다. 이제 다시 나의 목표가 정해졌다. 나도 그들처럼 낯선 곳에서 한 달 살아 보기를 할 것이다. 그 전까지는 아이들과의 약속이 있으니 매년 해외여행을 할 것이다. 그리고 한 달 살아 보기를 하기 위한 계획을 세우고 용기를 낼 것이다. 낯선 곳에서 한 달 살아 보기. 얼마나 멋지고 근사한가.

나는 용기를 내고 싶다. 생각하는 것들을 실행해 낼 용기를 말이다. 그저 생각에만 담고 있지 않고 그것을 계획하고 실행하고 이루어 낼 용기가 내겐 필요하다. '못 해요, 안 해요'가 아니라 '할 수 있다!'라는 생각과 용기가 필요하다.

나의 50가지 버킷리스트를 이루기 위해서는 생각보다 큰 용기가 필요하다. 큰 용기를 내기 위해서는 작은 용기부터 내야 한다. 그래서 하나씩 성과를 내고 성공의 기쁨으로 그다음 일을 추진해야 한다. 모든 일은 순차적으로 진행해야 한다. 그러기 위해선 1년에 한 번인 해외여행을 두 번으로 늘리고 그다음에는 한 달 살아 보기에 도전하는 것이다. 내가 원하는 곳에서 한 달 살아 보기. 나는 그 목적을 위해 오늘도 달린다.

내 이름으로 된 집 갖기

나는 일하는 엄마 밑에서 자란, 잘 사는 집 딸이었다. 엄마는 늘 바빴다. 동생이 태어나도 그것은 변하지 않았다. 그래서 동생은 보모의 손에서 자랐다. 엄마는 그 당시 큰 식당을 운영하셨다. 주말이면 결혼식 하객들이 폭포수처럼 우리 식당으로 쏟아져 들어왔다. 직원만 해도 열 명이 넘었고 4층 건물이 통째로 엄마 것이었다.

그 당시 비싸서 먹기 힘들었던 바나나를 먹는 것을 당연하게 여겼다. 아이스크림도 원하는 만큼 먹었다. 먹고 싶은 음식을 나에게 얘기하면 먹을 수 있어서 나와 친해지려고 아이들 간에 싸움도 났었다. 각종 학원은 물론이고 내가 원하는 것은 뭐든 가질 수 있었다. 그 당시엔 유치원을 초등학교에 입학하기 전 1년만 다녔었다. 그런데 나는 유치원을 몇 년간 다녔다. 그때는 그게 당연한 것으로 여겨졌다. 항상 예쁘고 좋은 옷만 입어서 아이들이 나를 부러워했다. 지금 돌아보면 유년엔 참 풍족하게 지냈던 것 같다.

그런데 얼마 후 식당을 작은 건물로 옮겼다. 어렸던 나는 무슨 연유인지 알지 못했다. 하지만 작은 건물도 어린 나에겐 크게 느껴져 다른 의문을 품지 않았다. 작은 건물로 옮겼어도 엄마는 여전히 부족함 없이 나를 키우셨다. 소풍 갈 때 선생님께 드릴 통닭을 가져가는 아이는 나뿐이었으니까. 내 소풍엔 김밥과 치킨, 사이다는 당연한 것이었다. 그래서 내 주위엔 친구들이 많았다.

그런데 그 당연하던 것들은 아빠가 다른 사람의 빚보증을 선 이후로 물거품처럼 사라져 버렸다. 그리고 초등학교 저학년이던 나는 외갓집에 맡겨졌다. 외갓집에는 할아버지와 할머니께서 맞벌이하는 이모, 외삼촌을 위해 동생들을 돌보고 계셨다. 나는 그중에 가장 나이가 많아서 큰언니 노릇을 해야만 했다. 사실 나는 온실 속의 화초처럼 자랐기에 동생들을 어떻게 돌봐야 할지 잘 몰랐다.

내 동생은 너무 어려서 나만 엄마와 떨어지게 되었다. 그래서 나는 짜증도 많이 부렸고 그로 인해 성격도 까칠하게 변했다. 예전엔 말만 하면 내가 원하는 것들을 다 가질 수 있었는데 이젠 그럴 수 없었다. 그리고 동생들에게 양보해야 한다는 게 못마땅했다. 내가 아끼던 옷들이 작아지면 동생들에게 물려줘야 했다. 그럼에도 불구하고 나는 예쁜 새 옷을 가질 수 없었다. 나는 내 물건들을 동생들과 공유하는 게 너무도 싫었다. 그래서 오랜만에 찾아온 엄마를 보면 울고불고 나를 데려가라고 난리를 쳤다. 엄마는 나와 같이 우셨다. 엄마 품에서 잠들었다가 깨어나면 엄마는 없었다. 나는 그럴 때마다 엄마를 미워하고 원망했다.

내가 초등학교 4학년 때쯤에야 다시 엄마와 함께 살 수 있었다. 예전처럼 호사를 누릴 수는 없었다. 하지만 엄마와 함께할 수 있어서 좋았다. 단칸방에서 살았고 엄마는 일하느라 여전히 바빴다. 그래도 마냥 좋았다. 엄마는 내게 잘해 주려 노력하셨다. 그러면 그럴수록 나는 더 응석을 부렸다. 그동안 느끼지 못했던 엄마의 사랑을 확인받고 싶어서.

엄마는 혼자서 나와 내 동생을 보살피며 일해야 했기 때문에 너무나 힘들어하셨다. 초등학생이었던 나는 그런 엄마를 이해하지 못하는 철부지였을 뿐이었다. 아무런 도움도 되지 못하는 어린 아이. 내가 엄마에게 도움이 되는 딸이었으면 하는 바람을 수천 번 가져 보지만 이미 지난 과거라서 어쩔 수 없다. 그게 매우 안타깝고 슬프다.

엄마는 내가 초등학교 5학년 때부터 복막투석을 하기 시작하셨다. 갑상선 기능항진을 이미 앓고 있는 상태였는데 무리를 해서 신부전증이 생긴 것이다. 엄마는 입·퇴원을 반복하셨다. 엄마의 남동생인 외삼촌께서 엄마와 우리를 거둬 주셨다. 하지만 엄마의 병세에는 큰 차도가 없었다. 마지막으로 할 수 있는 것이 신장이식이었는데 이모나 외삼촌 중에 신장이식이 가능한 분은 없었다. 엄마는 대기자 명단에 이름을 올리고 무작정 공여자를 기다렸다. 하지만 병원생활이 길어지기만 할 뿐 엄마 앞에 공여자는 나타나지 않았다. 엄마는 하루하루 말라 갔고 급기야는 스스로 몸을 돌보지 못했다. 누군가 옆에서 돌봐 줘야 했는데 모두 생계 때문에 그럴 형편이 아니었다. 그래서 내가 엄마의 병간호를 맡게 되었다. 학교에 가지 않는 나를 보며 의사 선생님들은 학생은 학생의 본분을 지켜야 한다고 말했다. 하지만 말처럼 쉬운 일이 아니었다.

엄마는 겨울 나뭇잎처럼 바싹 메말라 갔다. 음식도 제대로 드시지 못했고 자꾸 마르기만 했다. 그 옆에서 내가 할 수 있는 일은 아무것도 없었다.

나 대신에 큰외삼촌이 대신 병간호를 하던 어느 날. 피곤에 지쳐 쓰러져 있던 날 깨운 건 둘째 외삼촌이었다. 다급한 목소리로 지금 빨리 엄마한테 가야 한다고 했다. 지금 가지 않으면 다시는 엄마 얼굴을 못 볼 거라고. 나는 꿈을 꾸듯 멍하기만 했다. 서둘러 병원에 갔는데 엄마는 이미 의식이 없었다. 눈을 감고 호흡기를 낀 채 가만히 누워만 계셨다. 엄마를 흔들어 봤지만 기척이 없었다. 앙상한 뼈만 만져졌다. 멀리서 의사와 큰외삼촌이 나누는 이야기가 들려왔다.

"뇌사입니다. 마음의 준비를 하셔야 합니다."

나는 둘째 외삼촌에게 물었다. 뇌사가 뭔지. 뭘 어떻게 해야 엄마가 일어날 수 있는지를. 외삼촌은 가만히 나를 바라만 보았다. 그 후의 기억은 없다. 생각이 잘 나지를 않았다.

며칠 후 엄마는 돌아가셨다. 수의를 입고 누워 있는 엄마를 마지막으로 보았다. 왜 엄마에게 예쁘지도 않은 옷을 입혔는지, 움직이지도 못하게 단단하게 여며 놓았는지 묻고 싶은 말이 많았다. 하지만 아무런 말도 할 수 없었다. 엄마는 그렇게 한 줌의 재로 돌아갔다.

엄마가 돌아가시고 한동안 나는 학교에 가지 않았다. 엄마가 없는데 내가 어떻게 살아가야 할지 막막하기만 했다. 엄마가 없다는 상실감에 한동안 먹고 자기만 했다. 내가 다시 학교에 나간 것은 출석 일수가 모자라 졸업할 수 없을지도 모른다는 소식을 학교에서 전해 온 이후였다. 외삼촌은 어떻게든 졸업을 시켜야 하니 억지로라도 나를 학교에 보내셨다. 나는 그저 아무 생각 없이 학교를 왔다 갔다 했다. 다행히 출석 일수를 채워 초등학교를 졸업했다. 하지만 나는 어떠한 의지도 없이 떠밀리듯 정해진 길을 가기만 했다.

그러다가 중학교 때 절친한 친구 한 명을 만나 꿈도 꾸고 의지를 갖고 열심히 살려고 노력하기 시작했다. 아버지를 잃는 아픔을 겪은 그 친구는 나의 마음을 잘 이해해 주어서 우리는 비밀 하나 없는 친구로 지냈다. 지금 생각해 보면 그 친구는 내게 집이었다. 엄마라는 집을 잃은 내게 친구라는 집이 되어 주었다. 지금은 서로 살기 바빠서 자주 연락도 하지 못하고 지내 안타깝다. 하지만 내게 누군가 "인생에서 가장 친한 친구가 누군가요?" 묻는다면 아마도 가장 먼저 내 입에서 흘러나오는 이름이 그 친구의 이름이 아닐까 싶다. 내 인생에서 많은 시간을 함께한 내 친구 이선주. 이름만 불러도 마음이 따스해지는 내 마음의 집. 나의 친구.

내게 '집'은 물질적인 집보다 큰 의미다. 지금의 남편과 아이들도 내게는 '집'이다. 내가 힘들고 지칠 때 쉴 수 있는 곳. 힘들 때 기댈 수 있고 비바람이 불거나 태풍이 칠 때 온전히 피할 수 있는 곳. 안락함과 따뜻함을 느낄 수 있는 곳. 내 집. 나를 온전한 내가 될 수 있게 도와주는 사람들이 안전하게 살아갈, 내 이름으로 된 집을 나는 갖고 싶다. 넓지 않아도 좋다. 로열층이 아니어도 된다. 어떤 일이 있어도 내 가정을 지킬 수 있는 단단한 집이면 된다. 나의 집은 남편과 아이들이 온기를 느낄 수 있는 편안한 집이었으면 한다. 따스한 집에서 보듬음을 받으며 자란 아이들도 나중에 자신의 아이들에게 그런 집이 되어 줄 수 있으리라.

나는 소망한다. 나도 내가 원하는 그런 '집' 같은 사람이 되고 싶다고. 내 이름으로 된 아주 큰 집이 있었으면 좋겠다. 그래서 힘들고 지친 사람들이 와서 쉴 수 있게 해 주고 싶다. 힘들고 지친 사람들이 와서 쉬다가 충전하고 제자리로 돌아가는 집. 뿐만 아니라 충전할 수 있는 계기를 마련해 줄 수 있는 그런 집이 있었으면 좋겠다. 그런 큰 집을 마련하기 위해서 내가 어떤 준비를 해야 할지 사실 엄두는 나지 않는다. 하지만 "네 시작은 미약하나 그 끝은 창대하리라."라는 성경 구절처럼 나의 작은 생각이 마침내 결실을 이뤄 크게 될 것이라 믿는다. 그 믿음이 나의 시작이다.

내 이름으로 된 책 출간하기

나는 끈기가 부족하다. 왜냐하면 어릴 때부터 몸이 허약했기 때문이다. 나는 갑상선 기능저하증을 유전병으로 물려받았다. 그래서 늘 피곤에 시달려야 했다. 서울대학병원에서 처방받은 약을 하루에 한 번씩 꼬박꼬박 먹어야 했다. 약을 먹이려는 엄마와 먹지 않으려는 나의 줄다리기는 일상이 되었다.

나는 늘 피곤했고 엄마는 그런 내가 걱정되어 좋은 음식들을 챙겨 주셨다. 하지만 입이 짧았던 나는 엄마에게 걱정만 끼쳐 드렸다. 코피도 자주 쏟았고 무엇을 해도 금방 지쳤다. 그러니 힘들고 피곤한 일은 피했고 안 하게 되었다. 그러다 보니 끈기가 부족했다. 무슨 일을 해도 조금 할 만하면 그만두기 일쑤였다. 나는 체력이 약한 탓이라고만 여겼다.

엄마가 편찮으셔서 병원에 계신 1년 동안 엄마를 간호했다. 내가 병원에서 할 수 있는 일은 많지 않았다. 30년 전만 해도 지금처럼 미디어가 발달하지 않았고 스마트폰도 없었다. 그 당시에는 할 수 있는 일이라고는 오직 독서뿐이었다. 나와 비슷한 또래의 딸을 키우던 이모가 병원에 있는 나를 염려하며 병원에 오실 때마다 책 몇 권씩을 가져다주셨는데 병원에서 별달리 할 일이 없던 나는 그 책들을 열심히 읽었다.

창작소설이었던 그 책들은 정말 재미있었다. 금방 읽어서 같은 책을 두세 번씩 읽었다. 이모가 언제 책을 가져오시나 목 빠지게 기다렸다. 나는 내가 책을 그렇게 좋아하게 될 줄 몰랐다. 책을 읽으면 책 속으로 빠져들었다. 책의 주인공과 동화되어 여러 가지 경험을 했다. 주인공이 슬퍼하면 나도 슬프고 기뻐하면 나도 기뻤다. 책을 읽는 동안에는 엄마가 편찮으신 것도, 내가 학교에 갈 수 없다는 것도 모두 잊을 수 있었다. 정말 시간이 가는 줄도 몰랐다. 하지만 책을 다 읽고 나면 현실로 돌아와서 우울했다. 지금의 현실이 너무나 싫어서 도망치고 싶었다. 당시 책은 내게 일종의 도피처였고 안식처이기도 했다. 책에 빠져들면 현실을 잊을 수 있었으니까.

하지만 엄마가 돌아가신 후 나는 책을 가까이할 수 없었다. 어떤 것도 손에 잡히지 않았기 때문이다. 그러다가 다시 책을 읽게 된 것은 스무 살 초반, 사무직에 취직한 이후였다. 내게 할당된 업무만 끝내면 나머지 시간은 내 마음대로 활용할 수 있었다. 직장 근처엔 책 대여점도 있어서 수시로 들락거리며 책을 빌렸다. 책 대여점 아르바이트생과 친해져서 책에 대한 이야기도 많이 나눌 수 있었다. 그렇게 나는 또 책 속으로 빠져들었고 빨간 머리 앤처럼 상상의 나래를 펼쳤다. 그러다가 나도 '글을 써 볼까'라는 생각을 하게 되었다.

한때 글쓰기에 빠져들었던 때가 있었다. 학창시절에는 한창 로맨스 소설이 유행했다. 소설에 등장하는 근사한 남자주인공은 남자 친구가 없던 사춘기 소녀들의 마음을 설레게 하기에 충분했다. 여자주인공과 자신을 동일시하며 상상의 나래를 펼치면서 로맨스 소설에 푹 빠지곤 했다.

나는 친구들의 환상을 충족시켜 줄 남자주인공을 만들어 냈다. 친구들은 다음 이야기가 궁금하다며 나를 독촉했다. 그래서 정신없이 글을 썼다. 친구들의 칭찬에 나는 어떻게 하면 더 재미있는 글을 쓸 수 있을까 고민했다. 그렇게 글쓰기에 재미를 붙였다. 하지만 나의 글쓰기는 그리 오래가지 못했다. 수업시간에 친구들이 내 글을 돌려 읽다가 선생님께 들킨 것이다. 선생님은 글을 쓴 나를 불러내어 혼내셨다. 한창 공부할 나이에 딴짓을 했고 친구들을 동요시킨다는 이유였다. 현명한 선생님이라면 나를 따로 불러내어 조곤조곤 얘기해 주셨을 것이다. 하지만 나는 친구들 앞에서 공개적으로 호되게 혼났기에 다시는 글을 쓸 생각을 하지 못했다. 그렇게 나는 글쓰기를 그만두었다.

성인이 되어서야 학창시절에 그만두었던 글쓰기를 다시 해 볼까 싶어 인터넷을 기웃거리다가 한 카페를 알게 되었다. 그곳은 로맨스 소설을 좋아하는 사람들을 위한 곳이었다. 내가 가입하기 전부터 수많은 사람들이 본인들이 쓴 소설을 게시판에 올리고 있었다. 그러면 독자들은 그 글을 읽고 평가를 해 줬다. 같은 관심사를 가진 사람들이 친목을 다지고 좋아하는 공통 주제로 대화를 나누며 밤새는 줄도 모르고 인터넷상에서 수다를 떨었다.

처음에 별세계를 만난 듯 느껴져 그 카페에서 활동하는 것이 너무나 신기하고 즐거웠다. 내가 글을 올리니 사람들이 읽고 호응을 해 주었고 부족한 부분을 알려 주기도 했다. 또한 나에게 작가로서 발전할 가능성이 충분하다며 격려도 해 주었다. 새로운 경험이었다. 그래서 나는 또 글쓰기에 빠져들었다.

어느 날은 온라인이 아닌 오프라인에서 만남을 갖자는 제의를 받았다. 만날 장소와 시간을 정한 후 기다리는 시간은 너무나 길게만 느껴졌다. 인터넷상에서 알던 사람들을 직접 만난다고 생각하니 설레고 흥분되어 잠을 잘 수 없었다. 드디어 약속 당일이 되었다. 처음 보는 사이어서 어색할 만도 한데, 우리는 마치 어제 헤어졌다가 다시 만난 친구처럼 허물없이 어우러졌다. 각자 자신이 만들어 낸 캐릭터에 대한 얘기도 나누고 생각을 나눴다. 너무나 즐거운 시간이었다.

그때 만났던, 마음이 맞는 사람들과 모임을 갖고 있다. 지금까지 18년이란 시간 동안 변함없이 만남을 지속하고 있다. 그들 중엔 지금도 장르소설 작가로 활발히 활동하고 있는 사람들이 있다. 좋아하는 일을 지금까지 열심히 하고 있고 꾸준히 책도 내고 있다. 나는 내심 그들을 부러워만 했지 계속 글을 쓸 생각을 하지 못했다. 나도 내 이름으로 된 내 책을 갖고 싶다. 항상 그러고 싶었다. 그러나 나의 결심은 다른 일에 밀려 흐지부지되고 말았다. 하지만 이제 나도 나의 책을 갖고 싶다. 내 이름 석 자가 정갈히 인쇄된 내 책을 말이다.

얼마 전 친구와 전화통화를 했다. 아는 동생 한 명이 집 근처 마트에서 야채를 포장하는 아르바이트를 하다가 도망쳐 나온 얘기를 들었다. 그 동생은 장을 보러 마트에 들렀다가 아르바이트를 구한다는 문구를 본 후 아이 학원비나 벌어 볼 요량으로 지원했다고 했다. 그런데 첫날 야채를 소분해서 포장하다 엄청난 자괴감을 느껴 일하다 말고 중간에 도망쳐 나왔다고 한다. 본인이 너무나 창피하고 한심했다고 했다.

물론 마트에서 일하시는 분들을 폄하하는 것은 아니다. 각 분야에서 자신의 소임을 다하며 열심히 노력하는 분들을 보면 대단하다는 생각이 든다. 그 동생이 느낀 감정은 여러 가지일 것이다. 편해 보이고 단순해 보여 선택했는데 자신의 생각과는 달랐을 것이다. 그저 단순하게 돈 몇 푼을 벌기 위해 자신과 맞지도 않는 일을 하니 자괴감이 들었을 것이다. 부끄러운 일도 아닌데 누구에게 말하기 망설여지는 일이었고 그렇다고 많은 돈을 벌 수 있는 일도 아니었다. 순간 내가 여기서 뭘 하고 있나 싶었을 것이다.

해야 할 일과 하고 싶은 일은 다르다. 내가 하고 싶은 일이라면 마트에서도 얼마든지 즐겁게 일할 수 있다. 하지만 억지로 해야 하는 일이라면 얘기는 달라진다. 아마 동생과 같은 감정을 느낄 것이다.

지금 나는 그런 일을 하고 있다. 돈을 벌기 위해 하기 싫은 일을 억지로 하고 있다. 하지만 마약 같은 월급 때문에 우리는 하기 싫은 일을 억지로 한다. 매달 한 번씩 나오는 월급의 달콤함에 중독되어서 하기 싫은 일을 한다. 월급을 받으면 카드 값, 생활비, 공과금, 교육비로 곧바로 빠져나가 공중 분해된다. 그런데도 한 달에 한 번 월급을 받는 즐거움을 위해서 우리는 한 달 동안 뼈 빠지게 일한다.

〈임마이티〉의 임원화 대표는 자신은 한 달에 스무 번의 월급을 받는다고 말했다. 좋아하는 일을 하면서, 다른 사람의 인생을 바꿔 주는 행복한 일을 하면서 한 달에 스무 번의 월급을 받는다고 말이다. 나는 그녀가 진심 부러웠다. 부러워만 할 것인가. 아니면 그 말을 듣고 실행할 것인가. 그 선택은 내 몫이다. 나는 결심했다. 내 이름이 부끄럽지 않을 책을 쓰자고 말이다.

나는 많은 사람들에게 도움이 되는 책을 쓰고 싶다. 재미를 위해 한 번 읽고 마는 책이 아니라 자신이 필요하다고 느낄 때 꺼내서 읽게 되는 그런 책을 쓰고 싶다. 그러기 위해 나는 공부 중이다. 전에는 책에 낙서를 하는 것을 극도로 싫어했다. 하지만 공부를 하면서 책을 빌려 보기보다 사서 읽게 되었다. 책에 밑줄도 긋고 내 생각을 적어 넣기도 했다. 책을 읽다 보니 귀하지 않은 책이 없었다. 책마다 작가의 사상이 녹아들어 있고 그 책을 쓰기 위해 작가가 얼마나 많은 노력을 기울였는지 알게 되었다. 그래서 한 장 한 장 넘길 때마다 귀하고 소중하다.

〈책 쓰기 과정〉을 들으며 과제를 성실히 수행하려 노력했다. 추천도서를 읽어 의식을 확장시켰다. 내가 우물 안의 개구리임을 많이 느꼈다. 닫힌 사고 안에 갇혀 크게 생각할 줄 몰랐다. 우리가 베스트셀러라고 부르는 인기 있는 책들보다 비인기 책이지만 좋은 책들이 많다는 걸 알았다. 그 가치를 몰라 줘 사장되는 책들도 많았다. 그 사실을 알고 어찌나 안타깝던지. 지금이라도 그 책들을 알게 되어 정말 다행이다. 책을 쓰기 위해 다양한 많은 책을 읽고 공부해야 한다. 책을 읽는 만큼 나도 성장한다.

얼마 전 큰아이가 자랑스러운 얼굴로 상장 하나를 내밀었다. '글빛누리상'이었다. 그 상은 아이 학교에서 책을 많이 읽은 어린 이에게 주는 상장이다. 아이는 그 상장을 받기 위해 많은 책을 읽었고 독서기록장도 작성했다. 아이도 목표를 위해 노력했고 그 노력에 대한 정당한 대가를 받았다. 아이는 노력하면 반드시 좋은 결과가 돌아온다는 것을 몸소 깨달았다. 아이의 빛나는 그 얼굴이 너무 예뻐 뽀뽀하며 꼭 안아 주었다.

나도 딸아이처럼 노력할 것이다. 그리고 반드시 내 이름으로 된 책을 출간할 것이다. 그 소원을 위해 나는 끊임없이 노력할 것이다. 내 노력에 대한 대가로 나도 내 이름으로 된 책을 품에 안을 것이다. 그날이 머지않았다. 조금 더 힘내자. 스스로에게 응원을 보낸다.

지식 창업에 성공해
평생 현역으로 살기

나는 워킹맘이다. 아이들을 키우며 가정경제에 조금이나마 보탬이 되려고 일을 하고 있다. 그렇다면 지금 하는 일은 내가 좋아하는 일일까? 나의 대답은 '그렇지 않다'다. 그러면 나는 왜 좋아하지도 않는 일을 하는 것일까?

몇 해 전까지만 해도 나는 육아에 시달리느라 일할 생각을 하지 못했다. 초등학생인 딸 쌍둥이와 유치원에 다니는 막둥이를 챙겨야 했기 때문이다. 그렇지만 아이들이 자람에 따라 생활비에서 교육비가 차지하는 비중이 늘어났다. 그래서 나도 돈을 벌어야겠다고 생각했다. 가장 먼저 한 생각은 '결혼 전에 하던 일을 계속할 수 있을까?'였다.

나는 사무직에 종사했었기 때문에 구직 사이트에서 사무직 채용공고를 살펴보았다. 그러나 채용공고를 살펴볼 때마다 나는 좌절감을 느꼈다. 사무직은 대부분 미혼의 젊은 여성을 우선 선발했기 때문이었다. 그럼 중년의 기혼 여성은 어떤 일을 해야 할까? 궁금해서 또 사이트를 뒤졌다. 한참 살펴본 후 나는 한숨을 내쉬었다. 정규직으로 중년의 기혼 여성을 채용하는 곳은 정말 드물었다. 간혹 기혼 여성을 채용하는 곳이 있었지만 그런 곳은 고학력인 박사까지 지원할 정도로 경쟁률이 높았다. 지원서를 넣는다고 해도 합격의 확률은 지극히 낮았다.

그럼 나는 도대체 어떤 일을 해야 할까? 몇 날 며칠 동안 취업 사이트란 사이트는 다 뒤져 보았다. 하지만 내가 일할 만한 곳은 대부분 파트타임에 급여도 적었다. 아이들이 학교나 유치원에 간 사이에 할 수 있는 일을 찾다 보니 제한적일 수밖에 없었다. 그마저도 내 입맛에 맞는 좋은 시간에는 자리가 없었다.

내가 원하는 좋은 시간의 기준은 아이들이 없는 시간인 9시나 10시부터 시작해서 2시나 3시에 일을 마칠 수 있는 시간대였다. 나만 그런 시간을 원하는 게 아니고 다른 사람들도 그 시간대를 선호하니 사람이 몰릴 수밖에 없었다. 정규직도 아니고 파트타임도 이렇게 치열하다니! 믿을 수 없었다. 결혼 전에는 내가 입사하고 싶은 곳에 이력서를 넣고 면접을 보면 대부분 입사할 수 있었다. 그래서 취업이 이렇게 어려울 거라고 전혀 상상하지 못했다.

나는 계획을 변경해야 했다. 일단 아이들이 쉬는 주말에 나도 쉴 수 있는 곳이 우선이었다. 남편 직업의 특성상 주말에도 근무해야 하니 내가 아이들을 돌봐야 했다. 주말 근무를 하는 곳은 제외. 아이들이 학교에서 돌아오기 전에 마쳐야 하니 근무시간이 긴 곳도 제외. 시급을 너무 적게 주는 곳도 제외. 거리가 먼 곳도 제외. 이런저런 조건을 따지다 보니 내가 지원할 수 있는 곳은 몇 곳 되지 않았다. 그나마 일할 곳도 별로 없는데 조건을 따질 수밖에 없는 내 상황에 답답한 마음이 들었다.

일을 해야 하나 말아야 하나 갈등이 되었다. 그래도 칼을 빼들었으니 무언가라도 해야 했다. 고르고 고른 곳에 전화를 하고 면접을 보기로 했다. 면접 전에 이력서부터 작성했다. 여러 가지 경력을 적었지만 면접을 볼 곳은 결혼 전의 경력이 그다지 필요하지 않은 곳이었다. 커피숍, 패스트푸드점, 어린이집 선생님 등. 내가 선호했던 사무직은 없었다. 사무보조라도 할까 검색해 봤지만 그 역시 치열했고 빈자리도 없었다. 마음을 가다듬고 이력서를 작성해서 몇 군데 면접을 봤다. 나를 마음에 들어 하는 사람들도 있었다. 하지만 막내 아이가 아직 어리다고 하면, 언제 갑자기 못 나온다고 전화할지 모른다면서 채용을 미루었다. 그때의 좌절감이란! 나는 파트타임도 할 수 없는 것일까?

'경단녀(결혼이나 육아 등의 이유로 경력이 단절된 여성을 이르는 말).'

많이 들어 본 단어일 것이다. 경단녀의 취업이 어렵다는 뉴스가 왜 그제야 떠오른 걸까? 그동안은 남의 일이라고만 생각했다. 그런데 이제 내 일이 되어 버렸다.

많은 고민 끝에 내가 취업한 곳은 패스트푸드점이었다. 패스트푸드점에서 20대 초반의 어린 매니저에게 일을 배웠다. 7~8년간 육아밖에 모르다가 일을 하려니 어려웠다. 처음 한 달간은 내가 정말 이 일을 계속해야 하는지 고민을 많이 했다. 하지만 대부분의 엄마들이 그러하듯 버티자는 정신으로 일했다. 일이 손에 익고 익숙해지니 견딜 만했다.

일보다는 사람이 더 어려웠다. 후임으로 들어온 사람과 생각도 다르니 트러블이 생길 수밖에 없었다. 돈도 얼마 되지 않는 일에 사람으로 인한 스트레스가 컸다. 왜 세상은 나에게 이런 경험을 겪게 하나 싶은 생각에 우울하기도 했다. 하지만 어렵게 잡은 기회를 놓치기 싫어서 버텼다.

나에게는 자존심이고 뭐고 생각할 겨를 없이 오직 버텨 내는 힘이 필요했다. 한 달이 두 달이 되고 두 달이 세 달이 되고… 시간은 나의 우려와는 달리 빠르게 흘렀다. 그렇게 잘 버티고 나니 일 잘한다고 다른 곳에서 제의가 들어왔다. 그렇게 패스트푸드점에서 1년을 버티고 나자 그토록 내가 원하던 사무직으로 갈 수 있었다. 패스트푸드점의 일과 달리 사무직은 편했다. 서류 작성, 전화 응대 등 결혼 전에 하던 일들이라 익숙하기도 했다. 그러다 보니 일을 잘한다는 칭찬도 듣고 능력도 인정받을 수 있었다. 몸에 잘 맞는 옷을 입은 듯한 느낌이었다. 능력을 인정받으니 자존감도 높아졌다. 내 자리를 되찾은 듯 기쁘기도 했다. 하지만 이런 기쁨도 얼마 가지 않았다. 회사 사정으로 일을 그만둬야 했던 것이다. 나는 또 재취업을 위해 발을 동동 굴러야 했다.

나뿐만 아니라 경단녀로 지냈던 여성들은 느낄 것이다. 가정의 경제를 위해서, 아니면 정말 하고 싶은 일이 생겨서 사회에 다시 나오려 할 때 내 자리가 없는 것이 얼마나 슬프고 절망스러운지를. 내가 원해서 일을 그만두고 육아를 한 것이 아니었음에도 다시 사회로 나올 때 얼마나 힘든지 아마 우리나라 여성들은 잘 알 것이다. 다시 재취업했을 때는 이런저런 이유로 배척당하고 그 틈에서 워킹맘으로 살아남기가 얼마나 힘든지는 경험해 보지 못한 사람은 알 수 없을 것이다.

세상에 쉬운 일은 없다. 그중에서 우리나라에서 여자로 살아가는 것처럼 힘든 일은 없을 것이다. 우리나라에선 여자들에게 많은 것을 요구한다. 아내 노릇, 며느리 노릇, 엄마 노릇 등 온전한 내가 아닌 누군가의 무슨 역할을 요구한다. 누구의 딸, 누구의 아내, 누구의 며느리, 누구의 엄마 등 요구하는 형태도 다양하다. 이런 대한민국에선 여자로 살아남기가 참 힘들다. 그래서 꿈을 꾸는 것도, 꿈을 이루는 것도 어렵다. 꿈이 우선순위가 아니기 때문이다.

나는 글을 쓰는 작가가 되고 싶었다. 글 쓰고 책을 내서 좋아하는 일을 하며 살고 싶었다. 그리고 세상에 나를 알리고 내 이야기를 알리고 싶었다. 아이를 낳아 엄마가 되어 보니 같은 여자의 마음을 잘 이해하게 되었다. 함께 공감해 주고 이야기를 들어 주고 그들을 위로하고 싶어졌다.

하지만 그 일은 늘 다른 일들에 치여 뒤로 밀려났다. '언젠가'라는 생각에 늘 뒤로 밀렸다. 남편과 아이들이 항상 1순위였고 내 꿈은 순위도 매기지 못할 정도로 뒤에 있었다. 꿈을 위해 노력하지 않아도 그냥저냥 먹고살 만했으니까. 내 삶의 주인공은 내가 아닌 가족이었다. 내 삶의 주인공은 내가 되어야 하는데 그러지 못했다. 이렇게 살다가 아이들이 자라서 내 곁을 떠나게 되면 나에게 남는 것이 무엇이 있을까? 물론 무언가를 바라고 한 일은 아니다. 그러나 아이들이 자신들의 꿈을 이루고 떠나면 나는 얼마나 허망할까. 그저 아이들을 잘 키웠다는 보람만 안고 살기에는 내게 남은 인생이 너무나 길 것이다.

조금 전에 나와 같은 이름을 가진 친구에게서 전화가 왔다. 치열하게 노력한 끝에 원하던 꿈을 이뤘다고 말이다. 나는 내 일처럼 느껴져 기쁨의 눈물을 흘렸다. 워킹맘으로 외동아들을 키우는 그 친구는 혼자서 몹시도 분주한 나날을 보냈다. 박사학위를 받기 위해 일과 공부를 병행했다. 뿐만 아니라 육아도 집안일도 모두 해야 했다. 물론 남편이 도와주기는 했지만 말 그대로 '도와주는' 것이지 내 일처럼 하지는 않았을 것이다. 그래서 체중도 10kg이나 빠졌다고 했다. 얼마나 많은 노력을 했는지 알기에 그 친구의 성공이 내 일처럼 느껴져 나는 정말 기쁘고 행복했다.

나는 여자들이 참 대단하다고 생각한다. 엄마 노릇, 아내 노릇, 며느리 노릇, 딸 노릇을 하면서도 꿈을 잃지 않고 자신이 하고자 하는 일들을 이뤄 내니까. 친구처럼 나도 곧 내 꿈을 이룰 것이다. 책을 출간해서 작가가 되어 나를 알리고 내 이야기를 세상에 알릴 것이다. 꿈을 가진 사람들의 꿈을 응원하고 그 꿈을 이룰 수 있도록 동기부여가가 될 것이다.

나 혼자만 잘 먹고 잘 사는 것이 아니라 꿈이 없는 사람들에게는 꿈을 심어 주고 꿈을 꾸는 사람들에게는 꿈을 이룰 수 있도록 이끌어 주는 사람. 선한 영향력을 주며 그들의 삶을 좋은 방향으로 이끌어 주는 사람이 되는 것. 내가 바라고 소망하는 일이다. 지식 창업에 성공해 정년퇴직의 걱정 없이 내가 원할 때까지 좋아하는 일을 평생 할 것이다. 이제 나에게 꿈을 이루기 위한 일은 1순위가 되었다. 나는 오늘도 내 꿈에 다가가기 위해 노력할 것이다. 나는 꿈 메신저가 되기 위해 전진할 것이다. 새가 앞으로만 날 듯 내게 후퇴란 없다. 전진만이 있을 것이다. 앞으로 Go! 오늘도 나는 힘차게 달려 나간다.

버킷리스트.14

세계적으로 영향력 있는
대체의학 메신저 되기

· 신 영 아 ·

신영아 대체의학 박사, 간호사, 보건교사, 안티에이징 전문가, 향기 치료사, 홍채분석 상담사

고등학교에서 보건교사로 재직 중이다. 10년간 급성질환에 장점인 현대의학과 예방의학에 적합한 대체의학을 다방면으로 연구했다. 또한 대체의학을 적용한 안티에이징에 관한 연구와 책을 집필 중이다. SNS를 통해 대체의학에 관한 정보를 전파하며 대체의학 메신저로서 활동하고 있다.

- Email vision1848@naver.com
- C·P 010.5218.4313
- Facebook shinyounga15
- Blog blog.naver.com/vision1848
- Instagram shinyounga15

세계적으로 영향력 있는
대체의학 메신저 되기

파스퇴르, 처칠, 카네기, 에디슨, 포드, 제프 베조스, 스티브 잡스, 래리 페이지. 이들의 공통점은 세계적인 비전가들이라는 것이다. 이들은 남들이 보지 못하는 것을 보고, 고난을 두려워하지 않으며, 자신의 목표를 이루기 위해 오랜 시간 노력해 온 대가들이다. 단순한 몽상가와 비전가를 구별해 주는 중요한 요소가 '용기'다. 이들은 용기와 직관을 가지고 편안한 현실을 박차 버린 사람들이다. 꿈을 이루기 위해 대담하게 행동한 사람들이다. 이것을 에릭 칼로니어스의 《어떻게 한발 앞서갈 것인가》라는 책에서 알게 되었다.

나 역시도 몽상가이고 비전가이며 이상주의자다. 주변에서 나를 지칭하는 단어들이다. 나의 어릴 적 꿈은 한의사가 되는 것이었다. 어릴 적 드라마 〈허준〉을 보고 꿈을 키웠다. 공부는 열심히 했으나 2퍼센트가 부족했다. 또한 부모님께서는 "안정적인 여자의 직업으로는 약사가 최고야."라고 말씀하셨다. 하지만 왠지 하루 종일 약국 안에 갇혀 사는 삶은 내키지 않았다.

그래서 꿩 대신 닭이라도 잡자는 심정으로 간호학을 선택했다. 그것도 간호학과에 진학하는 남들과 달리 나는 간호사관학교에 입학했다. 그러곤 간호장교로서 수도통합병원 수술실과 응급실에서 치열하게 6년간 근무했다. 그곳에서의 일상은 보람도 있었고 꽤 만족스러웠다. 하지만 군대라는 조직은 생각을 틀 안에 가두고 행동에 제약이 많았기 때문에 늘 내게 맞지 않는 옷을 입고 있는 듯 불편했다. 그래서 과감하게 병원을 그만두었다. 그러곤 5개월간 임용고시를 준비하고 우수한 성적으로 교육계로 직장을 옮겼다.

보건교사는 정말 좋은 직업이다. 먼저 아픈 환자들만 보다가 젊고 건강하고 활기찬 고등학생들과 함께 학교에 있으니 너무 행복했다. 아침에 눈뜨면 학교에 가서 학생들과 동료 교사를 빨리 보고 싶었다. 출근이 너무 즐거웠다. 아이들에게 내 배움을 베풀고 같이 수업하며 함께 웃을 수 있는 최상의 직장이라고 생각했다.

그런데 시간이 지날수록 사는 게 좀 지루하다고 느꼈다. 나는 항상 새로운 도전을 좋아하고 낯선 여행을 즐거워하며 모험을 즐

기는 성격이다. 그런데 학교생활을 한 지 10년이 넘어가자 업무
는 너무 익숙해져 더 이상 배울 것도, 도전할 것도 남아 있지 않
았다. 정체되어 있는 느낌이었다. 내겐 변화가 필요했다. 이 직장을
그만둘까도 진지하게 고민하기도 했다.

이때부터 나는 장르를 구분하지 않고 닥치는 대로 책을 읽고,
외부에 뭔가를 배우러 다녔다. 그러던 중 현대의학으로 해결하지
못하는 난치병과 불치병들을 접하게 되었다. 그런데 해외에서는
이미 10년 전부터 대체의학으로 이들을 치료하고 있다는 사실을
알게 되었다. 대체의학에 관한 여러 도서를 읽던 나는 속으로 '유
레카!'를 외쳤다. 드디어 내 길을 찾은 것이었다. 나는 대체의학을
공부하리라, 마음먹었다.

그렇게 찾은 곳이 대체의학을 공부할 수 있는 경기대학교 대
체의학대학원이었다. 대체의학에 대해 공부를 하면 할수록 너무
신선했고, 나의 지적 호기심을 채워 주었다. 대체의학은 현대의학
을 제외한, 한의학을 포함한 모든 의학을 말한다. 따라서 한의학
의 침구학, 본초학, 방제학, 아로마, 카이로프랙틱, 요가, 기공, 자연
의학 등 다양한 학문을 접하고 소화할 수 있는 기회를 가졌다. 공
부하는 내내 이렇게 신날 수가 없었다. '공부가 이렇게 재미있을
수 있다니!' 하며 온몸으로 희열을 느꼈다.

나는 정말 미친 듯이 공부했다. 낮에 직장을 다니고 저녁에는

식사할 시간도 없이 대학원으로 향했다. 운전하면서도 12경락 경혈을 노래가사처럼 외우고 다녔다. 그것도 모자라서 주말에는 교육과정에서 부족한 침술, 아로마, 이혈 요법, 홍채분석, 미용까지 돈과 시간과 열정을 바쳐 미친 듯이 몰입해 공부했다. 주말에는 교수님을 따라 의료봉사도 갔다. 정말 말도 안 되는 스케줄을 소화한 셈이었다.

석사과정을 마친 나는 주저하지 않고 박사과정에 지원했다. 이때부터 대체의학센터를 설립하고 싶다는 꿈이 생겼다. 목표가 생기니 공부를 제대로 해야겠다는 생각이 들었다. 국내에 힐링센터로 이름난 곳은 다 방문했다. 그곳들에서 여러 가지를 체험하며 '미래에 난 어떤 대체의학센터를 설립할 것인가?'를 상상해 보곤 했다.

박사과정은 석사과정보다 몇 곱절이나 힘든 시간이었다. 박사과정을 밟는 처음 2년간은 근무하던 학교를 휴직했다. 박사과정 3년 차에는 직장 일과 연구소 실험을 병행하고, 새벽 2시까지 논문을 썼다. 정말 초인적인 힘을 발휘해 박사과정을 마치고 나니 눈물이 났다. 이 힘든 과정을 마치고 나니 내게 시련이 왔다. 너무 장시간 앉아서 공부하고 제대로 쉬질 못하니 허리 디스크와 목 디스크가 생겼다. 결국 허리 디스크 수술을 받았다.

현실은 정말이지 녹록지 않았다. 여러 대학에서 강의 요청도 받았지만, 당시 근무하던 학교장님께서는 내가 강의를 하는 것을 허락하지 않으셨다. 6년간 치열하게 공부했는데 내 꿈을 "안 돼."라는 한마디로 싹둑 자르는 학교장님이 야속했다. 스스로 '무한 긍정의 소유자'라고 생각했던 나였지만 그때만큼은 한동안 우울한 마음으로 지내야 했다.

또한 내 지식을 홍보해 보자는 친구의 제의에, 대체의학에 관한 정보를 알려 주는 SNS 채널을 만들었으나 흐지부지되고 말았다. 그리고 책을 써 보기로 마음먹고 생각나는 대로 글을 써 내려가 보기도 했다. 하지만 한 권의 책으로 출간하기에는 부족한 점이 많았다. 도무지 길이 보이지 않았다.

'대체의학센터를 세우고 싶은데 어떻게 세우지?'

'자금은 어디서 어떻게 마련해야 하는 거지?'

'난 비전가도 못 되고 그냥 매일 간절히 꿈만 꾸고 있는 몽상가일 뿐인가?'

대체의학센터를 설립하고 싶다고 하면 주변에선 "많은 돈이 들어갈 텐데 그게 가능하겠어?"라는 말만 했다. 나를 지지해 주고 긍정적인 반응을 보인 사람들은 오로지 함께 공부했던 대학원 동기들뿐이었다.

그러던 어느 날, 우연히 책을 보다가 〈한책협〉을 알게 되었다. 책 쓰기 방법을 코칭해 준다는 말에 끌려 〈1일 특강〉을 수강하게 되었다. 그러곤 강의를 들은 그날 한 치의 망설임도 없이 〈책 쓰기 과정〉까지 등록했다. 나의 내면에서는 제대로 된 책을 쓰고 나를 세상에 알리고 싶다는 욕구가 꿈틀거렸다. 비틀스는 지하 창고에서 10년간 1만 시간 동안 연습하고 세계적인 뮤지션이 되었다. 나 역시도 대체의학이라는 분야를 10년간 1만 시간 동안 독하게 팠다. 이젠 세상을 향해 "나 여기 있어요!"라고 외치고 인생의 터닝 포인트를 만들고 싶었다.

〈한책협〉에서 〈책 쓰기 과정〉을 수강하던 중 브렌든 버처드의 《메신저가 되라》라는 책을 보게 되었다. 메신저는 자신의 경험과 지식을 메시지로 만들어 다른 사람들의 영감을 불러일으키며 세상에 가치를 전하는 사람들이다. 사람들이 성공하도록 조언해 주고 관련 정보를 제공하면서 대가를 받는다. 이들은 고급 지식을 콘텐츠화하며 저술, 강연, 코칭, 컨설팅, 온라인 정보 프로그램 등 대중과 소통할 수 있는 다양한 채널을 만든다.

이 책을 보면서 나는 '이거다! 이런 방법으로 1인 창업을 하면 되겠구나' 했다. 그리고 이전에 적어 두었던 버킷리스트의 첫 번째 항목을 '세계적으로 영향력 있는 대체의학 메신저 되기'로 수정했다. 내가 지독하고 치열하게 공부했던 지식을 사람들에게 알리고 싶은 열망이 있기 때문이다.

현대의학은 급성질환이나 수술 등에서는 우수한 성과를 낸다. 하지만 만성적이고 치료가 잘 안 되는 난치병에는 대체의학의 치료법들이 더 효과가 좋다. 나는 현대의학인 간호학과 동학의학적인 대체의학을 함께 공부해서 두 학문의 장단점을 잘 알고 있다. 그런 만큼 사람들에게 더 적합한 맞춤 치료법을 알려 주고 스스로의 건강을 지키는 데 도움을 줄 수 있다. 그렇게 세계적으로 영향력 있는 대체의학 메신저가 되고 싶다.

나는 지금 그 시작으로 〈한책협〉의 수많은 책 쓰기 코치들로부터 책 쓰기 노하우를 배우고 있다. 책을 쓴 후 작가에 그치치 않고 1인 지식 창업에 성공해 강연, 코칭, 컨설팅으로도 내 분야를 넓혀 나갈 것이다. 아직 갈 길이 먼 초보 메신저다. 하지만 우선은 한발이나마 내디뎠다는 것이 중요할 것이다. 꿈을 이룰 수 있는 가능성과 방법을 찾은 건 내게 정말 행운이고 축복이다.

하우석은 《내 인생 5년 후》에서 꼭 이루어야 할 꿈이 있다면, 일생에 한 번쯤 모든 열정을 태워야 할 일이 있다면, 지금 당장 시작하라고 했다. 수많은 책을 읽어 보았지만, 그 어떤 책보다도 "5년 간은 그 일에 미쳐라!"라는 이 메시지가 가장 인상적이었다.

나는 오늘도 꿈을 꾸고 그 꿈을 이루기 위한 구체적인 목표를 세워 매일 꾸준히 실천에 옮기고 있다. 나는 내가 꿈꾼 모든 것들을 이루어 낼 것이다. 5년 후의 내 모습이 무척 기대된다.

'개천에서 용 나기' 프로젝트로 저소득층 아이들 지원하기

고(故) 정주영 회장은 '개천에서 용 난' 대표적인 인물이다. 예전에 우리 사회에는 본인이 열심히 노력만 하면 개천의 용이 여의주를 물고 승천하듯 성공할 수 있었다. 그러나 이제는 '개천에서 용 난다'라는 말이 옛말이 되었다. 최근 통계청의 발표에 의하면 노력해도 자신의 사회적 지위가 바뀌지 않는다고 대답한 국민이 78퍼센트나 되었다.

나는 고등학교에 근무하는 교사이자 학부모로서 교육에 유독 관심이 많다. 과거에 비해서 사교육에 돈이 많이 들어가는 건 사실이다. 나 역시도 아이 교육 때문에 학군 좋은 목동으로 이사를 왔다. 기본적인 사교육만 시키는 것 같은데도 그 비용이 만만치 않다. 그리고 이 동네에서는 앞집 아이 뒷집 아이 할 것 없이 다들 SKY(서울대, 연세대, 고려대를 일컫는 말)를 다닌다. 워킹맘들도 아이가 초등학교 고학년이 되면 아이 교육을 전담 관리하기 위해 다니는 직장도 다 그만둔다.

우리 아이가 초등학생일 때의 일이다. 한 아이의 생일 모임에 초대되어 간 적이 있다. 그런데 그 중 직장에 다니는 엄마는 나를 포함해 딱 두 명뿐이었다. 하지만 어디 목동 엄마들뿐이겠는가. 대한민국 엄마라면 누구나 아이와 함께 공부하고 아이 성적에 목숨을 건다. 이런 분위기니 정말 개천에서 용이 나는 게 아니라 통장에서 용이 난다는 말이 어울리는 것 같다.

나는 사교육을 많이 받고 자란 세대가 아니다. 사교육이라고 하면 고작해야 예·체능 정도에 불과했다. 우리 세대에는 열심히 공부해서 사시, 행시, 외시 등을 통과하거나 진입장벽이 높은 라이선스를 취득해서 전문직이라는 관문을 통과하기만 하면 돈과 권력을 쥘 수 있는 기회가 누구에게나 있었다. 그리고 이 시대의 용들은 사교육이 아니라 스스로 공부한 자율학습의 결과물이었다.

하지만 오늘날의 상황은 다르다. 나 역시 자식을 키우고 있는 입장에서 가계 지출에서 교육비가 차지하는 비중이 높다는 것을 실감하고 있다. 최근 국회토론회 과정에서 상위 계층과 하위 계층 간의 고교 사교육비 격차가 14배에 달한다는 기사를 보았다. 또한 사법고시는 폐지되어 로스쿨로 바뀌고, 의대도 진입관문을 넓힌다는 취지에서 한때 의학전문대학원을 도입했다. 하지만 로스쿨한 학기 비용이 1,000만 원에 육박하다 보니 로스쿨이나 의학전문대학원은 결국 성적이 아닌 돈이 있는 학생들에게 문호를 개방한다는 의미로 들렸다. 결국 사법고시는 폐지되었다. 하지만 난 개천의 용들을 위한 등용문으로서 사법고시가 존치되어야 한다고 생각한다.

요즘 젊은이들은 우스갯소리로 태어날 때부터 자본과 신분에따라 계급을 나눈다. 즉, '금수저' 혹은 '은수저', '동수저' 등으로자신을 분류하는 것이다. 또한 연애, 결혼, 출산, 인간관계까지 포기한다는 '4포 세대'란 말도 농담처럼 하곤 한다. 씁쓸한 현실이다. 교육 격차가 부의 격차를 만들고 부의 격차는 그 후손으로 이어져 결국 사회계층의 이동은 어려워지고 고착화된다. 과거 한국사회에서 계층 간 이동의 효과적 수단이었던 교육이 이제는 계층고착화 또는 양극화의 핵심 요소가 되었다. 나아가 빈부의 격차는 갈등의 요소로서 국민 통합을 어렵게 하지 않을까 생각된다.

이런 문제를 해결하기 위해 국가는 공교육 정상화, 방과 후 학습 등 여러 대책 마련에 고심하고 있다. 국민 역시 이런 문제의 해결점을 찾는 노력이 절실하다는 생각이 든다. 학교에서 학생들을 면담하다 보면 꿈도 없고 노력하고자 하는 의지도 없는 학생들이 부지기수다. 얘기를 하다 보면 학생 개인이 해결할 수 없는 환경적인 요인들이 많다는 걸 알게 된다. 즉, 저소득층, 부모의 돌봄을 받지 못하는 학생, 학교 부적응아, 이성 문제, 우울이나 불안증, 공항장애, 다문화가정 등 공부할 환경이 갖추어져 있지 못한 학생들이 많다. 학생들은 자신들이 금수저가 아니란 걸 알게 되면서 주눅 들고 자신감이 떨어진다. 이것이 학습 결과에도 영향을 준다는 걸 학교 현장에서 많이 보았다. 물론 어려운 환경에서도 열심히 공부해서 좋은 성과를 보이는 학생들도 있다. 그런 학습 결과의 차이는 환경도 환경이지만 학생들에게 공부할 목표가 없고 동기부여를 해 줄 만한 멘토가 없는 데서 비롯된다는 생각이다.

나의 두 번째 버킷리스트는 2020년에 '개천에서 용 나기 프로젝트'를 만들고 저소득층 아이들에게 지원을 하는 것이다. 예전에 대학교에 다닐 때, 저소득층 학생들에게 멘토링 봉사활동을 한 경험이 있다. 당시 내 봉사의 대상은 어머니가 안 계신 한부모가정의 여중생이었다. 일주일에 한 번, 그 학생 집을 방문해서 학교생활에 대해 대화를 나누며 별문제가 없는지 들어 주고, 공부에 대한 조언도 해 주는 언니 역할이었다. 지금 생각해 보니 괜찮은 방법이었던 것 같다.

요즘에도 재능기부를 하고자 하는 사람들이 많다. 이러한 재능기부자들을 모아 저소득층 학생들에게 일대일로 멘토링을 해 주는 부모이자 멘토 역할을 해 줄 수 있도록 연계하는 작업을 할 계획이다. 우선 학생들에게 삶의 목표와 비전을 세우게 한다. 그리고 직접 만나서 구체적인 방법들을 가르쳐 주고 이끌어 주는 단체를 만들 계획이다. 매주 1회 일대일 멘토링을 받게 하고 방학이 되면 1박 2일로 캠프를 떠나거나 여행 모임, 독서 모임, 운동 모임, 영화 모임 등 멘토와 함께하는 다양한 모임을 주선할 것이다. 모임에서 멘토들의 사고방식과 습관 등을 자연스럽게 보고 배우게 하는 게 멘토링의 목적이다. 또한 사회적으로도 멘토링 문화를 확산시키고 싶다. 그래서 직장생활을 하는 멘토들이 한 달에 하루, 출근 대신 재능기부를 하는 기업문화를 정착시키고 싶다.

자금은 사회적 기업의 기부로 충당할 계획이다. 사회적 기업 역시 이윤 추구를 하되 일정 부분 이익을 사회에 환원하는 것을 목적으로 설립된다. 사회적 기업은 이익을 사회에 환원하고 국민은 이런 사회적 기업을 더욱 홍보하고 그 제품을 소비하는 충성도 높은 소비자가 되는 것이다. 이런 순환구조를 통해 사회적 기업의 제품을 소비하는 것으로 소비자는 사회에 일정 부분 공헌을 하고 있는 셈이다.

사회적 기업이나 기업으로부터 후원금을 받거나 크라우드 펀딩을 모집해서 경제적으로도 도울 생각이다. 직접적으로 용돈을 주는 것과 함께 고교, 대학 등록금을 후원할 것이다. 연극이나 영화, 뮤지컬, 공연, 운동경기 등을 지원해서 멘토들과 즐거운 시간을 보내고 멘토들이 그들의 롤모델이 되게 할 것이다. 그럼 그 학생들도 분명 개천의 용들이 되어 어느 날 여의주를 물고 승천할 날이 올 것이다. 적어도 공부를 하고자 하는 학생들에게 우리 사회가 공평한 기회를 주어야 한다. 머지않아 사회의 따뜻한 도움의 손길을 받았던 그 학생들이 또 누군가의 롤모델이 되어 있을 것이다.

세계 곳곳에서 현지인처럼 살며 스테디셀러 쓰기

세계적인 동화작가 안데르센은 "나에게 여행은 정신의 젊음을 되돌려 주는 샘물이다."라고 말했다. 미지의 세계로의 여행은 흥분되고 즐겁고 기대되는 경험이다. 언제부터인가 여행은 내게 삶의 활력소이자 행복이었다. "여행을 위해서 열심히 일한다."라는 표현이 맞을 정도로 방학을 기다린다. 방학 때마다 여행을 다니기 위해서다.

작년 7월에도 동유럽 여행을 예약해 두고 그날이 오기를 기다리면서 열심히 일하고 있었다. 나는 평소 운동을 즐기는 편이다. 그런데 격정적으로 운동을 하다가 그만 사고를 치고 말았다. 그때 나는 일주일에 세 번 정도 필라테스를 하러 다녔는데 그날은 유독 학교 업무가 많아 너무 피곤한 날이었다. 그런데도 기어이 운동을 하러 갔다가 기운이 빠져 기구에서 넘어진 것이었다. 그러면서 발가락이 골절되었다. 그때가 불과 여행을 4주 앞두고 있는 시점이었다. 발가락의 뼈가 완전히 회복되려면 적어도 6주는 걸린다며 의사 선생님께서는 여행은 무리라고 하셨다. 이를 어째. 이미 비행기 표도 다 끊어 두었고 여행경비도 완불해 놓은 상황이었다.

작년 봄에 나는 동생과 함께 부동산 공부를 하고 주말마다 물건을 보러 다녔다. 우리는 발품과 손품을 팔며 고생고생해서 원하는 물건에 투자했다. 그러곤 만족해하면서 자신에게 주는 선물로 여행을 선택했던 것이다. 이제 와서 취소를 할 수도 없는 상황이었고 또 나는 한다면 또 하는 성격이라 결국 부목을 대고 비행기를 탔다. 〈꽃보다 누나〉라는 프로그램에 나왔던 동유럽으로 향했다. 특히나 크로아티아는 너무 가고 싶었던 곳이었다. 헝가리 부다페스트에서의 야경, 아드리아 해의 진주 크로아티아의 열정적인 빨간 지붕과 해안가의 두브로브니크. 이 도시에 반한 영국 극작가 조지 버나드 쇼는 이렇게까지 말했다.

"지상에 진정한 천국이 있다면 바로 두브로브니크다."

우리는 해안가에서 모히토를 시켜 놓고 이 도시가 주는 휴식과 낭만에 흠뻑 빠져들었다. 결국 원하던 여행을 했고 여행은 기대 이상이었다. 또 가슴 한쪽에 추억을 가득 담고 돌아왔다.

난 여행이라면 자다가도 벌떡 일어날 정도로 좋아한다. 그래서 언젠가 '교사를 하지 않았다면 여행가 혹은 여행 가이드를 해 보면 어땠을까?' 생각하기도 했었다. 언제부터 이렇게 여행을 좋아했는지를 생각해 보니 간호사관학교에 들어가면서부터다. 20대 초반, 한창 멋도 부리고 미팅도 하던 시기에 난 도서관에서 매일 밤 책과 연애했다. 책을 어릴 때부터 좋아했지만 중·고등학교 때는 그 좋아하는 책을 읽을 시간이 많지 않았다. 그래서인지 대학에 들어가서 밤마다 잠도 안 자고 책을 들여다보았다.

우리나라가 아닌 새로운 세상이 궁금했다. 당시 읽었던 《80일간의 세계일주》라는 책은 세상에 대한 나의 호기심을 한껏 자극했다. 그래서 그때 나의 버킷리스트 중의 하나는 바로 세계일주였다. 주말이나 방학이 되면 무조건 친구들과 여행을 다녔다. 또한 사진동아리 회장을 맡고 있어서 사진을 찍으러 여기저기 돌아다니느라 자연스레 여행할 기회가 많았다.

여행은 나에게 힐링할 수 있는 시간일 뿐만 아니라 나 자신을 성찰할 수 있는 시간이기도 하다. 석사를 마치고 졸업여행으로 티베트로 떠났다. 오지인 티베트를 택했던 이유는 공부하면서 주변 사람들에게서 받았던 상처가 컸기 때문이다. 순례자와 같은 마음으로 티베트를 택했던 것이다.

티베트는 네팔에서 히말라야로 가는 입구에 위치해 있었다. 지금도 그렇지만 티베트는 중국의 식민지로서 달라이라마를 지도자로 삼고 끊임없이 독립을 시도하는 나라였다. 당시 국경을 넘는데 공안들이 캐리어를 열고 민망할 정도로 샅샅이 짐을 뒤졌다. 도대체 왜 저렇게 짐을 꼼꼼히 살펴보는 걸까 생각했다. 나중에 알고 보니 혹시 달라이라마 사진이나 서적이 발견되면 개인뿐만 아니라 팀 전체가 공안으로 끌려가서 조사를 받을 수도 있는 상황이었다. 티베트는 중국자치령에 속해 있다 보니 여행자들에게 익숙하지 않은 미지의 세계였다.

우리 팀을 태운 미니버스는 낭떠러지 옆을 빙빙 돌아서 올라갔다. 해발 2,000m쯤 되자 고산병이 오기 시작했다. 처음에는 두통으로 시작해서 어지럼증 심하면 호흡곤란으로 이어진다. 우리는 산소통까지 비치하고 올라갔다. 만약 고산병이 너무 심하면 여행을 포기하고 그대로 하산해야 하는 상황이 벌어질 수도 있다. 그래서 하루에 너무 많이 올라가지 못하고 가다가 일박하면서 천천히 몸을 적응시키며 올라가야 하는 곳이었다.

고도가 높아질수록 꽃도 풀도 나무도 시야에서 사라졌다. 척박한 땅에 적응할 수 있는 식물들만 겨우 생존하고 있었다. 올라갈수록 산소도 부족해지고 날씨는 여름에서 겨울로 바뀌었다. 5,200m까지 서서히 몸을 적응시키면서 올라가는 동안 환자들이 속출했다. 고산병 예방약을 먹었음에도 두통과 구토로 누워서 여행해야 하는 환자도 나왔다. 난 보건교사이다 보니 내가 배운 지식을 총동원해서 사람들을 돌봐 주었다.

여행에는 많은 위험이 뒤따랐다. 해발 5,200m까지 낭떠러지를 옆에 끼고 올라갔다. 한 치라도 버스가 이탈하면 낭떠러지로 떨어질지도 모르는 상황이었다. 또한 고도가 높아질수록 고산병과 추위가 우릴 괴롭혔다. 해발 5,200m에서 아래를 내려다보니 그곳에서의 고민이나 상처가 너무 하찮게 느껴졌다. 그리고 내게 상처를 줬던 사람도 '그 사람도 무언가 상처를 깊이 받은 일이 있었겠구나' 하는 생각이 들면서 자연스레 용서가 되었다.

그리고 웅대한 히말라야 베이스캠프에서 안나푸르나 설봉을 보았다. 인간의 발길을 잘 허락하지 않는 콧대 높고 도도한 안나푸르나. 그렇지만 안나푸르나는 가끔 목숨을 걸고 자신을 정복하려는 인간들을 가엾게 여기며 길을 내주고 따뜻하게 품어 줄 때가 있다. 자연은 무조건적인 모성애처럼 항상 인간에게 베풀고 인간을 품어 준다. 상대가 비록 자신을 배신하고 상처를 주더라도….

그동안 가 봤던 몇몇 나라들 중 특히 기억에 오래 남고 꼭 다시 가 보고 싶은 곳들이 있다. 프랑스의 예술인의 도시 몽마르트르 언덕, 크로아티아의 자그레브, 세계자연유산에 등재된 플리트비체 에메랄드빛 호숫가, 로마의 디오클레티아누스 황제가 여생을 보낸 스플리트 해안가는 특히나 휴양지로서 정말 노후를 보내고 싶은 곳이다. 오스트리아의 빈 광장, 체코의 프라하, 헝가리의 도나우 강, 부다페스트 야경, 패션의 도시 이탈리아의 밀라노, 학구적인 미국의 보스턴, 야경의 도시 홍콩 등 아름다운 나라에 가서 현지인처럼 한 달씩 살면서 스테디셀러를 쓰고 싶다. 아울러 여행 사진집을 낼 계획이다. 좋아하는 여행도 하고, 매력적인 책 쓰기도 하고, 게다가 사진까지 찍을 수 있다면 좋아하는 세 가지를 한번에 하는 셈이다. 생각만 해도 즐겁고 행복하다.

나는 스플리트의 해안가 그림 한 점을 서재에 올려 두고 매일 눈을 맞춘다. 그림을 볼 때마다 스플리트 해안에서 모히토 한 잔을 시켜 놓고 석양이 지는 아름다운 바다를 바라보면서 글을 쓰고 있는 내 모습을 상상한다. 상상뿐인데도 행복함이 물밀듯 밀려온다.

내가 꿈꾸는 모습을 현실 세계에서 실현하기 위해서는 우선 1인 지식 창업에 성공해야 할 것이다. 전세계를 마음껏 여행하려면 경제력이 뒷받침되어야 하기 때문이다. 또한 외국어도 틈틈이 배울 것이다. 나의 성공의 기준은 자유다. 내가 좋아하는 일을, 좋아하는 곳에서, 좋아하는 사람들과 하는 것. 그게 바로 내가 정의하는 자유의 의미다. 하루빨리 자유를 얻어 내가 좋아하는 세 가지 일에 몰두하고 싶다.

일주일에 4시간만 일하는 젊고 게으른 억만장자 되기

몇 년 전에 〈미생〉이란 드라마가 인기리에 방영되었다. 특히 직장인들 사이에서 인기가 높았다. 그 이유는 직장인들의 애환과 고달픈 삶을 너무 리얼하게 그려 냈기 때문이다. 특히 정규직이 되기 위해 인턴사원들이 벌이는 치열한 경쟁과 애환을 고스란히 묘사했다. 난 드라마를 보면서 '정규직이 되면 뭐 하나? 그건 비극이 시작인데'라고 생각했다. 정규직으로 하루 8시간씩 성실하게 일해 봤자 결국 사장이 되어 하루 12시간씩 일하게 될 뿐이다.

나 역시 수십 대 일의 경쟁을 뚫고 어렵게 임용고시에 합격해서 정규직이 되었다. 처음에는 날아갈 듯 기뻤다. 그러나 정규직이라고 뭐가 다르겠는가. 직장인들의 삶은 뻔하게 흘러갔다. 매달 월급날을 기다리지만 월급은 통장에 입금되기가 무섭게 카드 값, 저축 등 다양한 명목으로 순식간에 날아간다.

친구들을 만나면 대기업에 다니는 친구들은 '사노비', 나처럼 공무원은 '관노비'라고 자조적인 농담을 주고받곤 한다. 나는 경제적으론 부족함이 없지만 자유를 저당 잡힌 채 시간에 쫓기며 사는 시간노예다. 주변을 보면 샐러리맨들은 사는 게 다 비슷비슷하다. 월급 받아서 억만장자가 되는 것은 너무 먼 별나라 이야기다. 아무리 성실하게 저축하고 투자한들 해결될 문제가 아니었다.

그런데 주변에 상위 0.1퍼센트의 친구들이 있다. 그들은 시아버지가 사업을 크게 하셨거나 남편이 사업에 성공한 케이스다. 그 친구들을 보면서 역시 큰 부자가 되려면 자기 사업을 해야 한다는 생각이 들었다. 또한 매일 직장에 매여 있어 꼼짝달싹 못하는, 자유가 없는 삶은 그리 행복하지 않았다. 그러다 보니 자연스럽게 '일주일에 내가 원하는 시간만 최소한으로 일하고 나머지는 자유로우면 얼마나 좋을까?'라는 생각이 들게 되었다.

그러다 우연히 팀 페리스의 《나는 4시간만 일한다》라는 책을 보았다. 내 꿈이 현실에서 이루어질 수 있다는 것을 그때 처음 알았다. 그 작가는 그간 해 오던 일과 삶의 방식을 새롭게 구성했다. 자신은 오로지 일주일에 4시간만 일하고 나머지 업무는 외부 업체에 위탁해 처리했다. 또한 업무를 최대한 단순화하고 자동화해 자신이 사무실에 없어도 업무가 처리될 수 있게끔 했다. 그 뿐이랴. 자신이 원할 때 언제든, 짧게는 한 달에서 1년간 원하는 나라에서 원하는 삶을 살기도 한다. 이른바 '뉴 리치 삶'의 대표주자다.

단순히 돈이 많다고 뉴 리치가 되는 건 아니다. 그들은 이동에 제약을 받지 않고 시간과 돈에 구애받지 않는다. 시간과 장소에 구애받지 않고 일하는 '디지털 노마드(유목민처럼 자유롭게 이동하면서도 창조적인 사고방식을 갖춘 사람을 말함)'다. 이제 한 장소에 얽매여 사는 것은 중산층을 정의하는 특징일 뿐이다. 나 역시 일주일에 4시간만 일하며 사는 뉴 리치의 삶을 버킷리스트에 올렸다.

4시간만 일하면서도 억만장자가 되기 위해서는 무엇을, 어떻게 해야 할까? 나는 그 답을 JYP 엔터테인먼트 대표인 박진영의 한 마디에서 찾았다.

"리더는 시스템으로 일한다."

그렇다. 나만의 시스템이 있어야 자유를 얻을 수 있는 것이다. 그리고 이왕이면 현실적인, 바꿔 말해 조금만 노력하면 금세 이룰 수 있는 목표보다는 비현실적이라고 느낄 만큼 이루기 어려운 목표를 설정해야겠다는 생각이 들었다.

또한 창업을 할 때는 남들이 쉽게 침범할 수 없도록 진입장벽이 높은 콘텐츠가 좋고, 진입장벽이 낮은 콘텐츠를 선택했다면 그것을 뛰어넘을 수 있는 탁월한 비전을 가지고 있어야 한다.

이왕이면 유별나게 큰 목표를 세워 아드레날린이 솟아나도록 나를 무장하고 차별화하자. 남들이 아직 가지 않은 길을 먼저 선점하자. 그리고 무엇보다도 나를 흥분시키고 오랫동안 즐겁게 할 수 있는 일을 시작하자. 이왕 부자가 되려 하는 길에 휠체어 탄 부자는 필요 없다. 죽을 때가 되어서 부자가 되면 뭐 하는가.

부자가 되려면 현재 하고 있는 일을 그만두어야 한다. 전통적인 방식으로 돈을 버는 지혜를 버려야 한다. 그 해답을 엠제이 드마코는 《부의 추월차선》에서 부의 추월차선으로 진입하는 다섯 가지 사업으로 설명하고 있다. 임대 시스템, 컴퓨터 시스템, 콘텐츠 시스템, 유통시스템, 인적자원 시스템이 그것들이다. 즉, 사업체, 브랜드, 부동산, 지적재산, 라이선스, 특허, 인터넷, 소프트웨어, 책, 블로그, 온라인 잡지, 프랜차이즈, 네트워크 등이다. 이 중에서 자신에게 맞는 것을 선택하기만 하면 된다. 이미 답은 나왔다. 대체의학 중 안티에이징을 시스템으로 만들어 줄 도구를 선택하기만 하면 된다.

1인 지식 창업을 하기 위해선 나 자신을 알려야 한다. 애써서 취득한 박사학위는 퍼스널 브랜딩에 큰 도움이 되질 않았다. 그런데 한번은 학위를 받고 나서 지인으로부터 TV 건강프로그램에

패널로 출연해 보지 않겠냐는 제의를 받았다. 내가 원한다면 담당자와 연결해 주겠다는 것이었다. 나는 망설였다. 사실 아주 외향적인 성격을 가진 것도 아니고 언변이 뛰어나지도 않았기 때문이다. 얼굴이 알려져서 유명해지길 원하지도 않았다.

그래서 그 제의를 거절했다. 지금 생각해 보면 약간 후회가 된다. 그때 나는 개인으로서 주목받고 싶은 생각이 없었다. 오로지 대체의학자로서 유명해지길 바랐다. 사회에서 영향력이 커지면 더 큰 소득을 벌어들일 수 있다는 사실을 알지 못했기 때문이었다. 다시 기회가 온다면 TV, 라디오, 잡지 등에 인터뷰를 하고 퍼스널 브랜딩을 하고 영향력을 넓혀 나갈 것이다.

요즘 나는 책을 쓰고 있다. 독서도 열심히 하고 있다. 책 읽는 재미는 참 쏠쏠하다. 일주일에 3~4권 정도 읽는다. 동기부여를 해 주는 책들을 읽다 보면 구미가 확 당긴다. 부의 추월차선으로 달리려면 엔진오일을 새것으로 교체해야 한다. 그래야 자동차의 달리는 힘이 좋아진다. 엔진오일은 자신에게 투자하는 끊임없는 교육이다. 독서는 기본이고, 자신에 대한 투자는 끊임없이 이어져야 한다.

또한 1인 지식 창업에 관한 수업도 들었고 그것을 실현시키기 위해 카페 제작도 준비하고 있다. 앞으로 듣고 싶은 수업이 너무나 많다. 내가 가진 전문적인 지식과 경험을 사람들에게 홍보하고 판매하는 시스템을 구축하는 것이다. 저술, 강연, 코칭, 프로그램, 컨설팅, 제품 제조, 건강서비스까지 설계도가 머릿속에서 둥둥 떠다닌다. 이제 차근차근 그 프로세스대로 실행에 옮기면 된다. 시스템을 만드는 동안 어쩌면 8시간 이상 일하게 될지도 모른다. 하지만 결코 후회하지 않을 자신이 있다.

시스템이 갖추어지면 영어, 중국어, 필라테스 선생님에게 전문적으로 배울 생각이다. 그래서 해외에서 자급자족이 가능할 정도의 언어능력을 갖추리라. 그리고 1년 중 한 달간은 내가 원하는 장소에 가서 현지인처럼 살리라. 노트북만 들고 가면 그곳이 어디든 내 사무실이 될 것이다.

또한 인도에 가서 요가를 배우고, 아르헨티나에 가서 탱고를 배우리라. 크로아티아 해안에서 낭만을 즐기고, 몰디브에 가서 스노클링을 할 것이다. 하와이에 가서 서핑을 배우고, 필리핀에 가서 골프를 치고, 가나에 가서 사파리 투어를 할 것이다. 스위스에 가서 트레킹을 하고, 융프라우 전망대에서 한국 컵라면을 먹으리라. 스페인의 산티아고 길을 걷고, 독일의 '옥토버페스트'를 즐기며 맥주를 실컷 마실 것이다. 이탈리아의 오르비에토에 가서 젤라토를 먹고 오솔길을 걷고, 밀라노에서 쇼핑을 즐기리라. 프랑스 몽마르트 언덕에서 내 캐리커처를 그릴 것이다. 나열하자면 끝이 없고 끝내고 싶지도 않다. 즐거운 상상은 현실이 된다.

하버드 대학에서
1년간 세계 석학들 강의 듣기

"지금 이 순간 행복하신가요?"

하버드에서 가장 인기 있는 강의는 경제나 경영학이 아닌 행복학이다. 우리는 '열심히 노력하면 성공하고, 더 성공하면 더 행복해진다'라는 사고방식에 길들여져 왔다. 나 역시도 이런 사고방식을 가지고 있었다.

그런데 긍정심리학자 캐럴라인 애덤스 밀러 뉴욕대 교수는《어떻게 인생 목표를 이룰까?》에서 역으로 "행복하면 성공하고 이긴다."라고 주장한다. 실제 데이터를 보면 두뇌가 긍정적인 상태일 때 무려 31퍼센트나 더 생산적이고 창의적이 된다고 한다. 행복을 느낄 때 분비되는 도파민은 단순히 더 행복하게 만들어 주는 역할만 하는 것이 아니다. 오히려 두뇌의 모든 학습 장치를 작동하게 만들어 준다. 바로 긍정적일 때 더 성공할 확률이 높아지는 이유다.

인생을 살면서 행복은 중요한 목표다. 우리는 성공해 돈을 벌고 직장에서 성취감을 느끼며 결혼한다. 인생의 프로세스는 결국 행복해지는 데 초점이 맞춰져 있다. 그런데 지금 문득 생각해 보니, 서재에 그렇게 많은 책들이 있는데 '행복'을 주제로 한 책은 없다. 그동안 난 무얼 위해 이렇게 열심히 살아온 건지 모르겠다. 이루고자 하는 버킷리스트는 무려 50가지가 넘는데 그 목록에 행복하기 혹은 행복이란 단어가 들어간 목표가 없다니…. 내가 정말 인생을 헛살아 왔나 보다.

'하버드 대학에서 1년간 세계 석학들 강의 듣기'란 버킷리스트를 위해 서재를 뒤졌다. 그러다 캐럴라인 애덤스 밀러의 《어떻게 인생 목표를 이룰까?》란 책을 펼쳐 보게 되었다. 혹시 하버드 대학의 강의에 관한 내용이 있나 해서 펼쳐 본 책에는 행복과 목표 달성에 대한 내용으로 채워져 있었다. "인생의 목표가 있는 사람은 행복하다. 희망을 품은 사람은 행복하며 목표 달성을 위해 남보다 훨씬 꾸준하게 노력한다."라는 내용이었다.

호기심에 다시 책을 들여다보았다. 2008년에 발표된, 80개 나라에서 실시한 조사 결과였다. 남녀 모두 20대에 행복도가 가장 높고 그 이후에 서서히 떨어져서 40대에 바닥까지 내려갔다가 다시 서서히 상승한다고 한다.

세계에서 가장 행복한 사람들은 대체 어떤 나라 사람들일까? 히말라야 산맥에 있는 작은 불교국가 부탄이란 나라 사람들이다. 이 작고 가난한 나라는 국민총생산(GDP)보다 국민들의 행복을 더 중요시하는 나라다. 부탄에는 행복장관까지 있다. 그는 정기적으로 설문조사를 실시해 국민들을 행복하게 만드는, 국가적 전통을 보존하는 방법을 결정한다고 한다.

미국의 국가여론연구센터에서는 정기적으로 미국인들의 행복지수를 조사한다. 설문 참여자 10명 중 6명은 자신이 '꽤 행복한 편'이라고 하고 3명은 '매우 행복하다'라고 답한다고 한다. 생활 만족도를 평가해 가장 행복한 사람은 누구인가에 대한 조사 결과가 있어 흥미롭다. 첫 번째는 자신이 하는 일을 좋아하고 일하는 동안 '몰입' 상태를 자주 경험하는 사람. 두 번째는 가족이나 친구와의 친밀한 관계를 즐기는 사람. 세 번째는 결혼생활이 행복한 사람. 네 번째는 종교적 신념이 강한 사람. 다섯 번째는 삶을 낙관적으로 바라보는 사람. 여섯 번째는 건강한 사람. 일곱 번째는 자신보다 많이 가진 이들을 생각하기보다 상황이 좋지 않는 이들과 비교해 자신이 더 낫다고 생각하는 사람. 여덟 번째는 의식주 문제를 계속 고민할 필요가 없는 사람들이다.

행복은 중요한 목표인 만큼 버킷리스트에 목록을 추가했다. 그리고 난 행복한 사람이란 걸 확인했다. 박사과정 때 직장에 연수 휴직을 내고 쉬던 차에 미국 워싱턴의 친구에게로 여행을 갔다. 모처럼의 기회인지라 캐나다에서 나이아가라폭포를 보고 돌아오는 길에 미국 동부를 여행했다. 그때 잠시 스탠퍼드, 예일, 하버드 대학을 들렀다.

예전에 홍정욱 작가의 《7막 7장》과 《하버드 대학의 공부벌레들》을 재미있게 읽었던 기억이 났다. 이 책을 읽을 무렵 정말 유학을 가고 싶은 꿈이 있었다. 넓은 세상에서 그것도 석학들의 강의를 듣고 공부벌레들이 모인 교정에서 공부하면 얼마나 좋을까, 꿈꾸었던 시절이 있었다. 특히 하버드 대학생들의 캠퍼스생활과 치열하게 공부하는 모습을 묘사한 부분이 인상적이었다. 언젠가 한번 하버드 대학에 가서 학생들도 보고 교정도 거닐어 보리라 생각했다. 가장 인상적이었던 곳은 스탠퍼드 대학의 도서관이었다. 도서관 건물을 보는 순간 정말 공부하고 싶은 마음이 불끈불끈 솟았다. 그 자리를 뜨지 못하고 한참 동안 부럽게 쳐다봤다. 캠퍼스가 너무 넓어서인지 백팩을 메고 샌들을 신고 소탈한 옷차림으로 자전거를 타는 학생들의 모습이 인상적이었다.

나는 예전부터 자기계발을 열심히 했다. 해외에서 공부하고 싶다는 열망이 있어서인지 출간되는 해외 석학들의 책은 모조리 사서 읽어 본다. 심지어 요즘은 온라인 강의도 쉽게 접할 수 있다. 연수 유료 사이트에서 세계 석학들의 강의를 들은 적이 있다. 정말 책에서나 보았던 유명 석학이나 빌 게이츠 같은 사업가들이 나와서 열정적으로 강의한다. 사람들은 오찬을 들면서 자유롭게 강의를 듣거나 서로 대화를 나누며 소통한다. 책에도 나오지 않는 최신의 따끈따끈한 강의를 들을 수 있어서 좋았다.

2014년도 가을학기에 하버드 대학에서 지난 30년 중 가장 많은 학생을 불러 모은 강의가 탄생했다. 과목명은 〈CS50〉. 하버드생의 12퍼센트나 신청했다고 한다. 〈CS50〉에서 CS란 'Computer Science(컴퓨터 과학)'의 줄임말로 전공자와 비전공자를 위한 컴퓨터 프로그래밍 입문 과정이다. 이 과목이 인기를 끄는 이유는 최근 컴퓨터공학에 대한 국제적 관심도가 높아졌기 때문이다. 실제로 게임 프로그래머 출신인 스티브 잡스의 성공은 컴퓨터 프로그래밍에 대한 지식이 현대의 경영적 성공과 무관하지 않음을 입증한 사례다. 또한 컴퓨터에 사전 지식이 없는 비전공자가 들어도 도움이 되기 때문에 인기가 높다. 강의자는 교수라기보다는 세일즈맨 같은 자세로 열성적 강의를 이어 간다. 학생들이 앞으로 나와 실제 시연도 한다. 서로 대화를 주고받는 학생들의 모습은 마치 수업이 아닌 콘서트장에 온 것 같은 분위기였다.

또한 하버드나 스탠퍼드 대학의 교수들은 자신의 강의를 인터넷에 무료로 배포하기도 한다. 의지만 있다면 미국으로 직접 날아가지 않고도 안방에서 석학들의 강의를 들을 수 있는 시대다. 그렇지만 난 하버드 대학에 가서 세계 석학들의 강의를 직접 보고 듣고 배우고 싶다. 마치 집에서 영화를 볼 때는 영화관에서 봤을 때의 감동을 온전히 느낄 수 없는 것과 같다. 공부의 본고장인 하버드로 날아가서 강의를 듣고 감동을 느끼고 싶다. 머지않아 그 꿈을 반드시 이룰 것이다.

버킷리스트 14

초판 1쇄 인쇄 2018년 3월 14일
초판 1쇄 발행 2018년 3월 21일

지 은 이 김미정 백승태 박은선 정은선 이한숙 임인경
         이해주 정광주 권태호 이수경 신영아
펴 낸 이 권동희
펴 낸 곳 위닝북스
기   획 김태광
책임편집 유관의
디 자 인 김하늘
마 케 팅 허동욱

출판등록 제312-2012-000040호
주   소 경기도 성남시 분당구 수내동 16-5 오너스타워 407호
전   화 070-4024-7286
이 메 일 no1_winningbooks@naver.com
홈페이지 www.wbooks.co.kr

ⓒ위닝북스(저자와 맺은 특약에 따라 검인을 생략합니다)
ISBN 979-11-88610-40-2 (03190)

이 도서의 국립중앙도서관 출판도서목록(CIP)은 서지정보유통지원시스템
홈페이지(http://seoji.nl.go.kr)와 국가자료공동목록시스템(http://www.nl.go.
kr/kolisnet)에서 이용하실 수 있습니다.(CIP제어번호: CIP2018007405)

위닝북스는 독자 여러분의 책에 관한 아이디어와 원고 투고를 설레는
마음으로 기다리고 있습니다. 책으로 엮기를 원하는 아이디어가 있으신 분은
이메일 no1_winningbooks@naver.com으로 간단한 개요와 취지, 연락처
등을 보내주세요. 망설이지 말고 문을 두드리세요. 꿈이 이루어집니다.

※ 책값은 뒤표지에 있습니다.
※ 잘못 만들어진 책은 구입하신 서점에서 교환해 드립니다.